课堂,与美相遇的地方

高中语文教学追求

李德芹◎著

华东师范大学出版社
·上海·

图书在版编目（CIP）数据

课堂，与美相遇的地方：高中语文教学追求/李德芹著.—上海：华东师范大学出版社，2024
ISBN 978-7-5760-4622-9

Ⅰ.①课… Ⅱ.①李… Ⅲ.①中学语文课-课堂教学-教学研究-高中 Ⅳ.①G633.302

中国国家版本馆 CIP 数据核字(2024)第 054457 号

课堂，与美相遇的地方
高中语文教学追求

著　　者　李德芹
责任编辑　刘　佳
特约审读　余林晓
责任校对　郑海兰
装帧设计　卢晓红

出版发行　华东师范大学出版社
社　　址　上海市中山北路 3663 号　邮编 200062
网　　址　www.ecnupress.com.cn
电　　话　021-60821666　行政传真 021-62572105
客服电话　021-62865537　门市(邮购)电话 021-62869887
地　　址　上海市中山北路 3663 号华东师范大学校内先锋路口
网　　店　http://hdsdcbs.tmall.com

印　刷　者　浙江临安曙光印务有限公司
开　　本　787 毫米×1092 毫米　1/16
印　　张　12.75
字　　数　216 千字
版　　次　2024 年 6 月第 1 版
印　　次　2024 年 6 月第 1 次
书　　号　ISBN 978-7-5760-4622-9
定　　价　48.00 元

出 版 人　王　焰

（如发现本版图书有印订质量问题，请寄回本社客服中心调换或电话 021-62865537 联系）

目 录

前　言　上一堂醇美的语文课 / 1

第一章　醇美语文的内蕴 / 1
——醇美语文与入境艺术

文章自有境,入境方觉亲。入境艺术,引领师生抵达文本内在的美境,迷"花"倚"石",探幽览胜,让我们感受语文的那份醇香。

一、文境,一个多维的美学概念 / 3
二、入境,是一门艺术 / 6
三、入境艺术的实践智慧 / 20
四、我们离入境有多远 / 24

第二章　醇美语文的气质 / 29
——醇美语文与情境教学

课堂是有长相的,醇美的语文课堂应该是有"情"有"境"的。情境教学,给语文课堂穿上美丽的外衣,气质优美、文质彬彬的语文课堂,一直是我们的孜孜所求。

一、语文教学的情与境 / 30

二、情境教学模式的构建 / 35

三、将情境教学进行到底 / 45

四、情境教学的醇美意涵 / 51

第三章　醇美语文的智慧 / 59
　　——醇美语文与问题设置

　　好的语文教学既要能够抵达文本的内核，又应有一个美丽的"容颜"，做到内外兼修。问题设置，是课堂内外勾连、表里贯通的依托，是让课堂洋溢美的气息的黏合剂。

一、问题，唤醒语文的理性 / 61

二、教学，从问题开始 / 63

三、问题，设置的艺术 / 69

四、问题设置，我们在行动 / 86

第四章　醇美语文的支点 / 91
　　——醇美语文与师生关系

　　在"琴瑟友之"的和谐之美中学习语文，完成学识与人格的共同成长，这是我们追求和向往的境界。和谐的师生关系，支撑起语文课堂美丽的天空。

一、师与生，教学的缘起 / 93

二、教与学，创生和谐 / 95

三、和谐与否，关系重大 / 100

四、和谐师生关系，从师出发 / 108

第五章　醇美语文的基石 / 121
——醇美语文与整本书阅读

"少做题，多读书"，这是我们一直以来执着的倡导和殷切的期待。整本书阅读，给了我们去除浮躁、涵养心智的时间与空间，必将成为语文课堂醇厚甘美的根基。

一、"单篇""整本"与"这一类" / 123

二、《乡土中国》的阅读 / 125

三、《红楼梦》的阅读 / 136

四、读整本书，我们一直在路上 / 148

第六章　醇美语文的个性 / 151
——醇美语文与专题研发

综合复习课追求的是有效，很多时候它"无味""无趣"。专题研发，让我们在现实与理想之间找到一个平衡点，让高三语文也可以有一片浪漫、诗意的天空。

一、从"单点"到"专题" / 153

二、我们怎样研发教学专题 / 153

三、教学专题实施案例及其他 / 166

四、专题，让高三语文也醇美 / 180

参考文献 / 185

再版说明 / 190

前 言

上一堂醇美的语文课

《普通高中语文课程标准》(2017年版2020年修订)明确提出:"语文教育也是提高审美素养的重要途径,要让学生在语言文字运用的学习中受到美的熏陶,培养自觉的审美意识和高尚的审美情趣,培养审美感知和创造表现的能力。"

于漪老师在《语文的尊严》一书中,也曾说过这样一段话:"教学是科学,也是艺术。科学求其真,准确无误,符合语文学习的认知规律;艺术求其美,求其新,用富有创造性的教学方法激发学生学习兴趣,指导学生深入文本体验、感受思想的光彩、情操的优美、形象的鲜活、语言的灵动,享受到如入山阴道中美景应接不暇一般的快乐。"

所以,语文课堂在求真的同时,也应该求美,而且,应该是醇美的。

"醇"字,从酉,享声。《现代汉语规范词典》(外语教学与研究出版社、语文出版社,李行健主编,2004年版)对"醇"字的解释为"酒味纯正浓厚;泛指味道纯正浓厚",而"醇美"的意思即为"(味道)醇厚甘美"。好的语文课应该犹如甘醇的美酒,醇厚甘美,韵味浓郁,让人品后回味无穷。

这样的认识由来已久。

求学时代具体的语文课文虽已记不太真切,但可能由于那个时候的语文课还没有这么功利,这么应试,更多的是以"无目的"为目的的,再加上课外还有时间读了一些书,名著啦,杂志啦,总之,那个时候很爱语文,觉得语文课是美的,甚至高考填报志愿也一定要读大学中文系。

大学毕业后,我如愿以偿成为一名语文教师,因为实在太珍惜语文课的那份美丽,就努力把自己的每一堂课都上得很美,就努力去研究一些语文大家的课例和思想,比如于漪老师《春》的导语设计,比如李吉林老师的情境教学理论,……甚至像《海洋与生命》这样的说明文、《在马克思墓前的讲话》这样的演讲稿,也努力上得很美,韵味十足。

在探索和实践中,我对醇美语文意蕴的认识越来越明晰,越来越深刻。

醇美语文,应该体现民族语文的醇厚之美。汉语言文字不是单纯的符号系统,它有深厚的文化历史积淀和文化心理特征,语言学家罗常培在《中国人与中国文》中说:"语言文字是一个民族文化的结晶。这个民族过去的文化靠它来流传,未来的文化也仗着它来推进。"我们的语言文字承载着太多厚重的文化蕴含,提倡醇美语文,主要是挖掘语言文字的文化内涵,因为没有文化的语言文字是干瘪的,是没有血肉的;没有文化的语文教学,是没有灵性的,是没有精神的。语文课程应是一种文化建构的过程,一个使人不断获得自由、走向解放、展示其作为人的本质力量的过程,一个自由、自主、自觉的文化主体的培育过程,所以,我们的语文课堂应当让学生浸润在浓浓的、醇美的文化之中,去慢慢品味语言文字的美及其所表现出来的魅力。"醇厚"是语文的质地,是语文的底蕴,没有质地的语文课,就谈不上醇美了。

醇美语文,应该体现语文本体的醇味之美。对语文本体的认识可以说是见仁见智,有人认为"语文"就是学习研究运用语言的学科,语文课就是学习语言、研究语言、运用语言的;有人认为"言语思维"才是语文课程的核心价值……要厘清这一问题,我们还是回到源头去思考。对于语文课程的性质,义务教育和普通高中语文课程标准的表述是完全一致的:"语言文字是人类社会最重要的交际工具和信息载体,是人类文化的重要组成部分。""工具性与人文性的统一,是语文课程的基本特点。"语文课最宝贵的就是"语文味",这种"语文味"就是不要把语文课上成主题班会课、政治课、历史课,也不要把语文课上成现代汉语或古代汉语语法课,要让语文课姓"语"。也就是说,要使其工具性与人文性真正统一起来,而不是偏废一方。抓住语言文字这一语文本体的基质和主要元素,通过对语言文字的学习、感受、品味,在凸显语言的建构与运用、思维的发展与提升的基础上,进行人文底蕴的渗透,审美情趣的滋养,文化的传承和价值的认同,这才是语文课应有之"味"。"醇正"是语文的味道,味道不纯正的语文课,也谈不上醇美。

醇美语文,应该体现语文学习的醇真之美。醇的东西应该是真的,掺了假的语文课,就不醇美了,"教"最终要落实到"学",这里的学,不仅是学习,还有学生。作为"师生共同组成的教与学的活动",学生才是课堂的第一要素,醇美语文的本质就在于"真"与"实",即学习真正发生在学生身上,学生以真实的状态在课堂里,真正体现出"以生为本,以学定教"。教学目标的确定、教学内容的选择、教学策略的运用、教学媒介的使用等都以学生的需求、特点为出发点和最终归宿,而且教学过程的推进不是完美地完成教师的预设，而是根据学生独特个性的思维感悟的重新生成、不断组织的过程。同时，语文学科"工具性"的特点，要求语文课堂要有效用。这里所说的效用，不但指那些可量化的数据或指标，学生可运用的语文知识，可见的语文能力。把学生放在课堂的中央，真切地感受着他们活泼的生命，在语文的润泽下茁壮成长，这才是醇美语文的真正效用。"醇真"是语文的品位，没有品位的语文课，其所谓的美也是空泛的。

醇美语文，应该体现课堂和谐交融的醇和之美。苏霍姆林斯基说过："美是人的道德财富的源泉"。美的元素能调剂人的精神，陶冶人的情操，净化人的灵魂，提高人的思想境界，促进人的身心健康发展。这里所说的美，固然包含了教师着装打扮、言谈举止、板书设计、课件制作等外在的美，更是对语文课堂和谐之美、生成之美的追求。语文学科人文性的特点，决定了语文教学过程是教师、学生、文本之间互动、合作、交往的过程，是师生共同发展的美丽之旅。醇美的语文课堂，师生之间应该是互为主体，相依并存，平等合作的；醇美的语文课堂，师生之间、师生与文本之间有对话，有碰撞，有默契，有个性的张扬，有心智的放飞；醇美的语文课堂，课堂气氛是民主的，愉悦的，弥漫着一种醇醇的、美美的、缓缓的、温馨的韵致。在这样的氛围里，学生积极主动地参与到语文学习之中，潜思体会、切己体察、含英咀华，从而习得语言、养成能力、发育精神、净化情感。"醇和"是语文的氛围，氛围不和谐的语文课，所谓的美也是难以实现的。

醇美语文，是我的教学理想。如何让理想的语文课堂根植于现实的土壤，则是我多年来不断追求、探索、践行的课题。本书便是对这些探索、实践的梳理和总结，探讨了醇美语文与入境艺术、醇美语文与情境教学、醇美语文与问题设置、醇美语文与师生关系、醇美语文与高三专题研发、醇美语文与整本书阅读等问题。

入境艺术探究一堂醇美语文课的内在蕴含，情境教学关注的是语文课堂外在的长相，而科学、智慧地设置问题，是课堂教学美丽的催化剂，和谐融洽的师生关系支撑起醇美语文课堂的天空，整本书阅读，夯实着语文课堂醇美的根基。针对高三语文课堂被大量机械重复的训练所充斥，消解了语文审美意蕴的现实，进行专题研发的尝试，试图在应试与审美之间找到一个平衡点，使综合复习的语文课堂也能够洋溢出一种醇美的韵味。

苏霍姆林斯基说："美是一种心灵的体操——它使我们的精神正直，心地纯洁，情感和信念端正。"显然，崇尚美、欣赏美会使人变得高尚、优美起来。语文教学的每节课都在与音美、形美、义美的汉语言文字结伴，自觉地引领学生在语言文字中徜徉，在咀嚼、品味的过程中发现美、领悟美、赏析美,给学生以美的熏陶和感染,这是语文教师义不容辞的责任。

　　这也是醇美语文课堂应有的姿态。它不是用讲解分析代替品味咀嚼,用理性说明代替涵泳讨论,用机械操练代替思维发展,用热闹花哨代替静思感悟。入境,是它的内蕴;情境教学,是它的气质;问题设置,是它的智慧;和谐的师生关系,是它的支点;整本书阅读,是它的基石;专题研发,让高三综合复习的语文课堂具有了醇美的个性。

　　上一堂醇美的语文课,这是我们的职责,也是我们应有的追求。

　　当然,在实际的教学中,不一定每一节课都能达到醇美的境界,但心向往之,并努力践行着,就会感觉到醇美语文那越来越近、越来越响的脚步声。

第一章 醇美语文的内蕴
——醇美语文与入境艺术

文章自有境,入境方觉亲。入境艺术,引领师生抵达文本内在的美境,迷"花"倚"石",探幽览胜,让我们感受语文的那份醇香。

一、文境,一个多维的美学概念
二、入境,是一门艺术
三、入境艺术的实践智慧
四、我们离入境有多远

"语文"是什么,这个问题不可避免地将我们的目光引回遥远的年代,去触摸"语文"的源头,以期获得一些最为质朴的信息。

"语文"一名,始用于1949年华北人民政府教科书编审委员会选用中小学课本之时。[1] 说实话,在教育领域,没有任何一门课程的名称像语文那样不断地引起人们的关注和讨论,让许多人在概念的理解与定位上产生许多分歧。语文到底是什么,如何认识和把握语文的本质,在语文课程改革与发展的历史演进过程中,人们各有仁智之见,对它作出了多种不同的解释。由于认识角度与分析方法等因素差异,对语文含义的理解亦呈歧义性和多元化,如"语言与文字"说、"语言与文学"说、"语言与文章"说、"语文与文化"说、"语体与文言"说,等等,众说纷纭。

为了廓清人们对"语文"二字的模糊理解,从1962年起到20世纪80年代,叶圣陶先生多次在不同场合作了解释。透过叶圣陶先生在各个时期对"语文"的一再解释,我们可以了解到:其一,"语文"就是语言,是口头语与书面语的合称。听说读写涵盖了语文教学的全部内容,学语文就是学语言。其二,"语文"是一个综合体,"语言"是其根本。"语文"不单指语言或文学,还包括与之密切相关的文字、文章、文化等因素。其三,"语文"是学校教育中的一个科目。其四,"语文"之"语言"是"言语"。不是作为语言学对象的静态的符号系统,而是作为心理学对象的动态的言语作品,即人们运用语言符号系统进行交际的行为结果。[2]

现代语言学奠基人、瑞士语言学家费尔迪南·德·索绪尔认为,个人通过言语活动表达自己的思想,达到实现交际的目的。且索绪尔的"言语"不仅包括"口头表达"和"书面表达",而且包括两种表达的"作品"。

汉语文的言语观是"言""意"统一观,是"心""物"一体观,根源于"天""人"合一观。在言语的生成中强调"心诚""意足",也强调"言"与"境"的一体化,这种一体化将言者、听者、读者、场合、话题等视为不可分割的整体。

在古代诗学的众多范畴中,境界与意境无疑是现代学者讨论最多的。其实,不止诗歌,任何文体的文章都存在"境","境"是文章的真髓,有无限丰富的蕴含,是一个美的世界。醇美的语文课堂教学应抓住文章的真髓,引领学生走进这个美的世界,体验这一美的历程,"我清楚地知道,教材中的这些美文,是以语言为中介,以抽象的符号呈

---

[1] 叶圣陶. 叶圣陶语文教育论集[M]. 北京:教育科学出版社,1980:730.
[2] 曹明海,史洁. 语文课程与教学论(修订本)[M]. 济南:山东人民出版社,2015:2-4.

现教学画面的,……实际上,语文教学的美育意义不仅能从'教美的语文'中获得,它还应该在'美美地教语文'的过程中获得。"[1]

所以,讲究入境艺术应是醇美语文的内蕴。

一、文境,一个多维的美学概念

与出自西方文学批评传统的"典型论"相比,"境界论"更恰切地揭示了中国古代文学的艺术特征。因其在揭示艺术本质与创造规律方面,具有一种既直观、感性而又富于思辨色彩的功效,不但王国维在众多的古典诗学范畴中选择用它来阐述诗歌艺术的本质与创造规律,而且现代的艺术家与批评家有时也对其表现出须臾不可离的依赖,甚至在一般的大众化的文艺批评中,我们也能看到对诸如境界、意境之类范畴的广泛、自由地使用。

(一) 什么是"境"

"境"最开始只是一个一般术语,多指疆土范围,在《商君书》《庄子》等先秦典籍中已有关于"境"的概念;东汉时"境"成为一个文艺术语,如蔡邕《九势》以"妙境"论书法。后来,嵇康《声无哀乐论》以"甘境"论音乐,刘勰《文心雕龙·隐秀》以"境玄"论文学。到了唐代,王昌龄提出"三境说",即《诗格》中所说的"物境""情境""意境"。中唐诗僧皎然的《文境秘府论》中对诗歌创作的"取境"着重进行了论述。金圣叹评点《水浒》,在序言中首标"三境"之说,即心之所至手亦至焉的"圣境"、心之所不至手亦至焉的"神境"、心之所不至手亦不至焉的"化境"。

(二) "文境"的蕴含

不论是王昌龄的"三境说",还是金圣叹的"三境说",其实都是在试图从文艺学角度诠释"境"的内涵。综合前人的阐述和自己的理解,笔者认为"文境"应包含如下蕴含:

1. "文境"是情、意、理、语、律的多元组合

《尚书·尧典》有这样一段话:"诗言志,歌永言,声依永,律和声,八音克谐,无相夺

---

[1] 李吉林.李吉林与情境教育[M].北京:北京师范大学出版社,2006:43.

伦，神人以和"，从中我们可以看出，诗歌自它产生之日起，就担负着"言志"的功用。虽然这个"志"的蕴含实在太丰富、太具有时代特征，但它至少应该表达人的情感、意志、理念等。西晋欧阳建在《言尽意论》中也谈到言与意（志）、言与情、言与理，同时发生于"心"，存在着"不得相与为二"的关系。

另外，《尚书·尧典》的这段话还告诉我们，早期的诗、乐、舞是相互配合、密不可分的，也就是说，诗歌这种文学形式，具有鲜明的音乐性和韵律美。

所以，情、意、理是文章"境"的内容要素，是文境的内在蕴含。文境的内在蕴含通过语言的外在形式来表现，语言本身不但形成了自己的境，即语境，而且表现出一定的韵律和节奏。也就是说，"文境"是情、意、理的内容要素和语、律的外在形式多元融合的产物。如苏轼的《前赤壁赋》，通篇以景贯穿，以"乐——悲——乐"的情感线索，先描绘清风明月、波光万顷的秋江月夜图，然后由景入情，引发人生苦短之悲怀，再之后移情入理，以"水""月"为喻，阐述"变"与"不变"之哲理。从中我们看到情、意、理的内容要素，感受到苏文自由豪放、恣肆雄健的阳刚之美，更能体味到其语言的自然本色、平易简约，文理的舒卷自如、活泼畅达。如："方其破荆州，下江陵，顺流而东也，舳舻千里，旌旗蔽空，酾酒临江，横槊赋诗，固一世之雄也，而今安在哉？"一气呵成，行云流水，挥洒自如，呈现出一种节奏和韵律之美。

2. "文境"是一个多维空间，是多层次的立体组合

"文境"本身是情、意、理的内涵与语、律的外形融合的产物，加之"一部优秀的文学作品的内涵是多层次的、多义的、模糊的，甚至是无法言传的，并且常谈常新"（钱理群语）[1]；同时，文章是有"体"的，不同文体的文章，"境"的表现形态也不同。抒情文章的"情境"浓些。如季羡林《赋得永久的悔》，通篇让读者感受到强烈的思念母亲的深情、"子欲养而亲不待"的痛悔。写景状物文章的"意境"浓些。如朱自清的《荷塘月色》，作者月光下夜游荷塘，用细致的工笔描绘了一幅恬淡幽美、富有诗情画意的荷塘月色图，于沉湎美景的意境之中，折射出对动乱现实的不满，对纷扰世俗生活的无奈，对和平、宁静、自由生活的向往。而议论性文章的"理境"要浓些。如赫尔曼·黑塞《读书：目的和前提》一文，作者首先阐明什么是真正的教养，继而提出获得教养的途径是研读世界文学中的杰作，然后论述为什么要研读世界文学杰作，即读书的目的，并从切身体

---

[1] 转引自李维鼎.语文言意论[M].上海：上海教育出版社，2000：161.

出发,阐述怎样研读世界文学作品,层层深入地阐述了对读书的目的和前提的理性认识。对于说明类的文章,意、情、理的表现相对都较淡,主要是说明事物或事理,但其中同样包含着作者的情感,存在情境;在说明的过程中,沿着说明的进程,读者也会自然地进入到一种意境之中,并从中得到理性的认识和教育。由此,"文境"便具有了多维、多层、立体的特点。

3. 文章的"境"是一个动态发展的过程

"文境"并非静止不变的,它是立体的,也是运动的,是一个由浅入深、由弱到强、由淡到浓的发展变化过程。这种动态发展,一方面缘于文章本身蕴含的丰富和多元,另一方面缘于读者认知和品味的变化与深入。

李维鼎在《语文言意论》中提出"言意互转"是语文课的本性,并全面描述了这一"言意转换"说。[1] "言"即为"辞、文、句、体式、结构"等表达手段,"意"即为情、志、理、趣等,袁行霈就曾说过:"他们所说的意已不仅指思想、概念、鉴识、理数这类逻辑思维,更多的是指印象、情绪、想象、情调等形象思维和心理活动。"[2] 借助"言意互转"理论,可以帮助我们解释"文境"动态变化的特征。

(1) 表达是由"意"到"言"的转换。人在有知、有感、有思于客观世界之初,"意"开始酝酿,但因为主观(心)与客观(物)的巨大差异和主客观的可变性,以及作为个体的人的感觉器官的差异,个体的人对外界的观察和感觉会因"物理环境"(客观环境)和"心理环境"(感知环境)的不同而不同,而"意"便呈丰富的差异性。刘勰《文心雕龙》有"重旨""复意"的说法,皎然承此说,主张"重意","两重意以上,皆文外远旨",强调的都是"意"的丰盈与深远。我们可以推论,这样丰盈的"意"转换成"言",形成的文章、写成的作品,内在的蕴含,也就是"文境",应是非常丰富和多元的。

(2) 吸收是由"言"到"意"的转换。表达者(文章作者)要将心中的"意"用"言"传递给吸收者(读者),但"言"往往不能尽"意",留下"半折心始"的遗憾。表达者在不能尽意的情况下,往往会摒弃照相式的反映,而追求"言"外之"意",故意留下"空白""空缺"等不定点,读者在吸收时必须运用自己的生活积累去填充"空白",补缀"空缺",并在形成更为完整、广阔的生活画面的基础上追寻表达者的真意。再者,文章、作品一旦离开了表达者,便成为封闭的自足的系统,只有吸收者去理解时,才会因吸收者的理解

---

[1] 李维鼎.语文言意论[M].上海:上海教育出版社,2000:216-222.
[2] 袁行霈.中国诗歌艺术研究(第3版)[M].北京:北京大学出版社,2009:73.

转换活动变为开放系统。作品中表达的"意",有时是吸收者不熟悉的,甚至是不曾接触过的,"陌生化"的生活、形象、意蕴转换成读者的理解、心得、体验,需要读者一方面运用自己的生活积累,一方面补充新的生活经验。[1] 由此,表达者与吸收者之间的对话,也就是作者与读者之间的对话是不间断的、全方位的、不断开拓和深入的、永无止境的,文章的"境"也便是不断动态发展的。

二、入境,是一门艺术

于漪老师曾经说过:语文就是语文。我们的语言文字形美以悦目,音美以悦耳,义美以悦心,这就是语言文字巨大的魅力,它蕴含着人类独有的情和意,丰富、深邃、色彩斑斓。以最大的审美敏感尊重它、爱护它、亲近它、探究它,它就会真诚地向你敞开心扉,无私地向你奉献无数的珍奇异宝。[2]

虽然,"境"由较有实感的空间概念,演变成了一个虚幻玄妙、可意会、可感受,却难于用语言准确表达的文艺术语。但有一点是肯定的,即任何一篇文章,无论它属于哪种体裁,除去它的独立个性特征之外,都有一个相通的东西,便是文章的"境"。"作者胸有境,入境始与亲",叶圣陶先生在《语文教学二十韵》中写下的这句诗,阐明了语文教学尤其是文学作品的教学让学生接触"文境"的必要性。文章确有"境",我们的语文教学,只有引领学生进入到文章优美的文境之中,才能感受到语言文字的形美、音美、义美,才能悦目、悦耳、悦心。文章自有境,入境,方能品味语文的滋味。

入境是一门艺术。一堂语文课,如何在有限的时间里让学生进入文境,在和谐忘我的氛围中学习知识、发展能力、陶冶情感呢?

(一) 入境的准备工作

20世纪70年代末,罗森布拉特(RosenblattL. M)提出了交易阅读模式。这种模式强调,在阅读情境中,读者与课文不再是物体,而是产生阅读理解的一种潜在力量。读者并不单纯追求作者在文章中表达的意思,而是创造性地理解作者传达的意义。由

---

1 李维鼎. 语文言意论[M]. 上海:上海教育出版社,2000;222－228.
2 于漪. 语文的尊严[M]. 太原:山西教育出版社,2014;25－26.

于读者的知识经验不同,阅读时的情绪与环境不同,因此对同一文章会有不同的理解。他认为,阅读一篇文章,是发生在某一读者在其人生过程中的某个阶段、某种环境和某一时刻里的活动,情绪和环境对其理解有促进或阻碍的作用。[1]

该阅读模式强调外界阅读情境和阅读心境的和谐与协调,正反映了阅读过程不仅是机械的知觉过程,更是阅读者的认知和情感的过程。只有学生进入积极的思维状态,主动深入地进行探究,才会在不知不觉中进入作者所营造的意境之中,达到文我交融的境界。因此,语文教学如果只注重讲解分析,是很难把学生带入文境之中的,入境前的准备工作必不可少。

1. 课堂氛围入境

课堂是有氛围的。上课之前,学生的心理千姿百态,教师要有能力把学生的思维和情绪从四面八方引入课堂,善于创设有利于教学的环境和气氛。常言道,良好的开端是成功的一半,上课之初的组织课堂是课堂氛围入境的重要时机。教师的表情、神态、动作,特别是导语的设计,都是引领学生进入课堂氛围,进入"这一节"课堂氛围的重要因素。

教师在亲切自然地组织课堂之后,根据每一节课的不同内容,有针对性地设计新颖有趣、别致生动的导语,就能让学生一开始就对学习产生浓厚的兴趣和强烈的求知欲望,产生急于探究的期待心理,这对于学生"入"课堂之"境","入"一篇课文之"境"将起到非常重要的先导作用。请看于漪老师《春》的导语设计:"一提到春,我们眼前就仿佛出现一幅阳光明媚、东风浩荡、绿满天下、花开遍地的美景;一提到春,我们就会感到无限的生机、无穷的力量,心中洋溢着无比的喜悦!"[2]寥寥数语,便描绘出一幅绚丽的春景图,把学生千姿百态的思维和情绪迅速引入了春天的胜景之中,引入了明媚的春天里,也引入了课堂教学的氛围之中。

2. 组织结构入境

教学本身就是一个过程,一堂课也是一个过程,在这个过程里学生能学到知识、培养能力、发展智力,思想情操受到熏陶,所以要注意组织结构入境。课堂组织结构包括课堂运行流程和内容结构。它一方面指师生相互交流,并处于一种积极主动的交流合

---

[1] 转引自李维鼎.语文言意论[M].上海:上海教育出版社,2000:191.
[2] 董雪洁.语文阅读教案设计中的教育心理学应用——以于漪经典教案《春》为例[J].学园,2013(9):81-82.

作状态的课堂外在结构,一方面指师生共同融入文本语言文字所营造的情境之中的课堂内在结构。

每一堂课教者都应对每一个教学环节和步骤进行周密的预设,做到环环紧扣,同时,根据教学实际应有调整应变的能力。例如,欧阳代娜老师《岳阳楼记》的教学设计:

第一个环节:检查预习。借"检查"的名义按文言文的阅读方式学习1—2段,有意把学生的关注点引向文章的结构,落实在关键词语"守""备""然则""异"上。

第二个环节:学习文章的3—4段。这是文章的主体部分,不去平均用力,要分清主次,以找出思路脉络这条主线作引导。采用学生自学的方法,即由学生口译、教师指点关键的或难懂的字词的方法来加深学生的理解。然后提出一个"小"问题:这两大段的景物描写,写出作者所说的"异"了吗?作为承上启下的铺垫,把学生的思维引向课堂讨论的高潮。

第三个环节:对第五自然段作精雕细刻的分析,这是教学全过程中最关键最核心的部分。抓住"或异二者之为"一句中的"异"字,把全文的思路贯穿起来,通过对"二者"含义的理解,解开上面提出的"小"问题,从中可以领略到作者构思的匠心。

第四个环节:抓住"微斯人,吾谁与归",回顾全文,从而归纳作者的行文思路。[1]

从以上摘录的内容可以看出,欧阳代娜老师的整个教学设计以教学内容为切入点,沿着"先教学什么——再教学什么——后教学什么"的思路设计各教学环节。一是教学线路"一根筋",教学的各个环节围绕、指向核心教学内容的核心点展开,在课堂教学的整个线路上连贯地落实教学内容,而本课的核心点即通过梳理文章的行文思路,体会作者的思想感情;二是教学各环节内部"一锅出",即抓住关键语句"览物之情,得无异乎"展开教学思路,使课堂教学的四个环节,环环紧扣,并在一个个点上具体落实教学内容。如此,整个设计,完美呈现了以一条线索贯穿教学全程的课堂教学结构。

再如,郑桂华老师《安塞腰鼓》教学设计:

---

[1] 王荣生.听王荣生教授评课[M].上海:华东师范大学出版社,2007:21-24.

表1-1 郑桂华老师《安塞腰鼓》教学设计流程[1]

教学流程	学生的状况	教师的调节
起点	对课文缺乏感觉	放大约2分钟的安塞腰鼓的表演视频
从对事的感受转移到对文本的感受	感受了"安塞腰鼓"	请同学们自由朗读课文
	说不出新感受,即没有把关注点从事件转移到文本	启发:有没有发现有些句子传递这种感受更强烈一些,能不能独立地圈一圈
	学生自己感受句子;有学生想讲了;学生们朗读,交流自己感受深的语句	引导学生间的相互学习:大家拿起笔,我也拿笔记录
延伸到感受精细化	没有学生想讲了,即课文的语句同学们基本上理了一遍	延伸:能不能把我们的思考推进一步,想一想为什么是这些句子,它们在句式上有哪些特征
	有学生觉得难	组织小组合作讨论,调整:也可以在词语的选用上
终点	学生小组讨论约5分钟;小组推举代表准备发言	小组讨论,教师巡回;提议小组代表发言,再等1分钟
	小组代表发言,其他成员补充;各小组交流	老师不断调节学生发言的流向,使交流充分,并不断增加交流的角度
	学生再自由朗读	让学生感受刚才的交流成果
	可能会以为言词表达只是"修辞手法"	再延伸:从写作对象引到作者,引导学生意识到"语句传递精神"——点到为止

---

[1] 参阅姜妍.从预设到生成——郑桂华老师《安塞腰鼓》研习[J].课程教材教学研究(教育研究),2012(5):83-84.

上郑桂华老师的课，不管什么样的学生，在她的课堂里都变得愿说、能说、会说，郑老师的课有行云流水般的家常味，真实、真切，让人感受课堂的美好。以上的教学设计一方面注重教学流程的节奏掌控，另一方面，具体教学内容的展开是根据学生的情况来调节和生成。为了维持课堂教学的流畅运行，教师要善于实施"现场设计"，及时根据学情调整设计方案，抓住课堂上生成的资源，进行巧妙点拨、引领。

此外，还要对所讲内容形成完整的结构体系，做到紧而不迫，疏密有致。这样才能使整个课堂从形式到内容都紧凑活跃，有条不紊。

3. 师生情感入境

教学既是一个认知的过程，又是一个情感的过程。主要表现在：教学过程受各种情感因素的影响；在教学过程中，教师与学生都进行了各种情感活动；教学过程产生各种情感的结果。在教学过程中，有种种情感因素在起着作用，对学生的学习活动同时也是整个教学活动的效果有着重要的影响。这些情感因素包括学生个体自身的情感因素、教师的情感因素、教材中的情感因素和教学环境中的情感因素。[1]

文本品味欣赏的过程，用李维鼎的话说，就是由"言"到"意"的转换，概括地说便是听读者穿透"两层"（语表层、内蕴层）、出入"三境"（物境、意境、情境）的动态过程。即读者首先经由作品的言语信息的刺激，结合自己的生活经验，初步再现和再造言语作品通过具体记叙、描写所营造的"物象"境地，获得具体而充实的感性印象；据此进一步动用自己的生活积累，探究和体验物象之所寓、所示和所指，与作者作意味层面的对话；由于主体的深层介入和情感的投入，才有可能由"意境"层面进入到"情境"之中，在共识的基础上产生共鸣，在共鸣的基础上一起心跳。[2]

可见，情感具有巨大的能量。要想上一节"入境"的语文课，必须注重挖掘情感的价值，特别是师生情感的重要作用。要让师生的情感进入到课堂的氛围之中，进入到与教学内容相适应的情景之中，进入到文本的境界之中。

首先是教师情感的入境。曾有人说，情感是课堂教学的灵魂。虽然这话有些偏颇，但教师的情感确实是课堂教学心理气氛中最重要的因素，它直接影响到教师自身水平的发挥、学生学习情绪的好坏、课堂教学的成败，它是师生之间、师生与文本之间交流对话的传送带、催化剂、润滑剂。一方面，教师要在上课之初，迅速调节、控制自己的情绪情

---

[1] 崔允漷. 有效教学[M]. 上海：华东师范大学出版社，2009：87.
[2] 李维鼎. 语文言意论[M]. 上海：上海教育出版社，2000：226.

感,以迅速进入课堂的氛围之中,并能迅速进入文本的情境之中;另一方面,教师要用自己的"情"去感染、激发、带动学生,使学生能够迅速进入与教学内容相适应的情绪情感之中。

其次是学生情感的入境。在学习活动中,学生必须是主体,没有学生主动地、愉悦地、积极地参与到教学活动中来,就没有学生主体意识的发挥和主体自由的体验,就达不成在教学过程中"披文以入情""情动而辞发"的境界。而学生情感入境,关键还在于教师以入境的情感、情绪去激发和感染,教师可借助语言、体态、神情等多种方式进行暗示、渲染、引导,引发学生对教学内容产生心理期待,做好情感酝酿,从而形成一种"力",驱动着学生不知不觉地投入到教学过程之中,沉浸于文本的情境之中。

语文教材上的一篇篇课文都是作者蘸着情感之水写成的,只有将师生的情感都融入到课堂的氛围之中,融入到文本的境界之中,才能神以文游,才能思接千载,才能辞以情发,最终才能在学生的心灵深处滴灌生命之魂。

(二) 入境的关键要素

对于阅读教学来说,要把学生带入到文中境界,关键在文章的品读赏析部分。教师要通过自身良好的艺术才能和个性魅力对文本进行独到的艺术加工和创造处理,忘我地融入角色,创设一种自然和谐的艺术氛围,再现作品的形象、情感和人文美,使学生在"润物细无声"的艺术氛围中潜移默化地受到艺术的感染和熏陶,在艺术的殿堂里含英咀华,探幽览胜。

优秀的语文教师应使每节课的品读赏析都像一篇优美的文章,打动学生的心灵,引发学生思考并产生共鸣,从而进入文境之中。

1. 教学内容了然于心

要上好一节课,一方面,教者应对所讲内容理解深透,做到对文章的各方面内容都能娓娓道来。语文的课堂应该是思接千载、视通万里的,老师的备课,只有深入钻研教材,备到文字一个个站在纸上和你对话,和你交流了,对所教文章洞若观火了,心中才会透亮,才会有一种教学自信,才能在课堂上纵横捭阖,才能以诗意的光辉感染学生,引领学生沉醉于语言文字的诗情画意之中。"汉语言文字文化底蕴深厚,描摹客观世界,刻画内心的思想、情感,那种准确、逼真、灵动,会把你引入美的世界。"[1]

---

[1] 于漪.语文的尊严[M].太原:山西教育出版社,2014:43-44.

另一方面,学生对所学文本应有一定程度的认知,这样在教学时才容易入境。笔者授课班级是一个理科实验班,当时分班时就是一群以数、理、化等理科见长的学生的组合,因其之前多年痼疾,对语文学科缺少热爱和积淀,再加之平时课余时间被大量理科作业所充斥,语文学科用于硬性作业即用时不多,匆匆完成,更何况非硬性指标的软性作业,完成者就甚为寥寥。比如,统编高中语文教材选择性必修上册第三单元,属"外国作家作品研习"任务群,收入的是《大卫·科波菲尔》《复活》《老人与海》《百年孤独》四部外国经典名著的节选,希望学生在学习这些节选文本时,能对其中一两部作品的全貌有比较深入的认知。所以,在学习《百年孤独》(节选)时,笔者提前一个月布置学生阅读整本书,以便上课时师生能够品味出作品的妙处。但事实上,当真正上课时,班级里完成阅读任务的不到五人,本来应该是一场精神盛宴的课堂,却因学生对教学内容的生疏而磕磕绊绊,生涩寡味,更遑论入境味美了。

在实际的教学中,学生对教材文本没有产生文化认同的语文课堂不止一节两节,有的语文课,在学生还没有搞清楚教材讲了什么,为什么这么讲的时候,老师就会设置课堂讨论环节,以便体现自主、合作、探究的学习方式。其实,这样的语文课只有热闹,没有品味和涵泳,对学生是没有作用的。学生必须和老师一样,要静下心来,沉入文本之中,倾听作者的发言,倾听心灵的诉说,要真正搞清楚作者在倾诉什么,在此基础上加以升华、拓展,这才是有力量的,才能品味到语言文字的魅力。朱熹的"涵泳体察",强调的就是读者主体意识的参与,只有这样,才能在语文学习中,如与作者对面说话,彼此对答,无一言一字不相肯可,实现"参与"以求"心得"的愿望。所以,没有学生对文本内容的认知、涵泳,就没有教学时的入境之美。

2. 教学方法的多方探索

入境教学的关键在于入境的方法和手段,在"入"字上下功夫。

首先,要善于激发学生的学习欲望,只有想学,才能愿学以至学好。罗彻斯特大学教授爱德华·德赛认为,只有当人们认为某一任务本身是值得从事并且觉得颇有乐趣的时候,他们才真正把它视为己任。从心理学角度看,学生学习是否具有积极性,是否主动,是否高质高效,与学习兴趣有着非常直接而重要的关系。学生一旦对一个文本产生浓厚的学习兴趣,就会很快进入积极的思维状态,主动深入地进行探究,就会在不知不觉中进入作者所营造的意境之中,达到文我交融的境界,实现与作者在心灵上的交流沟通。"课堂教学中学生思维进入高度兴奋状态时往往会语出惊人,闪现思想的火花。每忆及当时的情景,那种执教的幸福感就会充盈我的胸际。"[1]

其次,要注意研究文章思路,理清结构线索,使学生沿着文章之"径"进入到文境之中。比如范仲淹的《岳阳楼记》,这是一篇优美的散文,文章借楼发论,表明作者的观点,展示了作者博大的胸怀、高尚的思想境界,给人以积极向上的力量。本文叙事、写景、抒情、议论巧妙结合,作者生动地描绘了一"阴"一"晴"两种截然不同的景象,并说明"迁客骚人"面对这两种景象所产生的或悲或喜的感情,这是通过"阴""晴"两条线索进行描写的。"晴"的一条是:"至若春和景明,波澜不惊,上下天光,一碧万顷;沙鸥翔集,锦鳞游泳;岸芷汀兰,郁郁青青。而或长烟一空,皓月千里,浮光跃金,静影沉璧,渔歌互答,此乐何极!""阴"的一条是:"若夫淫雨霏霏,连月不开;阴风怒号,浊浪排空;日星隐曜,山岳潜形……虎啸猿啼。登斯楼也,则有去国还乡,忧谗畏讥,满目萧然,感极而悲者矣。"阴晴两条线交织起来,道出了登楼人的不同心情,进而归结到古仁人"不以物喜,不以己悲"的襟怀,最后提出"先天下之忧而忧,后天下之乐而乐"的思想,写出了作者宽阔的胸襟。在教学中既要引导学生弄清这两条线索,还要明白作者为什么要安排这两条线。对文本思路的探究,能使学生有"路"可循,学生可遵"路"识真,沉入到文本特定的情境之中,去体悟作者的情怀,去领略文章的意蕴。

再次,要鼓励质疑。学贵有疑,"疑者,觉悟之机,一番觉悟,一番长进"。教师要注意设疑、质疑,引发学生积极思维,使学生在欲罢不能的索解氛围中自然入境。入境的标志之一是师生双边互动、积极思维,共同处于一种交融渗透的状态,一同沉入到文本所创设的感人境界中。假如不允许学生质疑、讨论,不形成相互研究的热烈氛围,只是教者平面的、定向的、单线的灌输,那么,学生是不可能"入境"的。高明的教师往往鼓励学生质疑问难,让学生在热烈的争论中体验入境的况味。

3. 教学情感的多元组合

情感是课堂教学的灵魂,没有情感就没有师生间的教学交流。要收到良好的入境效果,对教学情感的把握和关注不容忽视。教学情感又是由多个方面组成的。首先,要求教师在整个教学过程中有饱满的情绪、丰富的情感,以此感染学生,使整个教学活动在自然轻松和谐的气氛中进行,奠定入境的感情基础;同时,要保持与文章相适应的情感表现,或深沉或凝重、或欢快或优美等,通过不同的情感变化,帮助学生体会文章,

---

[1] 于漪.语文的尊严[M].太原:山西教育出版社,2014:274.

进入文境。其次,要注意把握文中自有的情绪情感,根据不同的体裁,可以采用不同的方式,促使学生在双边活动中产生愉悦,主动入境。再次,要关注学生在此时、此境的情绪情感状态。入境的语文课堂,教师、文本、学生,多方的情感是多元交融的。

语文特级教师韩军曾说过:"语文教学实际上就是语言教学,而语言本身不仅仅是一种工具,还是人本身,是人的一部分;它不是一种外在于人的客体,而是主体;不仅仅是'器'用,还是'道''体'。它满含主体情感,充满人生体验。因而,人文精神是语言的基本属性。好的语文教学,需要师生共有一种根植于语言人文精神的人伦情怀、人生体验、人性感觉,充分激活本来凝固化了的环境,充分施展个性,使情感交融,造成一种痴迷如醉、回肠荡气的人化环境,从中体悟语言之妙,学会语言本领——这是语文教学成功的根本。"[1]

(三) 入境的运载机制

所谓机制,原指机器的构造和工作原理。生物学和医学通过类比借用此词,用来指生物机体结构组成部分的相互关系,以及其间发生的各种变化过程的物理、化学性质和相互关系。现已广泛应用于自然现象和社会现象,指其内部组织和运行变化的规律。在任何一个系统中,机制都起着基础的、根本的作用。在理想状态下,有了良好的机制,甚至可以使一个社会系统接近于一个自适应系统——在外部条件发生不确定变化时,能自动地迅速作出反应,调整原定的策略和措施,实现目标优化。在语文课堂教学的系统中,要引领学生入境,也需要很多机制的运作,方能得以实现。

1. 教师情感的激发

法国大文豪雨果在《悲惨世界》中说过:"世界上最浩瀚的是人的心灵。""一颗心灵的叹息,能比一城的喧嚣道出更多的东西。"一篇好文章,一首好诗,必然是作者情动于衷,言溢于表的产物。语文学习,"不仅是为了弄懂词语的含义和文法的规律,而更要紧的是青少年通过阅读文学作品,获得一种少男少女对善与美的把握和领悟,培养起对人类几千年来代代相传的美好心灵、美好情操的特殊感受。这是靠心灵对心灵的呼唤,靠感情对感情的激发,靠智慧对智慧的启迪,绝不是靠课文分析所能替代的。"[2]

---

[1] 转引自李维鼎.语文言意论[M].上海:上海教育出版社,2000:145-146.
[2] 于漪.语文的尊严[M].太原:山西教育出版社,2014:09.

教师的情感往往可以引起学生感情上的共鸣。因为学生情感是在认识对象的过程中产生的,文本中的形象、教师的情感都是学生的认识对象,在让学生感受形象的过程中,教师的情感对学生的内心体验、情感诱发起着非常重要的示范作用。

因此,要使学生"入境",语文教师自己必先动真挚、高尚之情,然后以情动情,以情传情,在课堂教学中以自己的激情去感染、打动学生,使他们与教师、与作品产生难以抑制的共鸣,这样才能带领学生进入与教学内容相应的情景之中。于漪老师曾说:"教师上课激情洋溢,激情似火,就能点燃学生求知的火焰,引领学生进入文本的意境。"于漪老师在讲《茶花赋》一课时有这样一段动情的话:"如果华庭寺的那树茶花是'点',那么黑龙潭大理就是从'面'上勾勒茶花之盛了……满园春色关不住,一枝红杏出墙来,花期一到,百般红紫斗芳菲,春城无处不飞花,作者置身于花的海洋之中,沐浴在祖国的大好春光里,饱享着祖国现实生活的美,怎能不心醉了呢?"[1] 于漪老师用这段极具感染力的抒情,形象地把文章的神韵发挥得淋漓尽致。当学生听着这样情感浓郁的语言,怎能不深受感染? 怎能不在这艺术的殿堂里被深深地陶醉呢?

"事实上,每堂语文课,语文教师在传递教材情感的同时,都在敞开着自己的心怀,都在传导着自己的真情实感,表白着自己的人生哲学。所谓'传情',就是这么一点一滴地渗透,一次一次地感染。教师的真情如同火种,可以点燃孩子情感的火苗"。[2]

2. 鲜明形象的感受

李维鼎在阐述"言意互转"理论时,在"言"与"意"之间引入了一个新的概念"象",认为表达是沿着"意——象——言"的方向运动,而吸收则是沿着"言——象——意"的方向运动的。[3] 其实就是在说明"象"在"意"与"言"转换中的桥梁和媒介作用。"象"是什么?《易传·系辞》云:"易者,象也。象也者,像也。""圣人有以见天下之赜,而拟诸形容,象其物宜,是故谓之象。"这就是说,卦象是模拟现实事物而来,又象征着现实生活中的具体现象,是具体可感的形象。

力主神韵说的王世祯在《带经堂诗话》中有这样一段论述:"夫诗之道,有根柢焉,有兴会焉,二者率不可得兼。镜中之象,水中之月,相中之色,羚羊挂角,无迹可求,此兴会也。"强调诗歌创作必须做到"兴会神到",反对刻意雕琢,实际上就是指诗人的创

---

1 孙小娟.丰富学生情感,语文教师有责[J].考试周刊,2013(29):25.
2 李吉林.李吉林与情境教育[M].北京:北京师范大学出版社,2006:67.
3 李维鼎.语文言意论[M].上海:上海教育出版社,2000:217.

作必须以丰富的情感和活跃的灵感为前提。但这个"前提"还应该有前提性条件,他十分赞赏萧子显的话:"登高极目,临水送归;早雁初莺,花开时落。有来斯应,每不能已,须其自来,不以力构。"[1]这是说诗人触物兴怀,感情激动,灵感活跃,每不能自已,才能写出有神韵的诗。不能自已的"兴会"原有触发之景物,触物以致兴怀,感情遂被激动。可见,"物"又是"兴会"的前提条件。兴会,离不开客观生活,离不开客观生活的"心中镜象"。

英国诗人艾略特也说:"艺术作品表达情感的唯一的方式,是寻求一个'客观对应物',换言之,一组事物,一个情况,一连串事件,被转变成某一特定情感表达的公式;于是,当必须终止于感官经验的外在事物出现时,那个情感便立即被吸引出来。"

可见,文学是用语言塑造形象,以反映社会生活和表达作者的思想感情的艺术样式,它不同于其他文字读物之处主要在于讲究艺术境界的创造,它往往是作者将对生活的积累和感悟进行形象化的构思,再以艺术化的语言表达出来而形成的。王国维先生在《人间词话》里说过:"夫境界之呈于吾心而见于外物者,皆须臾之物。惟诗人能以此须臾之物,镌诸不朽之文字,使读者自得之。遂觉诗人之言,字字为我心中所欲言,而又非我之所能自言。"[2]这里说到了作者创作和读者阅读两个方面。作者用语言刻画形象,描画境界,让读者感到似曾相识的亲切和熨帖,产生"悠然心会,妙处难与君说"的审美感受,这就完成了文学作品从作者到读者的真正创作过程。

借用巴尔扎克"作家必须看见所要描写的对象"的说法,我们可以说,我们的语文课堂必须要让学生看见文本中所描写的形象。借助对文本中鲜明形象的感受,引领学生进入"文境"之中。例如,借助对"红烛"的品味,带领学生进入到闻一多甘愿燃烧自己,也要为祖国献出一颗红心的赤诚之中;借助对宁静优美的月下荷塘的感受,师生一起走进朱自清"不静"而寻"静"的内在情绪;借助"云雀"这一意象的把握,引领学生走进雪莱所追求的自由、崇高、幸福、欢乐的美好世界;借助"怒涌的白云""壮丽的北冰洋的晴景""要把地球推倒的太平洋的滚滚洪涛"等形象,去感受"五四"狂飙突进时代那种摧毁旧世界、创造新生活的雄强之力……可以说,感受形象,是"入境"的重要凭借。

当然,这个形象,可以是某一种景物,某一种事物,也可以是某一个画面,某一处场

---

1 冷晏明.王世祯诗歌理论述评[J].青海师范大学学报(社会科学版),1986(1):76-81.
2 滕咸惠.《人间词话》译评[M].长春:吉林文史出版社,2004:128.

景,某一个情境。在感受形象的过程中,沿着"言——象——意"的方向,应从品味作者的语言描述入手,这是毋庸置疑的,因为这是"言意"转换的规律所决定的。

除此之外,还要发挥想象的功能。叶圣陶先生曾说过:"要鉴赏文艺,必须驱遣我们的想象。意思就是:文艺作品往往不是倾箱倒箧地说的,说出来的只是一部分罢了。还有一部分所谓的言外之意,弦外之音没有说出来,必须驱遣我们的想象才能领会它。如果拘于有迹象的文字,而抛荒了言外之意、弦外之音,至多只能欣赏一半;有时连一半也鉴赏不到,因为那没说出来的一部分反而是极为重要的一部分。"[1]整体鉴赏文学作品如此,感受文本中的形象也是如此。所以,要激发学生的想象力,参与到对作品形象的感受之中,真正品味出"象外之象""言外之意"。

3. 教师语言的描述

海德格尔说过:"语言是存在的家。"人的思想情操都寄存于语言当中。语言本身是诗意的,它应该是以诗意的光辉向着学生微笑,来感染、影响学生。"我们的语言文学本身是有表现力、生命力,充满诗意的,'山'就是一座大山,'川'是流动的水,我们的文字如诗如画。所以,教课能把诗情画意都教出来,孩子一定受感染。"[2]

语言作为入境的信息载体,在整个教学过程中占有非常重要的地位。首先,教学语言要有节奏美。即要做到快慢得当、疾缓有间、起伏跌宕、错落有致、张弛适宜、疏密相间,使教学信息的传递和接受达到最佳状态。其次,教学语言要有韵律美。教师的教学语言既要确定基调,又要富于变化,富于韵律美的教学语言能使学生赏心悦耳,在和谐优美的语言环境中去感受、品味、思考。再次,教学语言要有质量美。语言是丰富浩瀚的,教学语言的选择要讲究质量,应杜绝非标准的方言土语,不正确的词语和句子。另外,教学语言要有情感美。既要有饱满的热情、丰富的情感,又要有鲜明的情感倾向。

教学活动是通过语言进行的,一个贴切的比喻,一句富有哲理的话语,一段饱含深情的描述,往往能营造一种动人的情境,成为开启学生心智、引导学生"入境"的金钥匙。在教学杜甫《登高》这首诗时,韩军老师设计了这样的开场白:"1 200多年前,一个秋天,九月初九重阳节前后。夔州,长江边。大风凛冽地吹,吹得江边万木凋零,树叶在天空中飘飘洒,漫山遍地满是衰败、枯黄的树叶。江水滚滚翻腾,急剧地向前冲击。凄冷的风中,有几只孤鸟在盘旋。远处还不时传来几声猿的哀鸣。——这时,一位老

---

[1] 叶圣陶.叶圣陶语文教育言论摘编[M].天津:天津古籍出版社,1994:76.
[2] 于漪.语文的尊严[M].太原:山西教育出版社,2014:34-35.

人朝山上走来。他衣衫褴褛,老眼浑浊,蓬头垢面。老人步履蹒跚,跌跌撞撞。他已经满身疾病,有肺病,疟疾、风痹。而且已经'右臂偏枯半耳聋'。重阳节,是登高祈求长寿的节日。可是这位老人,一生坎坷,穷困潦倒,似乎已经走到了生命的冬季。而且此时,国家正处在战乱之中,他远离家乡,一个人孤独地在外漂泊。面对万里江天,面对孤独的飞鸟,面对衰败的枯树,老人百感千愁涌上心头……"[1]这样精彩形象的语言描绘本身就是一种艺术享受,很自然地把学生带入了诗的意境之中。学生在这样的氛围中学习这首诗,必然能加深体验,也为鉴赏这首诗打下了基础。

教学语言包括讲的语言和读的语言。所谓"三分诗,七分读"。首先,要做到不念错别字,字音准确无误,不能读破词语句子,也不能加字、掉字或颠三倒四,要读得字字响亮,不可误一字,不可少一字,不可多一字,不可倒一字,不可牵强暗记。其次,要读得美,即要求有感情地朗读文本。美读是人的视听感官、言语机能和心理机制和谐参与并积极作用的情感活动。美读是声音的艺术,更是情感的艺术,它能引起心心相印的情感共鸣和心灵震撼,不失为引领学生入境的极好诱因。教师美读示范,"就是要把作者的情感在读的时候传达出来","激昂处还它个激昂,委婉处还它个委婉"[2],读得声情并茂,读得绘声绘色,读得让学生摩拳擦掌,跃跃欲试。这样一下子就能调动学生学习兴趣,一下子就能让学生进入一种亢奋的求知境界。于漪老师说:"要反复诵读,把无声的文字变成有声的语言,读出感情,读出气势,如出自己之口,如出自己之心。"[3]

4. 教学场域的创设

索绪尔在《普通语言学教程》中指出:"在语言状态中,一切都是以关系为基础的。"词的意义往往要在"关系"中才能确立,词的个性往往要在"关系"中才能显示。言语作品的意义、情调、神韵都是"关系"的产物。语言有两个方面的关系,一是与上下文的关系,这是内部关系;一是与交际情境的关系,这是外部关系。

教学是由教师、课程、学生所构成的三位一体的系统工程,教学过程实际上就是一个"场"。语文教学的这个"场"至少应该由两个维度构成,一是由教师、学生、教材构成的外在的场,一个是由文本语境所形成的内在的场。

这个外在的场,更多地表现为一种情绪、情感状态,表现为一种心理活动,"在这个

---

1 蔡伟,纪勇. 语文案例教学论:课堂导入与收束[M]. 杭州:浙江大学出版社,2012:75.
2 叶圣陶. 叶圣陶语文教育论集[M]. 北京:教育科学出版社,1980:125.
3 转引自李光烈. 课堂教学的入境艺术[J]. 语文教学之友,2007(12):11-13.

心理场里,教师的语言作用于儿童心理,儿童的反馈又会作用于教师的心理,学生与学生之间,师生与教材之间是一个多向折射的'心理场'"。[1] 这个场域的创设更多的是需要一种课堂氛围的营造,教学情绪的准备,教学情感的调控等等。

至于文本语境所形成的内在场,我们知道"言为心声"。心,是言之根由,言之实核,言之标尺。于是,自然引申出"修辞立其诚",要求人们的言语行为本着一个"诚"字,即保持思想感情的真诚。从言语理解和吸收的方向看,与言语生成必以"诚"出"辞"相对应,言语的理解则由"辞"而会"诚"。经不断发展,完善,形成了一整套着眼于言语的广泛的人文联系,置身于题旨情境的听、读方略,与说、写的整体情境原则紧密衔接,成为汉语文言语观的两个组成部分。概括地说,这种整体性言语理解方略,是将言语的"言内"与"言外"统一起来,将言语内容与环境结合起来,将作者与读者协同起来,以收到会意、知心、识人的整体性效果。言语交际是"心意"的传递与接收,是在一定范围中实现的,是由许多相关因素构成的"场"里发生发展的。[2] 这个场域的创设更多地依赖于传递与接收各方对文本语境的感受能力、理解能力、生成能力及判断能力等,也就是"语感"。最早提出语感概念的夏丏尊先生把语感定义为对于"文字"的"灵敏的感觉",而叶圣陶把语感扩大到"语言文字",认为语感是对语言文字的灵敏的感觉。[3]

巴金说过,写作技巧的最高境界是无技巧。教学作为一门艺术,其最高境界就是教师的语感、作者的语感、学生的语感通过文本言语的共振共鸣,是教师之心、作者之心和学生之心在文本言语中的交流遇合。师、生、教材共同创造的教与学的过程记录下来就是一篇优美的散文。

总之,"以清晰的思路、激荡的情感,阐释和演绎语言文字的魅力,创造语文课堂教学的精彩;满怀爱心引领学生在母语教学的优质环境里体会语言文字的奥妙,努力提高语文素养,享受优秀文化的熏陶,这是语文教师教学生涯中莫大的乐趣,更是义不容辞的高尚职责。"[4]

在语文教学过程中善于引导学生入境,便是践行这一高尚职责行之有效的方法。但是,入境并非终极目的。在入境的基础上,从美入手优化境界,使学生在感知文本的

---

[1] 李吉林.李吉林与情境教育[M].北京:北京师范大学出版社,2006:55.
[2] 李维鼎.语文言意论[M].上海:上海教育出版社,2000:99-100.
[3] 叶圣陶.叶圣陶语文教育论集[M].北京:教育科学出版社,1980:267.
[4] 于漪.语文的尊严[M].太原:山西教育出版社,2014:26.

过程中获得多侧向的感受；进而巧妙地把学生的认知活动与情感活动结合起来，发展其创造才能，拓宽"文境"，在认识周围世界的乐趣中，启迪学生智慧，进行审美教育；更为重要的是在学生头脑中构造"新境"，以产生融会贯通的效果。

感知文境、理解文境、品味文境、构造文境，是一个系统工程，在这个过程中，入境是关键。文章自有境，入境方觉亲。

三、入境艺术的实践智慧

下面仅以统编高中语文教材选择性必修下册第二单元第6课《大堰河，我的保姆》《再别康桥》为例，谈一谈入境教学艺术的具体实践，从中感受到语文教学之美。

德国启蒙主义时期的学者尔格·哈曼强调"诗是人类的母语"，以诗歌为例，能够更好地解读入境艺术的特征和蕴含。

选择性必修下册第二单元属于"中国现当代作家作品研习"任务群，"根据小说、诗歌、散文、话剧不同的艺术表现方式，多角度、多层面探究作品的意蕴，注重对作品的个性化解读，获得鲜活的审美体验"[1]是单元学习目标之一。第6课《大堰河，我的保姆》《再别康桥》是两首现代抒情诗。诗歌，是情的火花，美的凝聚。诗歌教学应当让学生体悟诗情，感受诗美。学生倾心融情赏美的过程，也是乐意入境受教的过程。

（一）引入意境，启迪情思

意境，是作者的主观情思（意）与客观物象（境）相互交融而形成的艺术境界。诗歌教学应将学生引入诗的意境，在其面前展现诗歌所描绘的各种美好的画面和形象，使其与诗人在感情上产生共鸣，从而感受诗情之美。

那么，如何把学生引入诗的意境呢？

1. 巧妙设计导语

导语是教师走进课堂后说的第一段与教学内容密切相关的话，时间所用不长，它的作用却不容忽视。导语的设计方法很多，在《大堰河，我的保姆》《再别康桥》的教学中，笔者以作者的语气追溯曾经美好的人和美好的时光，如今或阴阳两隔或无奈离去的特

---

[1] 人民教育出版社,课程教材研究所,中学语文课程教材研究开发中心. 普通高中教科书教师教学用书（语文·选择性必修下册）[M]. 北京：人民教育出版社,2021：06.

定情境设计导语:"站在阴冷、潮湿的牢房里,望着外面漫天飞舞的雪花,诗人艾青想起了自己的保姆,一口气写下了《大堰河,我的保姆》这首蕴含浓浓深情的诗作;而另一位浪漫而有才气的诗人徐志摩,由狄更斯介绍进入英国剑桥大学读书并从此走上诗坛,开始了人生的新起点。1928年他重访剑桥,故地重游,不禁情思万千,写了一首缠绵悱恻、动人心弦的诗篇《再别康桥》。"这样的导语,一下子就抓住了学生的思维和情感,产生了认同感和亲切感,既引发了学习兴趣,又使学生的情绪与作者的心境沟通,引入诗的意境之中。

2. 梳理情感线索

"诗缘情而绮靡"。缘情入境既是诗歌的美学特征,又是品赏情境的方法途径。在教学中,把握诗人感情的脉络,有助于深入到作者营造的情境之中。教授《大堰河,我的保姆》和《再别康桥》时,首先向学生介绍作者创作诗作的背景。《大堰河,我的保姆》是一首带有自传性质的诗,艾青出生在一个地主家庭,出生后,一个算命先生说他命中"克"双亲,故被送到本村贫苦农妇"大堰河"家里抚养。艾青在大堰河家住了五年,亲生父母的冷漠,让他更深切地感受到"大堰河"给予他的温暖的母爱。1933年1月的某一天,被关进国民党反动派监狱的艾青,望着牢房外飘起的大雪,不由得因凄冷而神飞,睹雪而思人,想起这个连名字都没有的普通农妇,他的保姆——大堰河,挥笔写下了这首诗。而徐志摩在写作《再别康桥》之前,曾写过诗歌《康桥,再会吧》和散文《我所知道的康桥》,康桥充满了这位浪漫诗人所需的古老、宁静,充盈着梦幻色彩,是诗人一生"真愉快"时光的所在,是作者灵魂的栖息地,所以作者在离别康桥时才会有那份恋恋不舍,那份依依别情。在学生了解艾青和徐志摩创作诗作的感情触发点之后,抓住时机引导学生梳理出艾青"追怀痛悼——眷恋感激——同情诅咒——赞颂讴歌"、徐志摩"深情作别康桥——描绘康桥晚景——沉醉康桥深情——无奈挥袖离去"的情感线索,从而使学生进入到诗歌深切而真诚的情感之中。

3. 描绘形象要素

诗是很讲究意境的。意境就是诗人对社会现象和自然现象感受以后产生的一种情怀,它的全部奥秘即是外部世界即"境"的心灵化与内部世界即"意"的具象化。意境是诗歌艺术形象的客观存在,具体可感。客观生活的多种物景在诗人的心灵中轮换映照,使诗歌意境异彩纷呈,这些场景构成了丰富的形象要素。概括地讲,有借景达意之景、借物达物之物、因境传情之境、移情入事之事等等意象的组合,在诗歌教学中要善于通过意象组合成形象,让学生体会这些形象要素所造成的艺术氛围,从而理解诗人用意及诗歌主题。《大堰河,我的保姆》几乎通篇运用描述性意象,"搭好了灶火""拍去了围裙上的炭灰""尝到饭已煮熟""把乌黑的酱碗放在乌黑的桌上""补好儿子们为山腰的荆棘扯破的衣服"等这些日常生活中真实存在的大堰河辛苦劳作的场景,构成了一幅幅画面,给人鲜明的形象感和强烈的画面感。《再别康桥》展现的则是一个优美缠绵的意境,在这个意境中凸显两个形象:一个是美妙的康桥晚景,一个是缓步飘然而去的诗人。诗人因康桥晚景而流连不舍离去,康桥因诗人的缠绵留恋而倍添优美,景物形象和人物形象融合在一起,从而营造了"再别康桥"的意境。在教学中要紧扣诗人与康桥的各自特点和联系,描画这一感情化的形象,引导学生进入到悱恻宁静的康桥晚情之中,并受到美的熏陶和感染。而且,这首诗的意象多选用有色彩的词语来描绘,"云彩""金柳""夕阳""波光""艳影""青荇""彩虹""青草"等词语,给读者视觉上的色彩想象,同时也表达了作者对康桥的一片深情。全诗共七节,每一节都包含一个可以画得出的画面,如:向西天的云彩轻轻招手作别,河畔的金柳倒映在康河里摇曳多姿,康河水底的水草在招摇着似乎有话对诗人诉说……作者通过动作性很强的词语,如"招手""荡漾""招摇""揉碎""漫溯""挥一挥"等,使每一幅画都富有流动的画面美,给人以立体感。

4. 探索构思特点

首先,从诗的"意"与"境"的交融形式中感受意境的丰富美。由于"意""境"的交融并非单调划一,而是呈现种种不同的形式,有的诗情随景生,创设"无我"之境;有的缘情写景,创设"有我"之境。有的情景交融;有的情景分列。其次,从诗人的生活经历及思想基础看其构思特点,领略意境的个性美。在教学过程中,为了探索诗歌的构思特点,笔者主要注重学生对两首诗作比较研读。艾青在冰冷的雪夜,怀想乳母给予自己的温暖,通过人称的变化,在由"她"而"你"、由"我"而"她"的人称转换中,先交代大堰河与诗人的关系,再回忆大堰河对"我"的抚爱,再叙写大堰河死后的凄凉,最后由点到面,赞美一切如大堰河般的保姆,表达诗人的一腔深情。而徐志摩则是一位具有浓厚浪漫色彩的诗人,康桥又是改变作者人生道路并给作者留下许多美好回忆的地方,所以《再别康桥》便情景交融,别情和晚景美妙和谐,文辞优美令人荡气回肠。意境中有诗人主观的成分,渗透诗人独特的思想经历、情趣性格,所以在教学中要注意引导学生深谙诗人本身及其创作特色,从而深入诗境之中。

5. 启发想象能力

诗歌是想象的艺术,品赏诗歌同样要唤起学生的生活联想,诱发审美再造,形成并开辟动人的艺术意境。在《大堰河,我的保姆》和《再别康桥》的教学中,在学生理清作者的情感线索,勾画了诗中的抒情形象,并通过比较评价诗的构思特点和艺术手法之后,安排欣赏诗歌的教学环节,借助多媒体及教师表情达意的语言描述,诱发学生的联想和想象,使之学美诗歌,进而培养学生的想象能力和创造能力。这两首诗都是现代抒情诗,《再别康桥》开始便以轻微跳跃的节奏,透露难舍难分的离情,展现出一个缓步飘然离去不禁愁绪满怀的诗人形象,奠定全诗伤感、缠绵的感情基调。作者接下来借助描绘康桥晚上的美妙风光和对往昔康桥生活的美好回忆,不禁神往、快乐而要放歌,突然,诗人惊醒了,美梦依旧,美景依然,只有诗人无奈离去。全诗文辞优美,音韵和谐,景中有情,情中有景,令人回肠荡气。而《大堰河,我的保姆》则是通过叙事来抒情的,诗人与大堰河之间浓浓的深情融于娓娓动情的事件陈述和真切具体的细节描写中。大堰河在年节里,为乳儿忙着切冬米的糖,把乳儿画的大红大绿的关云长贴在显眼的位置上,逢人便夸自己的乳儿,就连做梦,也盼着乳儿得到幸福;诗人身处狱中,看到窗外飘飞的雪花,情不自禁想起自己的乳母,想起乳母含着笑,洗着衣服,切着冰屑悉索的萝卜,用手掏着猪吃的麦糟,扇着炖肉的炉子的火……这一幅幅生活画面,由诗人饱含深情的笔墨化成叙事性的诗句,给人强烈的情感冲击。

(二) 探究点拨,传达情愫

诗歌抒情,一般婉转含蓄。感受诗歌的抒情美,必须循曲通幽,发微索隐。首先,紧扣"诗眼"。《大堰河,我的保姆》从头到尾,始终围绕"我"与"她"的关系来写,以自己起伏的思绪和奔腾的激情作为依据构思全篇。《再别康桥》全诗的诗眼便是作者"轻轻"作别的情怀。教学中抓住"轻轻地"描绘缓步飘然离去的诗人形象,从而体味诗人"悄悄"作别的深情和"不带走一片云彩"的无奈。其次,探究难点。《大堰河,我的保姆》的教学难点在于诗人在娓娓叙事中融入的奔腾的深情,《再别康桥》的教学难点就是诗中借景抒情,融情于景,通过形象表达感情的特点。在教学中,教师通过比较、探究并安排训练项目,进行点拨强化,从而消化难点,理解诗意。

(三) 吟咏赏读,咀嚼情味

诗歌的突出特点就是有鲜明的韵律,富有节奏感和音乐美,其抒情美也靠内在的情调和音乐性来调控,要求形之于声。只有经过反复吟咏,才能逐渐浸润到诗中深微的情致,慢慢咀嚼出浓密的滋味来。在《大堰河,我的保姆》和《再别康桥》的教学中,首先通过教师有感情地朗读,创设诗的意境,然后学生模仿朗读,体味诗情,再出示阅读要求和阅读思考题,品味诗理,赏析时密咏恬吟,品赏情味,总结时高声朗诵,扩展情怀,最后齐声背诵,感受诗美。总之,在诗歌教学中,多给学生朗读的机会,并不断变换朗读形式,且给予示范指导,使学生逐步读得其法,心与情通。

(四) 感染体味,陶冶情操

诗情美决定了诗歌教学能够也应该感染学生心灵,增加美感,陶冶情操。《大堰河,我的保姆》感情深沉、真切、隽永,特别是借助富有象征意蕴的"大堰河"的形象,表达了诗人对广大人民的同情和对民族命运的关切,这份深情和大爱,远远超出了对自己已逝保姆的思念和怀想,诗人博大的胸怀,透过深情的叙述和真切的细节,会在学生心中产生激荡和影响。而《再别康桥》一诗就其思想内容而言,表达的是一种极平常、极普通的离情和那种微波轻烟似的别绪,格调并不高昂。在教学中如何挖掘作者情感的闪光点对学生进行教育呢?首先,了解诗的写作背景,引导学生以作者的身份去亲历其所经历的离情别绪;进而引导学生去体味诗的意境美,使学生在美的熏陶中体味真和善;最后,布置学生运用所学习的诗歌写作知识,尝试进行现代诗的创作,从而受到真善美的教育,培养健康美好的情怀。

四、我们离入境有多远

讲究入境艺术到底会给语文课堂带来怎样的改变呢?要说明这个问题,我们先来看看现今多数语文课堂的现状。

(一) "言意转换"视角下的现今语文课堂

我们现在的课堂教学虽然有许多独特的优势,但是离入境的语文课堂尚有一定距离,存在着比较明显的不足:[1]

1. 诵读不足,分析介入太快

不是让学生反复了解和熟知作品的语言,并由此感知并形成初步的整体印象,而是

---

[1] 参阅李维鼎.语文言意论[M].上海:上海教育出版社,2000:255-256.

太快地转入分析。由于学生缺乏基础,对文章内蕴的理解也就不可能准确和深刻,有时还会出现得不出结论的情况,这时,教师往往急于完成既定教学目标和教学任务,便只得以讲解分析去得出结论以求"速成"。这样,分析往往流于空泛,得出的结论也就是无根的。

2. 咀嚼不足,结论得出太快

咀嚼词句,是为了由"言"知"意",是动用生活积累与言语信息汇合形成表象、体验情意的关键。不经过认真的揣摩咀嚼就由教师或学习好的学生得出结论,缩短了大部分学生涵泳体察的过程。因为感受、品味不足,情思介入不切,赏鉴评价缺乏基础,单单记住了几个别人得出的结论,对学生阅读能力的提高是没有多大实际意义的。

3. 讨论不足,分歧消解太快

对作品的理解因人而异,即便是同一个人,也会因时而异,因情而异。理解不尽相同,可能通过讨论互相启发,互相补充,这是个体与群体展开学习过程的活动。新的课改理念主张探究性、合作式学习,而讨论、交流等教学活动正是探究的方式。不待交锋,或浅尝辄止,"得出"一个结论了事,不仅消除不了学生的分歧,而且没能以分歧为契机,因势利导,减弱了语文课堂应有的诗意和韵味。

4. 欣赏不足,理性说明太快

阅读的过程是一个在再现、再造表象的基础上,倾注自己情感,披文入情、审美体味、涵泳体察的过程,但有的语文课堂,老师却急于跳出来,问这里用了什么修辞,那里用了什么手法,甚至挑出几个知识点拓展开去。理性的说明缺乏感性体验的基石,非徒无益,反而窒息了学生的兴味,更遑论审美了。

5. 整合不足,阅读结束太快

阅读应经历从部分到整体,再从整体到部分的多次往返。在此过程中,有理解吸收,有叩问商榷,是学生与教师、作者、文本多方交融对话的过程,最后达成整合,把各方的收获或存疑纳入自己的阅读所得中,并为下一次的语文学习准备情势和基础。但是不少语文教师往往匆匆结束,一个中心思想加上几条写作特点便算完事,殊不知,只有让学生自展过程、自求自得,学生才能成为语文课堂的主体。

(二) 讲究入境艺术的语文课堂

讲究入境艺术的语文课堂是"真"的、"实"的语文课堂,它更加关注学生真的在课堂里,体现"以生为本,以学定教",让学生感受到语言文字所带来的美感和幸福。

《普通高中语文课程标准（2017年版2020年修订）》进一步明确了普通高中教育的定位："我国普通高中教育是在义务教育基础上进一步提高国民素质、面向大众的基础教育，任务是促进学生全面而有个性的发展，为学生适应社会生活、高等教育和职业发展作准备，为学生的终身发展奠定基础。"[1] 在这一理念指导下的课堂教学把"学生如何学"作为出发点和着力点。

入境的语文课堂是从学生视角出发的语文课堂，是生本的语文课堂，是以学定教的语文课堂，具有如下特点。

1. 教学目标的确定是根据学情和学生需求来完成的

现代教学理论认为，学生能否成长是自己学出来的，不是老师教出来的；教师进课堂的任务不是去讲，而是组织学生学；教案内容教完了不算完成了教学任务，学生学会了才叫完成了教学任务。入境语文课堂的教学目标设定既考虑文本（教学内容）特性、教学媒体的使用等因素，更为重要的是考虑学生原有的认知、考虑学生的学习准备和学习风格、考虑面对文本（教学内容）时可能的状况、考虑学生在这一教学内容中的需求等。较为充分地考虑教学活动对象的特征，这样的教学才能更容易引发学生进入教学情境之中，也应该会更有实效。

2. 教学内容的选择和展开是根据学生的情况来调节和生成的

教材只是一个文本材料，而课程应为一种理念，一种为实现学科学习目标而对教学内容进行选择、汇总的过程，这个过程既有量的要求，又有质的标准。课程应该蕴含着实施者的价值取向和再创造。语文学科的课程应该完成如下任务：语文教育教学活动的依据；实现语文学科教育目标的基本依据；教师与学生共同实施学科教学和学习活动的中介；对教师教学和学生学习提供管理和评价的标准。教学内容的选择、确定，问题的设置等都应有调节余地，不同学生、不同班级经历学习过程，都能获得不同程度的成长。为了维持课堂教学的流畅运行，教师要善于实施"现场设计"，及时根据学情调整设计方案，抓住课堂上生成的资源，进行巧妙点拨、引领。至少应关注两点：一是学生会了什么，学了多少；二是学生掌握了几种学习方法，能不能用这些方法去解决实际问题。

3. 教学策略的选择、运用是以学生的认知与情感目标达成情况来判断的

教学策略是指在不同的教学条件下，为达到不同的教学结果所采用的方式、方法

---

[1] 中华人民共和国教育部.普通高中语文课程标准（2017年版2020年修订）[S].北京：人民教育出版社，2020：03.

和媒体的总和。评价教学策略的有效性,可以从学生的认知与情感目标达成情况、与教学环境和教学媒体的切合度来判断,其中前者尤为重要。入境的语文课堂教学非常注重学生自主学习、合作学习等方式,但这并非是一成不变的,根据学生的认知与情感特征,有时也会采取教师主导型的教学策略。曾听过复旦大学附属中学黄玉峰老师的一节《世间最美的坟墓》公开课,很有感触。黄老师在《世间最美的坟墓》的教学札记中有这样一段话:"本以为这篇文章很容易教,只要扣住'朴素'二字便可大功告成。然而当我仔细阅读课文时,却发现其中有很多疑点没有解决,有很多东西远不是那么容易理解的。于是便反复阅读、理解字里行间茨威格要表达的情绪,再由此拓展去查阅有关托尔斯泰和茨威格的资料,这才渐渐解开某些词语背后的谜。"[1]

散文是作者心灵的抒发,阅读散文是心灵与心灵的碰撞。黄老师说:"对文本有深入理解后,决定采用串讲式。一面读一面讲。一面讲文本,一面结合内心的感受,联系我的经历,把自己放进去,把我们的时代放进去。"[2]从教学方法的角度看,黄老师这堂课最引人注目的是两个地方,一是"导入",一是"串讲"。导入,我们首先感受到它的长度,有"一导""二导""三导";然后是导入时多种教学方法的运用:导入一,是多媒体课件,看照片,听老师念介绍的文字;导入二,是教师的讲述和朗读;导入三,是教师的讲述,描述托尔斯泰最后的日子,推测茨威格的心理状态。

一堂课,运用了多种教学方法。为什么要用这些方法呢?运用这些方法有什么效用呢?

一堂课采取什么样的教学方式和策略,不仅要考虑该策略是否有助于教学目标的达成,是否适应教学内容的需要,也要从学生的角度分析此策略是否具有针对性和适用性,更要有基于学情基础上的教学策略的调整,这样才能充分发挥方法、策略为内容服务的作用。说实话,像《世间最美的坟墓》这样的散文,是供读的,而且只能由对文本有切身感受的人来读;像《世间最美的坟墓》这样的散文,是必须讲的,而且只能由对文本有深刻理解的人来串讲。这样才能抵达其深邃之处,才能引领学生进入文境之中,体情味美。

4. 教学媒体的选择是以学生的学习风格为出发点的

在信息化高速发展的今天,充分利用各种教学媒体,加强信息技术与课堂教学的

1　王荣生.听王荣生教授评课[M].上海:华东师范大学出版社,2007:72.
2　王荣生.听王荣生教授评课[M].上海:华东师范大学出版社,2007:75.

整合，这是时代发展的要求，也是开拓课堂空间，增加课堂教学容量，提高教学质量和效益的需要。入境的语文课堂对教学媒体的选择和使用，不再把教学媒体看作是辅助教师教课的形象化的教学工具，而更强调把它们作为促进学生自主学习的认知工具与协作交流的工具。生活在现代化大都市的学生，见识和接触到的信息途径是非常丰富的，学生搜集和处理现代教学媒体信息的能力也非常强，各种刺激视听觉的教学媒体更能引起学生的兴趣。

所以，在语文教学中应从学生这种学习特点和风格出发，选择和使用各种教学媒体，充分发挥教学媒体辅助教学的作用。例如，海明威的小说《老人与海》，课文节选部分的内容为圣地亚哥费尽艰辛，经过三天两夜的搏斗，捕到了一条大马林鱼，在返回途中，遭遇鲨鱼的袭击，五次与鲨鱼搏斗的情节。这篇课文收在统编高中语文教材选择性必修上册第二单元，属"外国作家作品研习"任务群。这一单元收入的四篇课文均为外国经典作品节选，学生很难阅读作品全文。在学情分析的基础上，在这篇课文的学习中，笔者布置了课前学习任务，要求学生阅读下发的导读材料，包括作家简介、作品概貌、评论文章、经典情节赏读等内容，使学生对作品有一个全角的认识和了解。在此基础上，在课堂教学中，既选用了比较常用的多媒体来拓展文本内容，同时播放了一段日本拍摄的动画片，动画片生动形象地展现了小说的全貌，对课文内容是一个非常好的补充，使学生在短短的20分钟内了解熟悉了故事的整个情节。而且，强烈的视觉和听觉的冲击感染着学生，圣地亚哥生存的窘境、捕获大马林鱼的精疲力竭、与鲨鱼斗争的艰辛、失败的无奈和悲凉等情感深深地震撼了学生，特别是老人那种面对困境永不服输、永不言败的"硬汉"精神更是通过形象的视频画面激励着学生。有了这些收获，这篇小说的教学目标已经达成，其他教学活动更多的是锦上添花而已。

"我渴望我们的语文教师用智慧和心血铺就的一节节语文课充满勃勃生机，有时代活水流淌。在语言文字弹奏的交响曲中，用丰富的内涵、深邃的思想、优美的情操，源源不断扣动学生心弦，使他们如入宝山之中，有风光无限、目不暇接之感，有进入母语宝库探宝而欲罢不能的冲动。"[1] 入境的语文课堂，学生是它的主人，他们会畅游在祖国语言文字编织成的锦绣之中，共同享受语文的幸福，并为其一生语文素养的发展奠基。

---

[1] 于漪. 语文的尊严[M]. 太原：山西教育出版社，2014：01.

第二章　醇美语文的气质
——醇美语文与情境教学

课堂是有长相的,醇美的语文课堂应该是有"情"有"境"的。情境教学,给语文课堂穿上美丽的外衣,气质优美、文质彬彬的语文课堂,一直是我们的孜孜所求。

一、语文教学的情与境
二、情境教学模式的构建
三、将情境教学进行到底
四、情境教学的醇美意涵

课堂是实施教学活动、培养学生能力的主阵地，提高课堂教学效益是一切教学活动的出发点和最终归宿。在新的课程理念下，课堂不仅是教师完成其"传道""授业""解惑"任务的主要场所，其意义和价值更在于发展，教师的任务是怎样指导学生的发展，学生的任务是在教师指导下怎样实现自我的发展。

工具性与人文性的统一，是语文课程的基本特点。语文教学的特殊性，要求语文的课堂教学既要有对语言文字的认识和品味，以及对学生思维能力的培养和发展，又要让师生一起沉醉于语言文字的优美情境之中，在美的感受、情感的体验中学习语文知识、提升语文素养。

上课之前，对一堂课的教学进行设计，这是每一位教师都应做且都在做的事情。美国教育心理学家加涅在《教学设计原理》一书中对如何进行教学设计作了如下假定：第一，我们假定教学设计的目的在于帮助个体的学习。第二，教学设计有许多阶段，阶段既有即时的，也有长期的。第三个假定是，系统设计的教学能极大地影响个人的发展。我们要强调的第四个观点是，教学设计应该以系统的方式进行。最后，第五点，教学设计必须基于人们如何学习的知识。[1] 由此可见，语文课程实施的过程应是一个以学生发展为本的有目的的系统工程。

在这个系统工程中，对教学过程的设计和把握是课堂教学顺利、有效实施的重要因素。如果说入境艺术更多关注的是一堂醇美语文课的内在蕴含，那么，本章主要探讨的是醇美语文课的"体貌"，也就是醇美语文课的外在形象，"文""质"兼美的语文课堂一直是我们所期待和追求的。

美是抽象的，醇美语文似乎不可捉摸。在教学实践中，借鉴情境教学理论，根据学生的发展需求，创设引导学生广泛、深度参与的学习情境，实施情境教学模式，是笔者意念中的醇美语文课的"长相"，因为有这样的"长相"，使醇美的语文课堂文质彬彬、气质优美。

一、语文教学的情与境

语文教学应该是有"情"有"境"的，创设学习情境，实施情境教学模式是使其有情有境的有效途径。

---

[1] 加涅 R. M. ，等. 教学设计原理[M]. 皮连生，等，译. 上海：华东师范大学出版社，1999：4-5.

（一）情境教学的内涵

《辞海》（上海辞书出版社，2010年版）对情境的定义为，"一个人在进行某种行动时所处的社会环境，是人们社会行为产生的具体条件。"《现代汉语词典》（商务印书馆，2012年版）将"情境"释为具体场合的情形、景象或境地。就是说，情境是指由环境、景物、人物等诸多因素构建而成的一种环境综合体。在语文教学中，"情境"通常指教师在教学的要求下构建的一个由时间、人物、环境和人物关系等多种要素构成的教学境地。

"情境"一向是语文教学的热词。《普通高中语文课程标准（实验稿）》共出现了3次，《普通高中语文课程标准（2017年版2020年修订）》共出现了34次，明确提出语文学科核心素养是"学生在积极的语言实践活动中积累与构建起来，并在真实的语言运用情境中表现出来的语言能力及其品质；是学生在语文学习中获得的语言知识与语言能力，思维方法与思维品质，情感、态度与价值观的综合体现。"[1]

关于情境教学的概念和定义，很多学者给出了不同的解答：

张华教授从建构主义理论出发，认为"情境教学是指创设含有真实事件或真实问题的情境，学生在探究事件或解决问题的过程中自主地理解知识、建构意义。"[2]

韦志成教授从学生心理机能全面发展的角度提出"情境教学，指在教学过程中为了达到既定的教学目的，从教学的需要出发，引入、制造或创设与教学内容相适应的具体场景或氛围，引起学生的情感体验，帮助学生迅速而正确地理解教学内容，促进他们的心理机能全面和谐发展，提高教学效率。"[3]

冯卫东认为，情境教学是指教学过程中，教师有目的地引入或创设具有一定情绪色彩、以形象为主体的生动具体的场景，以引起学生一定的态度体验，从而帮助学生理解教学内容，并使学生的认知水平、智力状况、情感态度等得到优化与发展的教学方法。[4]

李吉林老师从"情"与"境"、"情"与"辞"、"情"与"理"、"情"与"全面发展"的辩证关系出发，提出了情境教学的概念，主张将情感活动和认知活动相统一，认为"情境教学

---

[1] 中华人民共和国教育部.普通高中语文课程标准（2017版2020修订）[S].北京：人民教育出版社，2020：04.
[2] 张华.课程与教学论[M].上海：上海教育出版社，2000：477.
[3] 韦志成.语文教学情境论[M].南宁：广西教育出版社，1996：25.
[4] 冯卫东.情境教学操作全手册[M].南京：江苏教育出版社，2010：03.

是充分利用形象,创设典型场景,激发学生的学习情绪,把认知活动和情感活动结合起来的一种教学模式。"[1]

综上,目前对情境教学比较公认的说法,是指在教学过程中为了达到一定的教学目的,与教学需要相结合,引入、营造或者创设适合教学内容的氛围或具体场景,唤起学生的情感共鸣,引发学生的情感体验,从而有效地帮助学生更好地理解教学内容,提高教学效率,促进学生认知的发展、精神的成长的一种教学方法。

《普通高中语文课程标准(2017年版2020年修订)》中提出的情境化教学思想主要包括三个维度:一是课程内容的情境化,18个学习任务群,每个任务群都是一个内容情境;二是课程学习的情境化,主张学生在个人体验、社会生活、学科认知的情境中学习语文;三是课程评价的情境化,在具体、"真实"的语文学习情境和任务活动中考查语文学科核心素养发展情况,考查应对典型情境中的语言文字运用能力。

统编高中语文教材也提倡"情境教学",要求精心调序和组织教学活动,让学习"活动"尽可能有"情境"。这不只是为了激发兴趣,更为了给"活动"的展开提供背景、条件和氛围。[2]

情境教学通过创设特定的"境",目的是引发学生的"情",使学生在情境之中发现语文之真,感受语文之美,享受语文之趣。因此,在中学语文课堂教学中运用情境教学,不仅可以优化整体的教学过程,而且可以促进学生有效学习,全面发展。

(二) 教学模式解读

在解读"教学模式"这个概念之前,先来认识"模式",进而界定"教学模式"以及"语文教学模式"等概念的内涵。

"模式",参照中国最早的字典《说文解字》:"模,法也。""式,刑(型)也。"模式即模型,也即法事规范之意。《现代汉语词典》(商务印书馆,2012年版)对模式的解释是:"某种事物的标准形式或使人可以照着做的标准样式。"《现代汉语规范词典》(外语教学与研究出版社,李行健主编,2004年版)释为"作为标准的结构或样式。"不论是"标准结构"或"标准样式",都着意于"标准",可见模式有着一定的理论作为基础,而且有

---

[1] 李吉林. 小学语文情境教学——李吉林与青年教师的谈话[M]. 北京:人民教育出版社,2003:05.
[2] 温儒敏. 统编高中语文教材的特色与使用建议——在统编高中语文教材国家级培训班的讲话[J]. 课程. 教材. 教法,2019(10):4-9+18.

一定的普遍意义。

教学模式理论起源于国外，最早是由美国学者乔伊斯和韦尔等人于1972年在合作编著的《教学模式》一书中提出的。他们认为，"教学模式是一种可以用来设置课程（诸学科的长期教程）、设计教学材料、指导教学或其他场合的教学计划或范式"，并在书中系统介绍了22种教学模式。此后，教学模式的理论不断发展，教学模式的内涵也不断丰富。

虽然目前国内外对教学模式尚未达成共识。但是，综合下来，我们可以这样理解教学模式：这是一种教学的理论化的操作样式，是从教学原则、教学内容、教学目标和任务、教学过程直至教学组织形式的整体、系统的操作样式，其特点是结构的程序化和方法的可操作性。

教学模式是就教学过程的结构、阶段、程序而言的。简单地说，就是在一定的教学思想指导下建立起来的完成教学任务的比较典型的、稳定的教学程序及其实施方略体系，是教学理论与教学实践的中介，同时也是教学理论的"操作化"和教学实践的"理论化"，它是人们在长期教学实践中不断总结，改革教学而逐步形成的。它源于教学实践，又反过来指导教学实践，是影响教学的重要因素。

语文教学模式，是从语文和语文教育观念出发，为完成语文教学任务而建立的相对稳固的语文教学程序和实施方略体系。也就是说，它是建立在一定的语文教学理论基础上，为实现特定的语文教学目标而设计或形成的一种教学模型。语文教学模式是语文观、语文教育观和语文教育方法论整体性的反映。

在中学语文教学长期的理论探讨和实践的过程中，形成了一些有影响的教学模式，如叶圣陶"预习——课内报告和讨论（包括教师精讲）——练习"模式、钱梦龙"自读——教读——作业——复读""三主四式"导读教学模式、魏书生的"定向——自学——讨论——答疑——自测——自结"的"六步"课堂教学模式、李吉林的"创设情境——感知体验——引导理解——深化情感"的情境教学模式、洪镇涛的"触发语感——领悟语感——习得语感——积淀语感"的语感教学模式等。

（三）我眼中的情境教学模式

从面上说，在以上论述的基础上，我们可以这样定义"情境教学模式"这个新的概念，即情境教学模式就是在情境教学理论指导下建立的完成教学任务的稳定的教学程序及其实施方略体系。

情境教学模式对于语文新课改的意义,李吉林老师曾言:"情境教学模式的出现给新课程改革背景下教学方法的改变带来了新的依据和动力,它是在传统教学的基础上发展延伸出来的一种新型的教学方法,它的出现和发展不仅符合新课程改革的要求,而且还对教师的专业技能和学生的学习效果的提升都有很大的帮助和作用。"[1]

但笔者此处所说的情境教学模式,并非是要创立一个新的概念,而是指在自己教学实践中构建的个性化的教学样式。

《普通高中语文课程标准》的实施,重在促进学生全面而有个性地发展,充分发挥学生的主动性,着力发展学生的核心素养。为了适应课程改革的需要,对中学语文课堂进行改革是大势所趋,教学方式的改革是课堂教学改革的重要内容。

以往的语文课堂,特别是阅读课堂,一般会按照"介绍作者——了解时代背景——阅读课文——分析文章大意——总结中心思想和写作手法"的程序进行。千篇一律,僵化死板,长期使用,很难激起学生语文学习的积极性和主动性,更不要说课堂教学的有效性了。

针对语文课堂以"讲"(教师讲解课文)代"读"(学生阅读实践)、以"听"(学生听讲和笔记)代"读"的现象仍较严重的事实,《普通高中语文课程标准》要求,"以任务为导向,以学习项目为载体,整合学习情境、学习内容、学习方法和学习资源,引导学生在运用语言的过程中提升语文素养。"[2] 教师应"遵循语文教育规律,变革教学方式""注重对学生学习活动的指导"。[3]

为此,我所理解的情境教学模式是在单元任务群视角下,借鉴情境教学理论,对传统课堂教学结构的各环节和诸要素进行优化组合,把整个课堂教学过程分为密切相关而又层次清晰的五个阶段进行:一是导入,创设学习情绪情境;二是导读,创设感知理解情境;三是导析,创设思维想象情境;四是导结,创设理念升华情境;五是导用,创设实践操作情境。意在在语文课堂教学中,既实现其审美效用,又使课堂有序可控。

---

[1] 李吉林.情境教学实验与研究[M].北京:人民教育出版社,2006:10.
[2] 中华人民共和国教育部.普通高中语文课程标准(2017年版2020年修订)[S].北京:人民教育出版社,2020:08.
[3] 中华人民共和国教育部.普通高中语文课程标准(2017年版2020年修订)[S].北京:人民教育出版社,2020:53.

二、情境教学模式的构建

教学模式的建构既依赖于一定的教育教学乃至哲学等领域的理论,也依赖于活生生的教学实践。一种教学模式的建构离不开对以往教学模式的解构、吸纳,更离不开建构者的弃旧图新,建构教学模式的过程应是建构——超越——再建构——再超越。同时,作为"理论"与"实践"的中介,一种教学模式的建构必然与建构者的教学经验、教学个性、教学风格密不可分。下面从理论依据、运行流程等方面探讨五段式情境教学模式的构建问题。

(一) 理论依据

一种教学模式的构建与实施,必须要有坚实的理论基础,只有经由实践检验的理论指导的教学才是富有科学性的教学,才能有效地避免盲目性和随意性。五段式情境教学模式的构建遵循了如下理论:

1. 情境教学理论

五段式情境教学模式的构建,对于情境教学理论有广泛地吸收,但更多借鉴的是李吉林老师和韦志成教授的观点。李吉林老师的专著《情境教学实验与研究》是我国进行情境教学理论研究的第一本重要著作,开创了我国情境教学的新局面。李吉林老师认为,情境教学要"形真""情深""意远""理寓于其中","把学生引入情境,感知美的表象;分析情境,理解美的实质;再现情境,表达美的感受;驾驭情境,诱发审美动因,使学生入境而感受美——爱美而动情——理解而晓理。"韦志成教授的《语文教学情境论》是关于情境教学研究的另一专著,韦教授认为实施情境教学是语文教学取得最优化的教学效果的必由之路。如此,实践五段式情境教学模式的语文课堂,应该是既美又有效的语文课堂。

2. 系统论、控制论原理

系统论的核心思想是系统的整体观念,强调任何系统都是一个有机的整体,它不是各个部分的机械组合或简单相加,系统的整体功能是各要素在孤立状态下所没有的性质。同时认为,系统中各要素不是孤立地存在着,每个要素在系统中都处于一定的位置上,起着特定的作用。要素之间相互关联,构成了一个不可分割的整体。而控论是研究各类系统的调节和控制规律的科学,注重系统的稳定平衡、信息的传递、动态的调控。

五段式情境教学模式把整个课堂教学分为五个阶段进行,既相互关联,又层层递进,围绕高中语文"着力发展学生的核心素养"[1]的课程理念,正确处理学生语言、思维、审美、文化等核心素养之间的关系,使教学活动在最优的调控下进行,母系统中又包含若干子系统,注重创设教学环节的情境效应,使整个课堂教学形成完美的体系,并利用教学结果和教学目标的差异调节和控制教学手段,通过信息的反馈和处理实现教学结果与教学目标的统一。

3. 有效教学理论

有效教学的理念源于20世纪上半叶西方的教学科学化运动。"有效教学"指教师遵循教学活动的客观规律,以尽量少的时间、精力和物力的投入,实现教学目标和学生的个性培养与全面发展,取得尽可能多的教学效果。它强调教学的目标、效能和责任的核定,融教育学、心理学、社会学等学科理论与教学实践为一体,为世界范围内教学实践的有效改进提供了宝贵的理论解释和指导。

新课改背景下的有效教学不仅要让学生拥有学习、发展的主动权,积极主动地参与教学过程,而且非常关注教学过程的目标取向,以教学目标达到的程度作为教学有效性的衡量标准。五段式情境教学模式在教学过程中,正确处理教师、学生、教材和教学手段四要素的相互关系,树立以学生发展为本、以师生共为教学活动的主体、以实践为主线的教学理念,教师的主体作用在于唤醒学生的主体意识,孕育、培植学生的主体精神,组织学生的"自我运动"。学生的主体作用在于焕发身心力量,主动投入、参与认知活动,在掌握知识的过程中,实现"自我发展"。合理地选定和编排教学环节,形成最优化的教学组合,从而有效地提高中学语文课堂教学的整体效益。

4. 高中生认知规律和心理特点

我国的情境教学理论是在小学语文的教学实践中成长、充实起来的,它是否适合于高中语文教学呢?基于情境教学理论基础上的五段式情境教学模式的构建与实施,必须关注高中生的认知规律和心理特点。

高中生的思维处于从直观的形象思维向抽象的逻辑思维的过渡发展阶段,较小学

---

[1] 中华人民共和国教育部. 普通高中语文课程标准(2017年版 2020年修订)[S]. 北京:人民教育出版社, 2020:05.

生的直观性和初中生的更多感性因素不同,高中生则具有更强烈的理性色彩。五段式情境教学模式促使学生情感参与认知活动,注重创设多种情境,学生由感受形象开始,感知文本,进而进行理性思考,综合分析、抽象概括、审美创造等。

5. 语文学科特点

语言文字是人类社会最重要的交际工具和信息载体,是人类文化的重要组成部分。语文课程是一门学习祖国语言文字运用的综合性、实践性课程,工具性与人文性的统一,是语文课程的基本特点。高中语文课程重在发展学生的语文学科核心素养,为学生全面发展和终身发展奠定基础。

《普通高中语文课程标准(2017年版2020年修订)》对高中阶段语文课程目标作了如下阐述:"学生通过阅读与鉴赏、表达与交流、梳理与探究等语文学习活动,在语言建构与运用、思维发展与提升、审美鉴赏与创造、文化传承与理解几个方面都获得进一步的发展"。[1] 并且着重强调以语言建构与运用素养为基础,使学生通过三年的语文学习,提升思维品质,增强文化自信,具有高尚的审美情趣和审美品位。五段式情境教学模式在教学过程中,从语言文字运用这个语文教学的基础和核心入手,在培养学生听说读写的基本技能的同时,注重与之相应的观察、记忆、想象、思维、情感的实践,并以培养综合语文素养为终极目标,从而更好地提高课堂教学的有效性。

(二) 运行流程

教学模式的构建,实际上就是对教学流程的把控,是课堂教学从起点到终点的设计,是教学过程的优化。教学过程的贯通关键是各个环节的流向的把握。教学活动注意对教学目标的向心性,教学主线清晰,即教学的各个环节围绕、指向核心教学内容的核心点展开,在课堂教学的整个线路上连贯地落实教学内容。依据学生的学情和达成教学结果的需要,把从起点到终点的过程,分成几个阶段,一个阶段就是一个环节,从上一环节流向下一个环节,最后抵达课堂教学的终点。这样可使整个教学过程严谨有秩、紧凑有序、张弛有度。五段式情境教学模式的运行流程为:

第一步:导入——创设学习情绪情境

现代教学论十分重视学生的情绪体验在学习中的作用。赞可夫指出:"教学法一

---

1 中华人民共和国教育部. 普通高中语文课程标准(2017年版2020年修订)[S]. 北京:人民教育出版社,2020:05.

旦触及学生的情绪和意志体验,触及学生的精神需要,这种方法就能发挥高度有效的作用。"[1]

创设情绪情境主要包括:

(1) 教师平等的角色意识

建构主义认为,学生是在与周围环境相互作用的过程中,通过与外部环境与情境的"同化"与"顺应"过程,不断达到与周围环境的平衡。语文课程改革的实质是"从全预制、全垄断和全封闭的指令型语文课程转向生成型、开放型和个性化的新语文课程。"[2]语文课程的特点、语文学习的特征都要求语文教师尽快转换角色,当好教学活动的组织者和引导者,倡导教学活动在师生平等对话的过程中进行,"阅读教学是学生、教师、教科书编者、文本之间的多重对话,是思想碰撞和心灵交流的动态过程。"[3]对话的本质只能发生在"我——你"之间,对话的双方必须是平等的,都是作为具有独立个性和完整人格的主体共同步入对话之中的。教师不再是课堂中的主宰者,而是"内在于情境的领导者"。[4] 上课之初,教师以平等的意识、真诚的态度步入语文课堂,为老师和学生开展真正意义上的对话作了情绪和情境上的准备。

(2) 亲切自然的组织教学

组织教学是课堂教学的重要组成部分,它贯穿于一堂课的始终,是课堂教学得以顺利进行的基本保证。上课之初,学生或因与前一节课之间的学科转场,或因课间休息的情绪懈怠等种种原因,都需要教师组织教学。当然,组织教学环节的重要性已被大家所认同,已作为教学常规被为师者共同遵守,甚至发明了诸如扫视法、停顿法、问候法、提问法等各种组织教学的方法。的确,组织教学不是很简单容易的事,其中也蕴含着教学艺术。既然语文教学活动是一种对话的活动,既然语文学科的特点要求语文教学活动是师生在美的情境之中的一场对话,那么,教师不管用什么具体的办法来组织教学,但那份亲切,那种自然却是不能缺失的。因为,亲切会让学生产生亲近感,与语文教师的亲近,与语文教材的亲近,与语文课堂的亲近;而自然,是不夸饰,不做作,不生硬,不留痕迹地使学生的思绪浸润在语文教学的氛围之中。

---

1 赞可夫. 教学与发展[M]. 杜殿坤,等,译. 北京: 人民教育出版社,1985: 106.
2 潘涌. 基础教育课程改革与教师角色创新[J]. 人民教育,2002(09): 15-18.
3 中华人民共和国教育部. 普通高中语文课程标准(实验)[S]. 北京: 人民教育出版社,2003: 16.
4 多尔. 后现代课程观[M]. 王红宇,译. 北京: 教育科学出版社,2000: 238.

(3) 巧妙的导语设计

良好的开端等于成功了一半,一堂语文课能否吸引学生,激发学生学习兴趣,能否生动有序的完成教学内容,达到较好的教学效果,导语起着重要的作用。于漪老师曾谆谆教诲青年教师:"在课堂教学中,要培养激发学生的兴趣,首先应抓住导入课文的环节,一开课就要把学生牢牢地吸引住。课的开始好比提琴家上弦,歌唱家定调,第一个音定准了,就为演奏和歌唱奠定了基础。上课也是如此,第一锤就应敲在学生的心灵上,像磁石一样把学生牢牢地吸引住。"[1]巧妙地设计导语越来越引起语文教师的重视。常用的导语设计方法主要有:

释题入课法。题目是文章的旗帜和眼睛,一个好的文题对作品内容有着统帅作用,具有画龙点睛之妙。透过一些文章的题目就可以窥见全文的奥秘,领悟到作者的良苦用心和精巧的构思意图。对于这样的文章,教师可以从释题入手导入新课,围绕课题提出一些能提示教学目标,突破教学重点、难点的问题,触发学生思维的灵感,引燃思考的火花。如在教学郭沫若的《立在地球边上放号》时,笔者就从题目入手设计导语:地球的边上怎么能立呢?什么人能够立在地球边上呢?立在地球边上的他要放声高歌什么呢?这样的导语会激发学生的兴趣,从而更深切地感受诗人在"五四"狂飙突进时代所焕发的雄强的力量,奔放的气概。

入境激情法。就是注重引发学生进入文本的情境之中,激发学生内在的情绪情感,使之情绪情感与文本内容、文本内在情感"和谐共振"。在选择性必修中册第6课《记念刘和珍君》《为了忘却的记念》的教学中,笔者以低沉凝重的语气展现鲁迅先生在参加"三一八惨案"中遇害的刘和珍的追悼会后,悲愤交加,作文追忆这位年仅22岁、以柔弱之躯对抗反动军阀的学生领袖;在"左联"五烈士被国民党反动派秘密枪杀两周年之际,鲁迅又以笔代戈,回忆自己与五位烈士的交往,一吐心中的愤怒与控诉的情景,以这样的情境设计导语,一下子就抓住了学生的思维和情感,产生强烈的情感震撼,既引发了学习兴趣,又使学生的情绪与作者的心境沟通,引入文本的情境之中,此时进行教学便水到渠成了。

解难释疑法。在新课开始时,根据教学的具体内容,提出问题、矛盾,造成悬念,引起学生的好奇心和求知欲,使学生积极投入新的学习之中。比如,郑朝晖老师在安徽

---

[1] 于漪.教育魅力:青年教师成长钥匙[M].上海:华东师范大学出版社,2013:06.

合肥一中执教《老王》一课时，设计了这样的导语："今天我们很有机缘，一起来学习一篇课文。这篇课文其实我们初中阶段已经读过。我希望，这一节课能够让你们感到自己处在长大的过程中。因为，毕竟从学习这篇课文到今天已经过了一年多了，这一年多的生活或许会给你们的思想带来这样或那样的变化。带着这些变化，当我们重新走进《老王》这篇课文时，它是不是会给我们带来不一样的感觉？所以今天我们一起来学习杨绛的《老王》。我首先要问大家一个要紧的问题：在读这篇文章的时候最想解决的是什么问题？"[1]这样的导入，扩展了学生的思维活动空间，启发学生更深入地钻研课文。

此外，还有直观导入法（借助图画、照片、影像等直观手段）、复习提问法等等，在此不再赘述。

第二步：导读——创设感知理解情境

《普通高中语文课程标准（2017年版2020年修订）》强调"学生通过阅读与鉴赏、表达与交流、梳理与探究等语文学习活动"[2]发展语文学科核心素养，统编高中语文教材必修共安排了"文学阅读与写作"5个单元、"思辨性阅读与表达"3个单元、"实用性阅读与交流"3个单元、"整本书阅读与研讨"2个单元，突出了高中生"读"的素养在诸多语文素养中至关重要的地位。针对目前阅读教学中存在着学生没有自己读书的习惯，不能从整体上把握和分析阅读材料，阅读教学中学生缺少独立思考和创造性思维等问题，遵循语文学科"学"与"教"的规律，在语文教学中扎扎实实地培养学生的阅读能力。

（1）明确阅读要求

《普通高中语文课程标准（2017年版2020年修订）》在"文学阅读与写作"任务群中提出："教师应向学生提供有效的学习支持……提供阅读策略指导……引导学生制订阅读计划"，[3]在文本阅读教学的初始阶段，就对学生阅读文本提出明确的、呈现梯次渐进特点的阅读要求：初读，创设情境抓全篇，激发动机理思路，目的是把文本读通；细读，实现情境抓重点，理解关键字词句段，目的是把文本读会；精读，凭借情境品

1　魏本亚，尹逊才．十位名师教《老王》[M]．上海：上海教育出版社，2014：87．
2　中华人民共和国教育部．普通高中语文课程标准（2017年版2020年修订）[S]．北京：人民教育出版社，2020：05．
3　中华人民共和国教育部．普通高中语文课程标准（2017年版2020年修订）[S]．北京：人民教育出版社，2020：18．

语感,欣赏文章精华,目的是能够发现和品味文本之美,感受作品魅力。采取"整体——部分——整体"这一阅读教学的路径,注重学生自主阅读、体悟、感受文本内容,使学生在"涵泳"的过程中产生美感,并进而形成科学且呈梯度递进的立体阅读素养结构。

(2)构建梯次实践序列

按照学生由低到高,由易到难,由简单到复杂的认知规律,形成感知阅读——理解阅读——分析阅读——评判阅读——欣赏阅读的实践序列。首先范读(或听朗读录音),引发入境,使学生由感知形象入手感知文本;其次仿读,揣摩体悟情境,提高朗读(表达)素养;再次,阅读思考、讨论交流,创设品读评判的氛围。在此基础上鼓励学生研究性和创造性阅读。构建阅读能力培养体系,从而能更全面、更系统、更科学地培养学生的阅读能力,进而在一个更高的境界和层面上达成像平常人那样阅读的状态。

所谓"平常人的阅读状态"是指不带功利性的阅读,不用解答问题的思维、标准答案的惯性的阅读,是出于阅读者自身对文本的品味和感悟的阅读,不求是否正确,只求发自内心的独特感受。当然,这种阅读状态也不是完全随性的,没有方向和标准的,作为学生的阅读毕竟与社会人的阅读有着本质的不同。提出像平常人那样阅读只是想让语文的阅读课堂减少一些对文本的应试型肢解,增加一些对文本本身诗意与美的品味和感受。

(3)注重文体特征

明代学者徐师曾在《文体明辨·序》中说:"夫文章之有体裁,犹宫室之有制度,器皿之有法式也。"[1]文体,指独立成篇的文本体形(或样式、体制),是文本构成的规格和模式。《普通高中语文课程标准(2017年版2020年修订)》中设计的18个语文学习任务群,"所涉及的语言学习素材和运用范例、语文实践活动的话题与情境、语体与文体等,覆盖历来语文课程所包含的古今'实用类''文学类''论述类'等基本语篇类型。"[2]高中阶段语文课程在任务群视角下,根据文体不同提出了不同的阅读要求,比如"文学阅读与写作"任务群的学习目标和内容,要求"根据诗歌、散文、小说、剧本不同的艺术

---

1 应永恒.本然语文课题[M].北京:光明日报出版社,2020:12.
2 中华人民共和国教育部.普通高中语文课程标准(2017年版2020年修订)[S].北京:人民教育出版社,2020:08.

表现方式,从语言、构思、形象、意蕴、情感等多个角度欣赏作品,获得审美体验,认识作品的美学价值,发现作者独特的艺术创造。"[1]

因此,教师在引导学生阅读时,首先要确定它的文章体式,然后根据文章体式确定不同的能力培养目标,采取不同的导读策略。阅读论述类的文本,应引导学生准确把握和评价作者的观点与态度,辨析观点与材料(道理、事实、数据、图表等)之间的联系;阅读通讯、调查、演讲、访谈等实用类的文本,引导学生准确、迅速地把握主要内容和关键信息,对文本所涉及的材料有自己的思考和评判;至于文学类文本,应注重审美体验,着重引导学生感受形象、品味语言、领悟作品的丰富内涵,体会作品的艺术表现力,努力探索作品中蕴含的民族心理和时代精神,了解人类丰富的社会生活和情感世界,增强民族文化自信。总之,依据文章体式进行阅读教学,应该能够更接近阅读这一行为的本真。

第三步:导析——创设思维想象情境

这是语文阅读教学的中心环节。分析的过程就是师生共同解读文本的过程,语文教学的对话特征更是鲜明地体现在这一过程中。激发学生学习语文的兴趣,培养学生热爱祖国语言文字的情感,这是语文课堂教学的基本任务之一,因此,《课程标准》建议语文教师要注意保护学生的好奇心和求知欲,鼓励自主阅读、自由表达,激发问题意识,引导他们体验发现问题、解决问题的过程。[2]

要发展学生探究和解决问题的能力,教师要在文本分析、解读的对话过程中,注重创设思维想象的情境。为此,应努力做到:(1)突出重点,有针对性,避免面面俱到,零敲碎打;(2)深入浅出,有启发性,避免教师独语,生硬灌输;(3)承前启后,有系统性,避免不见树木,片段肢解;(4)形象生动,有审美性,避免枯燥乏味,凝重呆滞。

在此基础上,应着重体现课堂教学的开放性和研究性的特点。

苏霍姆林斯基在《给教师的建议》中指出:"学生学习的一个突出特点,就是他们对学习的对象采取研究的态度"。[3] 布鲁纳认为,教学过程就是在教师引导下学生发现

---

[1] 中华人民共和国教育部. 普通高中语文课程标准(2017年版2020年修订)[S]. 北京:人民教育出版社,2020:17-18.

[2] 中华人民共和国教育部. 普通高中语文课程标准(2017年版2020年修订)[S]. 北京:人民教育出版社,2020:42.

[3] 苏霍姆林斯基. 给教师的建议(修订版)[M]. 杜殿坤,编译. 北京:教育科学出版社,1984:236.

的过程,要求学生主动地学习,强调自我思考和探索。[1] 课堂教学的开放性主要表现在:第一,开放性的气氛。主要体现在师生关系和谐、教学过程民主上,给学生充分发表意见的机会,并对各种意见哪怕是错误的意见给予恰当的指导。第二,开放性的指导。教师在教学过程中的作用主要体现在对教学过程的宏观调控上,而对学生的微观指导则具有一定的开放性,为其提供解决问题的思路和线索。第三,开放性的思维。给学生充分的探究、思考、讨论的余地,培养学生的求异思维品质,激发学生的好奇心、创造欲,学生通过自我探求得到结论。第四,开放性的想象。让学生的思路冲出教室和文本内容的限制,凭借已有的经验体会展开想象,自由地领悟、感受、创造,拓展学习的时空。

王厥轩在《上海市中小学第二期课程改革综述》一文中说过:"从课程和教学的基本格局分析,现行课堂教学基本是教师主导型,以课堂为中心、以教材为中心、以教师为中心的'三中心'依然一统天下"。[2] 当然,随着教学改革的深入,这种现象应该说有所改善,但由于"应试教育"和某些教师头脑中固有理念等的影响,语文教学中,一些教师往往还会自觉或不自觉地将学生当作了知识的容器,在课堂上尽量把课文讲深讲透,唯恐有遗漏。长此以往,学生在对课文的阅读分析中形成了一种依赖教师的习惯,而当他们独立面对一篇文章时,往往会不知从何入手。所以,每堂语文课都要成为学生独立阅读分析文章的示范,这样才能收到举一反三、触类旁通的效果,切实培养学生的阅读能力。如此,要改变单一的接受式学习为主的方式,重视研究性学习,倡导自主探究、实践体验和合作交流的学习方式。课堂教学的研究性主要体现在教师的探究意识、课堂的探究氛围、教材探究因素的挖掘及对学生读思能力的培养和训练上。

第四步:导结——创设理念升华情境

古人写文章讲究设计一个坚强有力、发人深省的结尾,并形象地称作"豹尾"。教学也应注意课堂教学结尾的设计。课堂教学结尾部分主要用于对教学内容进行梳理、概括,并与后面的教学建立某种联系。它是学生把握学习重点、巩固所学知识、实现知识和能力的迁移、提高思维能力的重要环节。

五段式情境教学在引导学生对课堂教学内容进行总结的环节,侧重根据教学内容

---

[1] 转引自王芳. 点燃主动探究的火花[J]. 中华活页文选(教师版),2012(6):12-14.
[2] 王厥轩. 上海市中小学第二期课程改革综述[J]. 上海教育科研,2002(12):12-14.

和阶段的不同,由学生独立总结或在教师指导下总结。做到:(1)升华思想蕴含,提升精神境界;(2)明确写法特点,形成知识网络,优化知识结构;(3)掌握思维方法,实现语文教学与思维训练的更高层次上的综合;(4)渗透学习方法,具有主动、自觉、独立学习的能力。

第五步:导用——创设实践体验情境

语文教学培养学生的语言运用能力是其重要的价值取向。郑朝晖在谈自己《老王》一课的教学设计时也说:"语文教学的核心应该是语用。语用问题,一头连着文化,一头连着语言形式。语文课应该为学生提供'语言生存'的体验,从而提升他们语言生存的能力。"[1]《普通高中语文课程标准(2017年版2020年修订)》也强调:语文课程"应着力在语文实践中培养学生的语言文字运用能力",学生"通过阅读与鉴赏、表达与交流、梳理与探究等语文实践,学会语文运用的方法,有效地提高语文能力"。[2] 五段式情境教学非常注重知识转化为能力的应用训练。训练主要以教学重点和难点为突破口,遵循目的性、实践性、应用性、可操作性的原则,创设实践操作情境,培养学生听、说、读、写的语文素养及口头表达能力,并进而培养学生的创造能力。

五段式情境教学使课堂教学各要素之间的关系优化组合如图2-1所示:

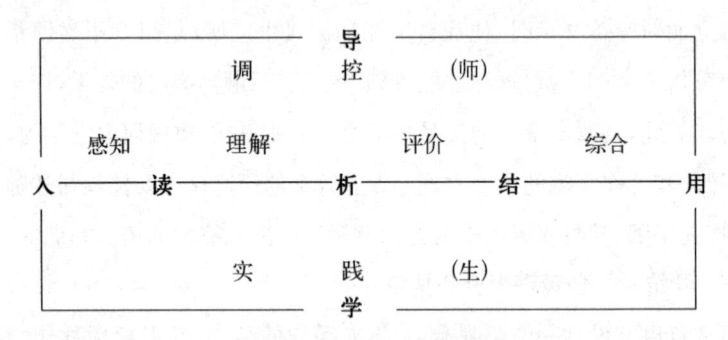

```
              导
        调    控    (师)
     感知  理解  评价  综合
   入——读——析——结——用
        实    践    (生)
              学
```

图2-1 情境教学模式下课堂各要素关系

综上,对课堂教学结构的各环节和诸要素进行优化组合的过程,是一项理论性和实践性都很强的活动。采用五段式情境教学使中学语文课堂教学具有如下特点:(1)以科学的程序,实现了课堂教学结构的系统性、序列性;(2)以鲜明的形象,强化学

---

1 魏本亚,尹逊才.十位名师教《老王》[M].上海:上海教育出版社,2014:98.
2 中华人民共和国教育部.普通高中语文课程标准(2017年版2020年修订)[S].北京:人民教育出版社,2020:03.

生感知文本的亲切感;(3)以真切的情感,调动学生参与认知的主动性;(4)以广远的意境,激发学生拓展文本的想象力;(5)以蕴含的理念,诱导学生提高对事物的认识力;(6)以科学的实践,培养学生的各种语文能力。

三、将情境教学进行到底

下面仅以统编高中语文教材必修上册第三单元第9课的教学设计为例,谈一谈任务群视角下五段式情境教学的具体实践。

(一)教材分析

统编高中语文教材必修上册第三单元以"生命的诗意"为人文主题,大体按照中国古代诗歌的发展脉络,选入不同时期、不同体裁的诗歌作品8首,其中魏晋诗歌2首、唐诗3首、宋词3首,且均为中国古代诗歌的经典之作。

第9课选取了3位宋代代表词人的3首代表性作品,其中两首豪放词,一首婉约词,且苏轼和辛弃疾的两首词又均为怀古之作。由于风格不同,婉约词与豪放词呈现出不同的生命诗意。即便是同为豪放词,但由于所处时代、个人经历等因素的影响,苏轼的《念奴娇》与辛弃疾的《永遇乐》也有着不同的豪放之气,在思想感情和艺术手法等方面有着不同的特征。

这一单元属"文学阅读与写作"学习任务群。学习本单元,要在诵读与想象、梳理与探究、表达与交流中,走进诗人丰富的精神世界,体会处在不同时代和人生际遇中的诗人对社会、对人生的深邃思考和深刻感悟,领略古诗词的意境,掌握古诗词鉴赏的基本方法,传承文化基因,提升文化品位,并尝试写作文学短评。

高中语文课程标准设计了18个学习任务群,将群文阅读置于重要地位,而教材文本的功能决定了文本解读的样态。从教材每一单元的选文功能定位看,每一单元,或者说每一"课"的几篇选文中,都有处于核心位置、可作为范例的文本,立足于这些核心文本,既与教材单元内部的选文进行横向连通,又与初中教材的相关文本进行纵向勾连,实现以核心文本为原点的教学发散性融合。

在第9课的三篇选文中,《念奴娇·赤壁怀古》即为核心文本。作为苏轼豪放词风的代表之作,既可与同为豪放词、且同为怀古之作的《永遇乐·京口北固亭怀古》形成比较,又可与婉约词风的《声声慢·寻寻觅觅》进行比较。同时,因是苏轼被贬黄州之作,可与选入初中教材的《卜算子·黄州定慧院寓居作》《定风波·莫听穿林打叶声》贯通。

对本课的学习,学生需结合三位词人的人生经历,通过体会其不同的风格特点,把握词中的情感,感受词人的生命诗意。

(二) 学情分析

学生在初中阶段学习过的苏轼作品体式比较丰富,诗、词、文都有涉猎,诗如《六月二十七日望湖楼醉书(其一)》,文如《记承天寺夜游》,当然学的最多的还是词作,共4首:《卜算子·黄州定慧院寓居作》《水调歌头·明月几时有》《江城子·密州出猎》《定风波·莫听穿林打叶声》等。辛弃疾的词作共5首:《西江月·夜行黄沙道中》《丑奴儿·书博山道中壁》《破阵子·为陈同甫赋壮词以寄之》《南乡子·登京口北固亭有怀》《太常引·建康中秋夜为吕叔潜赋》,是学生学习过的词人作品最多的一位。李清照有两首词收入初中教材,《渔家傲·天接云涛连晓雾》《如梦令·常记溪亭日暮》,呈现出不同的风格。

但初高中课程目标不同,学生的认识水平也不同,高中更注重作品内涵的理解,注重从语言、形象、构思、意蕴、情感等多角度对作品进行品味和欣赏,对学生思维的深度、广度和高度都提出了更高的要求,需要学生在学习过程中,不断发展自己的理解、鉴赏、评价、审美等能力。

(三) 教学目标

1. 在理解词作内涵的基础上,从感受不同风格特点等角度品味词作中蕴含的诗意。

2. 深入体味词作的思想感情和表达技巧,学写鉴赏片段。

3. 理解词人面对不同的时代特征和人生遭际时的生命感悟和思想感情。

(四) 教学重点与难点

重点:学习不同风格的作品表现思想感情的不同方式。

难点:结合诗人生平和创作背景,理解和品味作品所寄寓的不同的生命诗意。

（五）教学资源

1.《念奴娇·赤壁怀古》《永遇乐·京口北固亭怀古》《声声慢·寻寻觅觅》三首宋词的课文、学习提示、单元学习任务。

2. 三位词人生平经历及相关写作背景资料。

3. 豪放与婉约词风的特点概述。

（六）教学总体设想

基于单元任务群的视角，在情境教学理论指导下，通过诵读、品析、讨论、鉴赏、实践等多种教学活动，激发学生学习的兴趣和自觉性，在理解词句涵义的基础上，以苏轼《念奴娇·赤壁怀古》为核心文本，分别与辛弃疾《永遇乐·京口北固亭怀古》，李清照《声声慢·寻寻觅觅》进行群文比较品读，感受词人的精神世界，体会词人对社会的思考与对人生的感悟，提高自身的思想修养和审美品位。

（七）教学过程

第一步：创设学习情绪情境

活动1：导入

由学生有所认知的宋词豪放与婉约的词风导入，并回忆初中曾经学习过的苏轼《江城子·密州出猎》，辛弃疾《破阵子·为陈同甫赋壮词以寄之》，李清照《如梦令·常记溪亭日暮》等词作，产生亲切感和认同感，引出新课。

活动2：明确学习任务

群文比较阅读，体察三首词作中词人不同的生命感怀；品味三首词作因风格不同而呈现出的对人生感怀的不同表达；学习从一个角度品鉴作品，学会写作鉴赏短评片段。

第二步：创设感知理解情境

活动1：学生诵读课文，初步感知词意及词的风格特点。

活动2：结合三位词人生平经历及相关写作背景资料，品读词意。

活动3：理解词句涵义，概括词作内容（学生在阅读基础上完成）。

苏轼《念奴娇·赤壁怀古》：上片咏赤壁雄阔之景，下片借慕周瑜表达人生感慨。

辛弃疾《永遇乐·京口北固亭怀古》：正反对比用典，表达忧国忧民的情怀。

李清照《声声慢·寻寻觅觅》：借用典型意象，表达词人晚年的亡国之痛、孀居之悲、沦落之苦。

第三步：创设思维想象情境

活动1：贯通品味《定风波·莫听穿林打叶声》《水调歌头·明月几时有》等词作中词人的情感，进一步感受苏词豪放的特点。

苏词豪放 ⎰ 穿越千载、波澜壮阔的山光水色——雄阔之景
　　　　 ⎨ 风流潇洒、功成名就的英雄人物——豪迈之人
　　　　 ⎱ 经历苦难、身处逆境的坦荡泰然——旷达之情

活动2：结合苏轼、辛弃疾的生平，比较两首怀古豪放词在风格特征和情感上的差异（"志"的不同）。

表2-1　苏、辛生平经历及词作相关内容比较

比较内容	苏　轼	辛弃疾
时代特点	苏轼（1037—1101），北宋仁宗、神宗、哲宗，尽管有很多矛盾，但相对来讲，还是社会安定和平，1127年靖康之变，北宋灭亡。	辛弃疾（1140—1207），山东人，出生时山东已为金人所占十年之久。
个人经历	少年成名，嘉祐二年（1057）科举以一篇《刑赏忠厚之至论》得主考官欧阳修赏识，名动京城。熙宁年间因反对王安石被外放，历任密州、徐州、湖州知州。	生于金人沦陷区，青年时参与耿京起义，于乱军中生擒叛徒张安国，回归南宋，由于他"归正人"的身份，又与当政的主和派政见不合，屡遭劾奏，数次起落。
人生志向	兼济天下	收复失地
重大挫折	乌台诗案	为完成抗金大业而回归南宋，却多年退隐山居（18年），临终前还大呼"杀贼！杀贼！杀贼！"
怀古之地	赤壁（黄冈赤鼻矶），词人拟之为三国赤壁大战之地	京口北固亭，抗金前线

续　表

比较内容	苏　轼	辛　弃　疾
所怀之人	周瑜	南朝宋武帝刘裕 南朝宋文帝刘义隆 北魏太武帝拓跋焘 廉颇
怀古目的	借古抒怀	借古讽今

结论：

1. 二人生活的时代特征、生活环境、人生志意、思想观念等都不同，苏轼更多的是个体生命价值的感悟，辛词个体志向与恢复大业、国家命运融为一体。

2. 王国维先生在《人间词话》中称："东坡之词旷，稼轩之词豪。"《四库全书总目提要》："东坡之旷在神"，即苏轼的旷达在于精神，对生命的激情，对人生的不平，苏轼常以旷达的胸襟和超越的人生态度来体验人生，是一种精神上的超脱与旷达。

辛词的"豪"，是豪迈，慷慨激昂。辛词表现出更深广的社会忧患意识，更多地体现出一种英雄的豪情，壮士的悲愤。

活动3：苏轼《念奴娇·赤壁怀古》与李清照《声声慢·寻寻觅觅》比较品读，感受不同风格词作在意境特征、表情达意等方面的不同，进而总结豪放与婉约词风的特点。

表2-2　《念奴娇·赤壁怀古》《声声慢·寻寻觅觅》相关内容比较

比较角度＼篇目	苏轼《念奴娇·赤壁怀古》	李清照《声声慢·寻寻觅觅》
词牌声韵	表达的情感激越凄壮 大部分作品为豪放词	叠音、齿舌音 如泣如诉之态
选取景物	乱石、惊涛、滚滚东去的江水 博大、开阔、有气势、有力量	淡酒、晚风、过雁、黄花、梧桐、细雨 细腻、凄清、悲凉

续 表

比较角度＼篇目	苏轼《念奴娇·赤壁怀古》	李清照《声声慢·寻寻觅觅》
相同意象	水：大江东去、惊涛拍岸、千堆雪 酒：酹江月 壮阔的、大的、有气势的	水：细雨、点点滴滴 酒：三杯两盏、淡酒 小的、少的、淡的
思想感情	豪迈的、旷达的、激昂的、慷慨的	愁苦的、悲凉的、深情的、婉转的

第四步：创设实践体验情境

鉴赏体验：以"豪放与婉约"为话题，从意境、手法、语言等方面任选一个角度，对《念奴娇·赤壁怀古》《永遇乐·京口北固亭怀古》和《声声慢·寻寻觅觅》进行比较赏析，写一段300字左右的文学短评，并在课堂上展示交流。

第五步：创设理念升华情境

活动1：总结反馈。

1. 学生总结学习本课的收获和心得。

2. 吟诵三首词，进一步体味词的风格和词人的情怀。

活动2：拓展延伸。

本单元的人文主题是"生命的诗意"，我们从三首宋词的品读中，感受了词人的生命感怀。请课后从三位词人的其他词作中任选一首进行品读，深入体味其生命的蕴含。

五段式情境教学，注重创设特定的情境，利用多种手段和媒介，以"景"入情，以"声"传情，以"情"激情。特定的情境，诗意的氛围，唯美的音乐常常把师生带入一个深邃的多维空间和过程中，使能力和情味在相融合的同时得以深化和升华，融知识性、情感性、思想性、艺术性、实践性、审美性于一体，实现了内容与形式完美统一，是贯彻课改精神，深化中学语文课堂教学改革，提高课堂教学效率的有益尝试。

当然，一种新的教学模式的产生，不是一蹴而就的，而是一个孕育、生长、发展和成熟的过程，也是一个否定、肯定、筛选、升华的过程。查有梁在《论教育模式建构》一文中强调：教育有模，但无定模；无模之模，乃为至模。没有一种固定的模式，没有"放之四海而皆准"的万能教学模式，这就是最好的模式。[1] 采取什么样的教学模式、教学方法，完全取决于教学目标、教学内容及学生的学习实际情况，也就是说，教学目标是课堂教学的核心，教学模式是为教学目标服务的，不存在一种教学模式形成之后，不能根据变化了的课堂教学实际而变通调整的情况，否则，就会产生画地为牢的尴尬。总之，不能因为固守教学模式而束缚了教师教学的创造性，使得语文课堂教学变得枯燥、僵化、缺乏生机与活力。

因此，对于五段式情境教学模式而言，总是走在从建构到实践再到建构的路上，建构永无止境。也就是说，五段式情境教学模式的构建只是一个有鲜明个性色彩的教学实验，它的普世性价值还有待于进一步实践和升华。

四、情境教学的醇美意涵

从以上分析我们可以看出，情境教学模式不但关注语文教学过程应使师生和谐忘我地沉浸在语言文字的优美情境之中，更关注在美的感受、情感的体验中学生能够学习知识、发展能力，并进而实现滋养精神，促进生命成长的终极目的。也就是说，醇美的语文课堂既是美的，也应该是环环相扣、张弛有序、讲究效益的。

（一）低效或无效课堂的表现

纵观大量的语文课堂教学的实际，可以概括出低效或无效的课堂教学大体有如下几种类型：

1. 注重知识技能，用机械操练代替思维发展

课堂教学的有效性虽然表现在不同层次上，但学生是否有进步或发展是衡量教学有效性的唯一指标。学生的进步不能仅限于知识的掌握，学生对专业知识的理解绝不能靠训练，而是要靠思维过程，要靠个性化的思维。目前，在高考指挥棒下，大量的语

---

[1] 查有梁. 论教育模式建构[J]. 教育研究, 1997(6): 49-55.

文课堂教学只注重知识的传授、技能的训练，而忽略了学生情感、态度、价值观等要素的和谐发展，忽略了通过课堂教学活动沉淀语文思维方式和人文精神。

2. 内容贪多泛化，用量的累积分解质的提升

新的课程标准颁布实施以来，三维目标成了教师的指南针，许多教师为了贯彻新课程标准，每一节课都要落实这三个目标，再分解成若干个小的目标，这样，就变成了一节课有好几个目标，有的甚至十几个目标。目标太多，导致在教学内容的选择上或无所适从，或面面俱到，显得杂乱无章。教学过程看起来内容丰富，容量很大，实际上，一节课下来，学生真正收获的却少得可怜。事实上，目标太多，等于无目标，内容太多，就无法保证教学的有效度，量的累积不等于质的提升。

3. 形式求新求异，用热闹花哨削弱静思感悟

随着社会发展而不断更新教学设备，优化教学技术，是教育发展的历史规律和客观要求。但是，现代信息技术毕竟只是教学手段，是为实现教学目标服务的。现在很多语文课堂，充斥我们眼球的是那些多媒体技术制作出的精美画面。而有些精彩画面恰恰充当了喧宾夺主的角色。此外，现在很多的公开教学，为了体现"以学生为本"，体现课堂的开放性，在形式上做足文章，自主、合作、探究学习流于形式，追求表现的热闹，从而剥夺了学生在课堂上独立地、静静地思考体悟的权利。

4. 评价简单量化，用考试分数取代学科素养

怎样评价教学是否有效，学生、家长、社会舆论主要从考试成绩、升学率的角度来评价。本来，考试作为教学的环节之一，应是一种教学评价手段，其价值主要是对教学的检测、评价和反馈，但绝不是唯一或最主要的评价方式。如今，在家长急功近利的升学心态和社会畸形用人制度双重压力下，分数自然成了考核学校、评价教师、将学生分门别类进行排队的测量器。于是考试便异化为指挥棒，考试指挥着平时的教学，教学变成了考试的附庸，考试成了教学的目的，课堂教学变成了训练考试技巧的演练场，学生的学科素养、学科能力并未得到充分发展，语文学科本应有的审美意蕴也被消解殆尽。

（二）情境教学的课堂是有效且醇美的

巴班斯基在《论教学过程最优化》一书中提到："教学过程效果最优化的第一个标准，是每个学生按照所提出的任务，于该时期内在教养、教育和发展三个方面，达到最

高可能的水平(当然,不能低于及格水平)。"[1]因此,基于情境教学模式构建的醇美语文课堂也应该是有效益的语文。

美国鲍里奇教授指出,有效的课堂教学应体现五个特征:(1)清晰的教学思路;(2)多样化的教学方法;(3)任务导向明确;(4)学生的投入;(5)成功率高。教育部课程改革专家组核心成员余文森教授认为,课堂教学的有效性是指通过课堂教学使学生获得知识与技能、过程与方法、情感态度与价值观之间的协调发展,最核心的一点是学生是否愿意学、主动学以及怎么学、会不会学。[2]

从过程优化的角度考量一堂有效益的醇美语文课,应包含如下要素:

1. 学生是否动情

现代教学论认为,课堂教学除了知识对流的主线外,还有一条情感对流的主线,教学活动是在知识、情感两条主线相互作用、相互制约下完成的。苏霍姆林斯基指出:"情感如同肥沃的土壤,知识的种子就播种在这个土壤上。"[3]同时,"用情感来激发人,好像磁力吸铁一般,有多大分量的磁,便引多大分量的铁,丝毫容不得躲闪。所以情感这东西,可以说是一种催眠术,是人类一切动作的原动力"[4]。渗透着情感因素的学习活动,学生的认识会变得更为深刻、丰富、生动。

语文学科本就是一门充满情感的学科,任何一部作品总是包含着作者对人生、对社会、对历史、对艺术的态度和看法,可以说,文学最重要的功能就在于以情感人和以情怡人。刘勰《文心雕龙》有云:"缀文者情动而辞发,观文者披文以入情。"胡适在《文学改良刍议》中也说:"情感者,文学之灵魂。文学而无情感,如人之无魂,木偶而已,行尸走肉而已。"[5]如果没有情动于衷,马雅可夫斯基怎会提出诗人应当写出"在几千年间都能使亿万人的心灵激荡"的诗?巴尔扎克岂会为高老头的死痛哭抽搐?巴金又怎会在写《家》的时候,"仿佛在跟一群人一同挣扎在魔爪之下"?

艺术境界的要素主要有二,景象与情感。王国维说:"一切景语皆情语也。"[6]文学是人学,人是有感情的动物,所以,让作品说话,这是最切要的。就是要让学生在对作

---

1 巴班斯基. 论教学过程最优化[M]. 吴文侃,等,译. 北京:教育科学出版社,2001:26-27.
2 奚秀梅. 探讨教学的有效性,打造高效课堂[J]. 考试周刊,2013(73):65-66.
3 苏霍姆林斯基. 帕夫雷什中学[M]. 赵玮,等,译. 北京:教育科学出版社,1983:265.
4 陈国强. 语文教学中情感教育的作用[J]. 福建基础教育研究,2010(4):55.
5 周芳芸. 胡适《文学改良刍议》之我见[J]. 四川师范大学学报,1981(2):49-58.
6 滕咸惠. 人间词话新注(修订本)[M]. 济南:齐鲁书社,1986:79.

品的具体阅读中把握作品的基本情调和作者的情感脉络,引导学生产生强烈的情感撞击和震荡,最终收到深切的感动。

学生在课堂中,不是"局外人",而是"参与者"。语文学科要改善学生的学习方式,很重要的就是引导学生随着教学过程,欣然走进教学内容的世界中,真正地将自己融入文本,去体验、感受,与作者交流,与文本对话,与教师碰撞,自主、自觉、自然地陶醉于课堂教学的过程之中,陶醉于教学内容的审美之中。

作者的情感与学生的情感之间需要架设桥梁,让学生真正流淌出真情。因为学生的真情被唤醒,自己对生活的感受与作品的景物、人物、事物相契合,从而真情激荡,"情""景"交融。

情境教学受西方建构主义教学思潮的影响,特别强调学生与情境的互动,重视在这种互动中学生的自我建构。基于情境教学模式的语文课堂注意在文本情感、教师自身体验和学生内心三者之间找到合适的入口,引导学生积极主动地体验。

2. 学生是否明理

由于语文学科本身的特性,语文课堂应该是最具人文性的课堂,好的语文课堂应该是充溢着情感与美的课堂,语文课堂也应该是启发学生思维、启迪其思想的课堂。李吉林老师概括的情境教学的四大特点,在"形真""情深"的基础上,又提出了"意远""理寓其中",主要诉诸的就是学生的理性认识,即教师要诱导学生"明意"和"知理",进入作者写作所要达到的"意境"和理解课文蕴含的"哲理",调动学生的道德感、理智感和审美感。也就是说,在我们的语文课堂中,要注重在学生的思想中把感知和表象整体化,把情绪和体验上升到人格、品质的认识,即从具体上升到抽象,从感性上升到理性。[1]

如李海林老师对《兵车行》一文的情境教学设计:[2]

活动一:听配乐诗朗诵《兵车行》

◆以鉴赏的态度听诗朗诵。

◆借助诗歌朗诵理解诗歌内容。

◆学习朗诵技巧。

活动二:为《兵车行》朗诵活动写序词。

---

[1] 李吉林. 李吉林与情境教育[M]. 北京:北京师范大学出版社,2006:53.
[2] 李海林. 李海林讲语文[M]. 北京:语文出版社,2008:179-181.

活动三：为《兵车行》设计朗诵方案。

活动四：《兵车行》朗诵比赛。

李海林老师对于《兵车行》这一古典诗歌的情境教学设计，并不是单纯地让学生听音乐、听朗诵，而是重点是带领学生进行文学鉴赏，主要是在视听情境的创设中学习古典诗歌的节奏韵律、意境与表达方法等内容。

再如，学习柳宗元的《种树郭橐驼传》这篇兼具寓言和政论色彩的传记文，既要引导学生认识到文章通过对郭橐驼种树之道的记叙，说明"顺木之天，以致其性"是"养树"的法则，并由此推论出"养人"的道理的类比手法，又要明白作者指摘中唐吏治的扰民、伤民，主张顺乎民性、休养生息的为官治政之理。学习写景抒情散文《我与地坛》，通过创设联想和想象的情境，引发学生进入文本，荒芜但并不荒败的地坛引发作者对生与死的思考，在地坛里发生的与母亲之间的往事，又使地坛成为追忆母亲的情感凝聚物，地坛、母亲，成为作者生命中的两个支点，一个是精神家园，一个是精神支柱，从而更深切地感受作者经历苦难而能自我超越的人格力量，更深切地感动作者对母亲痛彻心扉的悔恨与歉疚。

基于情境教学模式的语文课堂，教学情境的创设不是教师凭空随意虚构的，而是围绕文本中心展开、与文本内容密切关联、富有内涵并且能够引发学生的思考和感悟的。比如李吉林老师在讲到桂林山水时，根据课文的描述，以简笔勾勒了一组山形，以具体形象突破成语集中的难点，充分突出桂林山水的奇、秀、险。在整个教学过程中，李吉林老师分别运用了假想旅行、挂图、音乐、简笔画等多种教学手段，但却始终围绕着"桂林山水甲天下"的中心，激发学生的爱国主义情感，鲜明的中心使教学的诸多环节融为一体。[1] 学生明理，是醇美语文课堂的标志之一。

3. 学生是否长技

教学过程，顾名思义，既是一种特殊的认识过程，也是一个促进学生身心发展的过程。在教学过程中，教师有目的、有计划地引导学生能动地进行知识活动，循序渐进地掌握知识与技能。

《普通高中语文课程标准（2017年版2020年修订）》中提到"语文课程作为一门实践性课程，应着力在语文实践中培养学生的语言文字运用能力"，"应增强学生学

---

[1] 李吉林.情境教学实验与研究[M].北京：人民教育出版社，2006：28.

语文、用语文的自觉意识""掌握语文运用的规律,学会语文运用的方法,有效地提高语文能力"。[1] 可见,学语文的最终目的是用语文,那么在语文课堂教学中,让学生增本领、长技能可以说是醇美语文课堂考量的重要指标。

夸美纽斯在《大教学论》中指出,"一切知识都是从感官开始的","在可能的范围内,一切事物应尽量地放到感官的跟前,一切听得见的东西应尽量地放到听官的跟前……假如有一个东西能够同时在几个感官上面留下印象,它便应当和几个感官去接触"。[2] 情境教学模式下的语文课堂,注重为学生提供感知、理解、运用语文知识的特定情境,促进语文能力的形成和发展。

当然,语文课程的功能是多方面的。情境教学模式非常关注学生的语言积累,注重语感和思维的发展,帮助学生在阅读与欣赏、表达与交流的实践中,获得语言的感悟能力,进而增强语文应用能力、审美能力和探究能力,最为核心的是对语言的感悟能力。"解读文本,就是要跨越时空,通过语言形成整体感悟,达到和作者视界交融的状况,这才是我们的目的。"[3]

关于语感的作用,王尚文在《语感论(修订本)》第四章"语感与言语主体"中说"语感一头连结言语……语感的另一头连结着言语主体的个体意识、个体心理",并从"语感与身份意识""语感与生活体验""语感与文化素养""语感与思想感情"四个维度作了精辟论述。王尚文说:"同一言语对象作用于不同的人身上必然会有不同的语感反应……由于对某一句的语感反应积淀着一个人的思想、感情、教养、性格,甚至他特殊的生活经历、社会关系,因而也可以据此探得关于这个人的种种奥秘。"[4]

4. 学生是否移性

苏霍姆林斯基曾经在给儿子的信中说:"美能磨炼人性。一个人如果从童年时期就受到美的教育,特别是读过一些好书,如果他善于感受并高度赞赏一切美好的事物,那么,很难设想,他会变成一个冷酷无情、卑鄙庸俗之徒。美,首先是艺术珍品,能培养细致入微的性格。性格越细致,人对世界的认识越敏锐,从而对世界的贡献也越

---

[1] 中华人民共和国教育部. 普通高中语文课程标准(2017年版2020年修订)[S]. 北京:人民教育出版社,2020:03.
[2] 王天一. 外国教育史(下册)[M]. 北京:北京师范大学出版社,1993:130.
[3] 于漪. 语文的尊严[M]. 太原:山西教育出版社,2014:94.
[4] 王尚文. 语感论(修订本)[M]. 上海:上海教育出版社,2000:50.

多……"1

　　语文教学的功能、价值和意义,在于展现教师和学生的人性光辉,迈向"诗意的栖居"。汉语文的一个重要特征是具有强烈的生命意识,语文教师的崇高职责就是在学生心灵深处滴灌生命之魂。基于情境教学模式的语文课堂,"引领着学生在先哲先贤、在思想者和践行者们那一篇篇充满智慧的文章和一部部感人肺腑的作品中去感悟社会与人生,去实现精神的觉醒,灵魂的提升"。2

　　毛泽东的《沁园春·长沙》,在寒秋、霜天、万山、湘江组成的绚丽动人的秋景图里,洋溢着词人对国家命运的深切思虑和重整山河的崇高使命感;叶雨婷的《"探界者"钟扬》,从钟扬身上挖掘着人的生命价值,告诉我们一个人对于生命的广度和高度的不懈探索可以达到怎样的境界;沈从文的《边城》,以20世纪30年代川湘交界的边城小镇茶峒为背景,用兼具抒情诗和小品文的优美笔触,描绘了湘西地区特有的风土人情,借船家少女翠翠的爱情悲剧,凸显人性的善良美好与心灵的澄澈纯净……

　　在醇美的语文课堂上,学生在获得审美体验之后,自身的认识水平往往会自然提升,而最终作用于人生的是性情的变化。一篇好文章,一首好诗,都是作者情动于衷,言溢于表的佳作,情境教学的语文课堂,能够牢牢把握文本的思想精华,在语文学习的过程中,思想品性在潜移默化中得到滋养,从而使学生情操得以陶冶,灵魂得以净化,精神得以升华,生命得以成长。

1　单中惠.教育小语[M].上海:华东师范大学出版社,2006:188.
2　于漪.语文的尊严[M].太原:山西教育出版社,2014:40.

第三章　醇美语文的智慧
——醇美语文与问题设置

好的语文教学既要能够抵达文本的内核，又应有一个美丽的"容颜"，做到内外兼修。问题设置，是课堂内外勾连、表里贯通的依托，是让课堂洋溢美的气息的黏合剂。

一、问题，唤醒语文的理性
二、教学，从问题开始
三、问题，设置的艺术
四、问题设置，我们在行动

教育心理学告诉我们,学生的思维过程往往从问题开始。日本教育家斋藤喜博称问题设置为"教学的生命"。[1] 南宋哲学家陆九渊老夫子也有言:"为学患无疑,疑则进也。"学起于思,思源于疑。学习过程实质上是一个发现问题、提出问题、分析问题、解决问题的过程,语文课堂教学就是师生共同探究问题、分析问题、解决问题的过程。《普通高中语文课程标准(2017年版 2020年修订)》强调:教师"要根据学生身心发展和语文学习的特点,保护的好奇心、求知欲,鼓励自主阅读、自由表达,激发问题意识,引导他们体验发现问题、解决问题的过程。"[2]

北京四中顾德希老师说过:"一节语文课有三项内容不可少,一是给学生打开一扇窗,为他们展示一个具有吸引力的未知世界,让学生经历一次精神的探险,有股子新鲜感。二是要给学生在语言文字的应用理解上以切实的启发和具体指导,以提高学生驾驭语文工具的能力与水平。三是每一节课都应当让学生有所积累。"[3]

语文教学的特殊性,要求语文的课堂教学既要有对语言文字的认识和品味,对学生思维能力的培养和训练,更要有师生一起沉醉于语言文字多维的、发散的、审美的情境之中。在语文课堂教学中艺术地设置问题,能加快学生语文素养和语文能力形成的进程,是发展学生思维,保证和提高教学质量的有效途径,更是诱引师生循疑探奇,释疑味美的有效手段。

语文教学是科学与艺术的结合,很多语文教育专家学者都有这样的共识。也就是说,在语文教学过程中,在探讨本学科自身规律的同时,还应根据具体的教学实际,采用灵活多变的教学方法,这就是一种教学的艺术。而在众多的语文教学方法中,课堂提问,或者叫设置问题的诱导启发艺术显得尤为重要。因为一堂语文课的优劣成败,与教师能否成功地诱导学生发现问题、思考问题、解决问题有着密切的关系。设置问题是教学过程中学生与老师、学生与书本、学生与学生之间对话的有效路径,是一项充溢着教学机智与教学魅力的艺术。

所以,有一种教学智慧叫设置问题,它可以让语文课堂更醇美。

---

1 傅道春.教师行为技术[M].哈尔滨:黑龙江教育出版社,1997:95.
2 中华人民共和国教育部.普通高中语文课程标准(2017年版 2020年修订)[S].北京:人民教育出版社,2020:42.
3 夏仕武.语文要教给学生有用的东西——访北京四中特级教师顾德希[J].人民教育,2011(22):46-49.

一、问题,唤醒语文的理性

清代学者刘开曾云:"君子之学必好问,问与学,相辅而行者也。非学无以致疑;非问无以广识。"[1] 英国科学家波普尔也说:"科学和知识的增长永远始于问题,终于问题——愈来愈深化的问题,愈来愈能启发新问题的问题。"[2] 由此可见,问题是获得认知不可或缺的部分。

《普通高中语文课程标准(2017年版2020年修订)》以18个学习任务群作为语文课程架构的核心要素,基于学习任务群的语文课堂要"由知识学习走向问题解决"[3]。因此,在新课改背景下,设置教学问题依然是提高课堂教学效率,让语文课堂醇美的必要手段和智慧。

(一) 什么是教学问题

要解释什么是教学问题,我们先来认识"问题"这个概念。

关于什么是问题,一般地说,可以有如下解释:(1)要求回答或解释的题目。(2)需要研究解决的矛盾或障碍。(3)关键;重要之点。(4)事故或意外。(5)可能降低满足感或信任度的事物。对工作而言,造成应有状态与现有状态之间存在差距的各种影响因素就叫问题。

由此,我们可以说,所谓"问题"是指给定信息和要达到的目标之间有某些需要被克服的障碍,需要研究解决的矛盾。问题总是与一定的认知活动和思维活动联结在一起,好的问题,应能唤起人们挑战自我的激情,又像"入之愈深,其进愈难,而其见愈奇"的褒禅山,柳暗花明,内蕴丰厚。

不言而喻,教学问题就是指在教学过程中需要师生共同研究和解决的问题,是给定教学内容与要达到的教学目标之间需要克服的一些矛盾或障碍。我们大家都知道,"教学是教和学相结合或相统一的活动,是由教师的教和学生的学所组成的双边活动,

---

[1] (清)刘开.孟涂文集:问说[M].归叶山房精印,1915:01.
[2] 卡尔·波普尔.猜想与反驳——科学知识的增长[M].傅季重,等,译.上海:上海译文出版社,1986:318.
[3] 王宁,巢宗祺.普通高中语文课程标准(2017年版2020年修订)解读[M].北京:高等教育出版社,2020:196.

是学生在教师的引导下,用人类积累起来的知识财富丰富自己的精神世界,从而获得认识和形成能力的过程。"[1]教师在教学中要启迪学生的思维,引领学生学习知识,形成能力,首先必须要善于提出目标明确、新颖有趣、难易适度、发人深省的教学问题来调动学生大脑皮层的优势兴奋中心,然后教给学生思考的方向和线索,引导学生对教学问题作层层深入的思考,并掌握分析和处理教学问题的方法,从而培养良好的思维品质,有效地提高教学效率。

关于教学问题的类型,1953年,布卢姆等人出版了《教育目标分类学:第一分册·认知领域》,在书中,布卢姆将人的认知程序从低到高地分为知识、理解、应用、分析、综合和评价六级。根据布卢姆对认知领域的分类,我们把教学问题也相应地分为从低到高的六大类:[2]

(1) 知识性问题。即从复习巩固所学知识出发设计问题,这类问题往往让学生回忆、复习前面所学过的内容,结合复习旧知,为学习新的内容作好准备。学生通过回忆所学知识即可获得问题答案,答案往往能够在教材上现成地找到,学生无须多加思考,它所涉及的心理过程主要是回忆。

(2) 理解性问题。即在教学过程中,为引导学生掌握教材的内容思路和脉络,使他们迅速深入教材,理解课文的主旨、内容、特点、概念等设计的问题。如在阅读教学中让学生对人物形象进行分析,对景物描写进行分析之类的问题就属于理解性问题。学生通过对所学内容进行一定的转换、解释、推测方可获得问题的答案,要求学生对内容进行一定程度的加工。

(3) 应用性问题。即让学生运用所学过的知识和已有的经验顺利地解决新知识中的重点、难点、疑点或者是根据新情境中的实际问题而设计的问题。在阅读教学中,如用学过的记叙文的要素来分析记叙文,用学过的说明方法来分析说明文之类的问题就属于运用性的问题。要求学生把所学的知识应用于新的问题情境,解决新的问题,其心理过程主要是迁移。

(4) 分析性问题。即为培养学生分析问题的能力而设计的问题,意在训练学生掌握把事物的整体分解为部分、把复杂的事物分解为简单要素、把过程分解为阶段,并分别加以研究的思维方法。阅读教学中对文章的分段、对句子的分析等设计的问题属于

---

1 张大钧.教育心理学[M].北京:人民教育出版社,2004:450.
2 转引自曹明海,钱加清.语文课程与教学论(修订本)[M].济南:山东人民出版社,2015:131-132.

分析性问题。要求学生把材料分成几个要素,弄清各个要素之间的相互关系及其他们的组织和结构。

(5) 综合性问题。即为培养学生综合归纳问题的能力而设计的问题,意在训练学生掌握把事物的各个部分、各个方面、各种要素、各个阶段联结成为整体进行考察,找出其相互联系的规律性的思维方法。在阅读教学中归纳各段大意、中心思想、写作特点之类的问题就属于综合性的问题。要求学生在自己头脑中迅速检索与问题有关的各种资料,把它们组织成一个新的整体,常用于发展学生的创造能力。

(6) 评价性问题。即让学生对一些观念、解决办法等进行判断选择,提出见解,作出评价而设计的问题。阅读教学中关于对作品的语言、形象塑造、作品观点的评价的问题属于评价性问题。要求学生运用准则和标准对观念、作品、方法、资料等作出价值判断,或者进行比较和选择。

(二) 什么是教学问题设置

教学问题设置,就是指教师在课堂教学过程中,根据一定的教学目标的要求,针对教学内容、教学的重点难点及学生实际,设置一系列的问题,引导学生思考回答,促进学生积极思维,提高教学质量的一种方式,是教学中必不可少的环节。切当的设置教学问题,是师生信息交流的桥梁,是活跃课堂气氛的手段,不仅有利于激活学生的思维,训练并提高学生的语言表达能力,同时也能够勾连教学内容和教学流程,使整个课堂既有效率又浑然一体。

教学过程,在某种意义上说,是问与待问的过程,"问"与"待问"不仅是教师学生素质与态度高低好坏的标志,也是教学环境优劣的重要因素。《学记》指出:"善问者如攻坚木,先其易者,后其节目,及其久也,相说以解。不善问者反此。善待问者如撞钟,叩之以小者小鸣,叩之以大者则大鸣,待其从容,然后尽其声。不善答问者,反此。"[1] 只有善问和善待问,问题才能"和悦以解",才能出现师生和乐、教学相洽的和谐气象。

二、教学,从问题开始

"教学"这个词存在于学校日常生活的方方面面,每个教育工作者每天都在课堂上

---

[1] 转引自李维鼎.语文言意论[M].上海:上海教育出版社,2000:272-273.

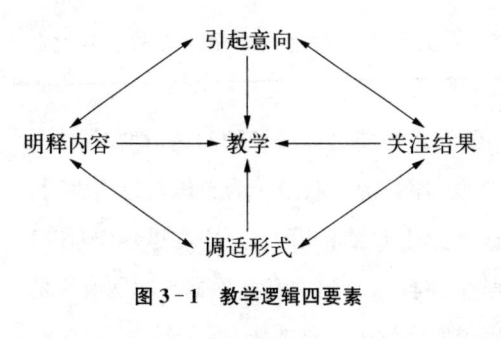

从事着"教学"的活动。崔允漷把教学活动的逻辑必要条件的主体框架确定为四个元素,如图3-1所示。[1]

并因此把"教学"定义为"教师引起、维持或促成学生学习的所有行为",认为任何教学都是以有效性为目的的,摒弃有效性的教学是不存在的,"引起意向——明释内容——调适形式——关注结果"这四个条件则是将课堂行为引向有效性的最关键途径。强调教学行为的目的是促进学生的全面发展,其落脚点在于让每位学生学有所得,各有所获,而在所有教学活动的前后,都存在着引起学习意向的问题。教学不再仅仅是指人们必须学习某种东西,更意味着教师有目的地引起学生投入积极的学习状态。

图3-1 教学逻辑四要素

德国教育家第斯多惠也说:"教学的艺术不在于传授本领而在于激励、唤醒、鼓励"。由此我们可以知道,教学行为是有目的的,追求有效性的,教学行为的本质是一种唤醒的行为,一种探究的行为,一种教师有意引起学生积极学习状态的行为。而在课堂教学中设置问题是实现教学行为引起、探究本质的有效途径。

从心理学层面讲,设置教学问题是引发学生产生心智活动并作回答反应的信号刺激,它不仅可以调动学生的智力行为,而且是启动非智力因素的一个重要手段,因为它可以集中学生的注意力,激发学生的探讨兴趣,促进引发学生积极的活动愿望等等;从教学活动的功能层面看,设置问题是课堂上一种召唤、动员行为,是集体学习中引起互动活动的聚合力量,它不仅可以是学生学习知识、表达观点、流露情感、锻炼表达的一种支持行为,更是促进学生思维发展的重要方式;同时,从教学评价的角度看,通过设问与回答,教师可以及时了解学生的学习成就,检查教学目标的达成程度,学生可以获得老师的及时反馈,建立积极的自我观念,为进一步的学习提供参考。

在语文课堂教学中研究问题设置艺术的必要性主要体现在如下几个方面:

---

1 崔允漷.有效教学[M].上海:华东师范大学出版社,2009:11-20.

(一)学科的体现

语文学科作为独立学科,以其人文性和工具性的本质属性而与其他学科相区别。组织语文教学的意义,就是要在一系列的教学活动实施中达成对语文知识的学习、语文能力的培养以及审美情趣、文化修养提高等这样一些目标。

由于语文学科本身的特性,语文课堂应该是最具人文性的课堂,好的语文课堂应该是充溢着情感与美的课堂,教师的教与学生的学应该是"润物细无声"般地潜移默化,丝丝渗透,慢慢滋养,点点成长。而课堂中的问题设置就像是微风吹动一湖净水,带来无尽涟漪和灵动;就像是流星划破寂静的夜空,闪耀璀璨的光亮;就像是阳光,照耀春花怒放。语文课堂应该是美的课堂,语文课堂也应该是启发学生思维的课堂,是活跃的课堂。而启发学生思维大门的钥匙就是课堂中的问题设置,讲究问题设置的艺术是语文学科特征的体现。

(二)课改的要求

国办发[2019]29号《国务院办公厅关于新时代推进普通高中育人方式改革的指导意见》强调要深化课堂教学改革,要"积极探索基于情境、问题导向的互动式、启发式、探究式、体验式等课堂教学"。《普通高中语文课程标准(2017年版2020年修订)》以语文学科核心素养为纲,以学生的语文实践活动为主线,设计"语文学习任务群"。学习任务群以自主、合作、探究性学习为主要学习方式。"教师要注意引导学生在自主学习的基础上,学会倾听和分享、沟通和协作,掌握探究学习的方法,提高实践和创新能力。"[1]

也就是说,在新课改理念下,启发式、探究式、讨论式和参与式等教学方式成为中学语文课堂教学中经常使用的方式。从学生学习角度看,探究学习是从问题或任务出发,通过多种形式的探究活动,以获得知识和技能、发展能力、培养情感体验为目标的学习,而问题性、实践性、参与性和开放性是探究式学习的本质;讨论式教学是按有关论题来呈现教材、组织讨论、得出结论,从而使学生掌握教学内容的教学方式;参与式教学方式是指全体师生共同建立民主、和谐、热烈的教学氛围,让不同层次的学生都拥

---

1 中华人民共和国教育部.普通高中语文课程标准(2017年版2020年修订)[S].北京:人民教育出版社,2020:43.

有参与和发展机会的一种有效的学习方式。[1]

上述学生学习方式的转变表明,课堂教学离不开师生活动,而师生活动离不开教师的引导,教师的引导又离不开课堂问题的设置。也就是说,课堂教学的成效,在某种程度上取决于师生双边以及学生多边之间的活动,真正有效的活动,一定是围绕问题开展的。

设置问题作为启发式教学的一种方式,是教学活动的催化剂,而探究式、讨论式教学的基点都需要选择和确定值得探究、讨论的问题。由此可见,设置教学问题是教学活动的起点,更是教学进程顺利开展的"锚"(目前国内外比较流行的"抛锚式"教学策略把设置教学问题的过程形象地比喻为"抛锚"),适切、有效的课堂教学问题设置,能够激发学生的学习兴趣和探究欲望,能够把学生带入一个奇妙的问题世界,能促进学生积极思考,从而培养学生分析问题、解决问题的能力,有效提高课堂效率。

(三) 教者的需要

对于已有三十多年教龄的笔者来说,近年来,在语文课堂教学中越来越被一个问题困扰着,即如何设置有层次、有梯度、有质量而又环环相扣的问题,师生共同探究文本、品读文章,通过对问题的解读,由浅入深、由表及里,既牵动师生的思维,又引发学生感受语言文字之美,最后豁然开朗,且整个课堂的节奏如行云流水。本章的研究即想解己多年之惑,以使自己的语文课堂教学水平再上一个台阶,使之成为内容与形式完美统一的课堂,使自己的语文教学成为师生共同发展的"美丽之旅"。

(四) 学生的渴望

笔者选取任教学校高一、高三的部分学生,进行了"关于语文课堂教学的现状及期望"的问卷调查,共发出问卷 200 份,实收 195 份。就内容而言,此份问卷包括以下三部分:第一部分是学生对于语文学科及语文课堂教学的看法;第二部分是学生对于现在的语文课堂教学的评价及现状反馈;第三部分则是学生对于未来的语文教学的期待以及他们眼中语文课应该如何来教。

---

[1] 教师专业标准研究课题组. 中学教师专业标准:要点. 行动. 示例[S]. 北京:北京师范大学出版社,2013:160-161.

对"上课伊始,你喜欢老师以怎样的方式进入教学:A. 有趣的问题情境;B. 复习旧课开始;C. 开门见山,直接进入"这个问题,学生回答的结果为(见图3-2):高一年级选择"有趣的问题情境"的占64%,而高三年级选择此项的也占48%。

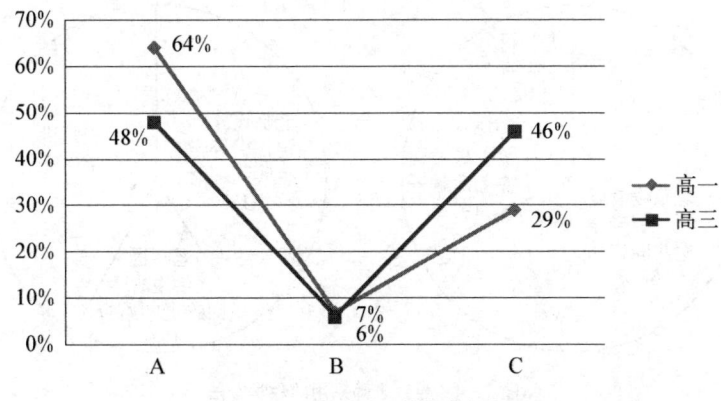

图3-2 喜欢进入的教学方式

对"你认为设置问题的语文课相比传统的课程:A. 更能激发你学习和思考的兴趣;B. 有利于提高教学的效率和质量;C. 没什么区别"这个问题,不论高一还是高三的学生,选择A、B两个选项的占绝大部分(见图3-3),高一学生AB两项之和为78%,高三学生AB两项之和为63%。

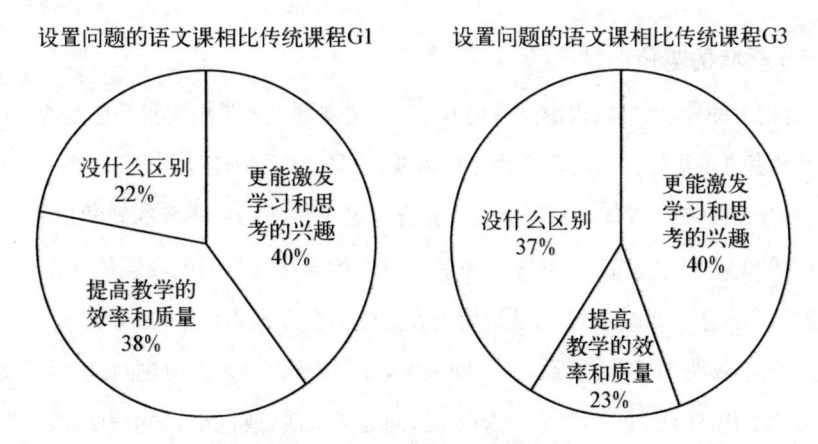

图3-3 设置问题语文课的优势

对"你希望语文老师采用哪种教学方法授课:A. 老师讲,我们听;B. 老师提问,学生思考回答后老师解析;C. 老师创设问题情境,引导同学们一起讨论探究"这个问题,学生问卷的结果为(见图3-4):高一年级学生希望课堂老师设置问题的占87%,而高三学生也有58%的学生希望课堂上老师能够设置问题。

希望老师采用的教学方法G1
- 老师讲学生听 13%
- 老师提问学生思考回答老师解析 19%
- 老师设置问题,引导学生共同探讨 68%

希望老师采用的教学方法G3
- 老师设置问题,引导学生共同探讨 41%
- 老师讲学生听 41%
- 老师提问学生思考回答老师解析 17%

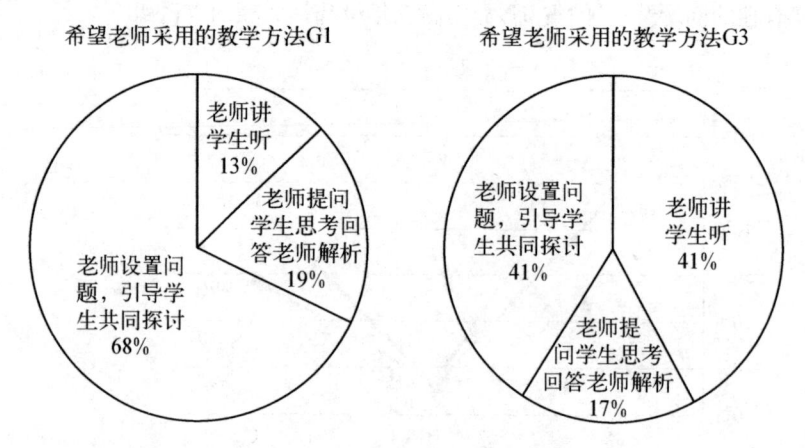

图3-4 希望老师采用的教学方法

从以上几个问题的问卷结果可以看出,学生不只是一些只会接受知识的机器,他们是有思想、有感情、有创造力的群体。他们渴求知识,更渴望教师在课堂教学中能够创设有助于学生自主学习的问题情境,引导学生通过实践、思考、探索、交流,获得知识,形成技能,发展思维,陶冶情操,感受、体悟语文学科的真、善、美。

(五) 现状的驱使

通过以上的分析,可以得出这样的共识:在语文课堂教学中设置问题是教学改革的要求,是教者进一步提升自身教学水平的需要,更是学生的渴望,是非常重要和必要的。

从教学现状来看,可以说,问题设置是课堂教学中使用最频繁的教学技能之一,也是有效教学的重要组成部分,几乎找不到一堂自始至终没有问题设置的课。

但是,当前语文课堂教学问题情境的设置依然存在很多误区,比如:

(1) 问题不明确,随心所欲,或一问一答,频繁发问,导致表面热闹,华而不实;

(2) 没能很好地关注学生的认知基础,问题或太浅,或过难,学生思维难以展开;

(3) 问题表达不明,缺乏层次和主次;

(4) 给学生思考和想象的时间和空间很少,学生思维还未形成便急于强加答案,或过分强化老师设定的答案,总是希望学生快速达到老师预设的目的等等。

也就是说,尽管广大教师(包括笔者)在自己的教学生涯中设置过成千上万个问题,但真正善于设置问题的教师却并不是很多。由此可以说,在语文课堂教学实践中,教师艺术地创设问题的水平还有待提升。

三、问题,设置的艺术

疑问是开启智慧大门的钥匙,语文学习的过程应该是围绕一个"疑"字展开的:无疑——有疑——质疑——释疑。有经验的教师在教学过程中,总会精心设计问题,竭力点燃学生思维的火花,激发他们的求知欲望,有意识地为学生发现问题、解决问题提供桥梁和阶梯,引导学生一步步登上知识的殿堂,并以此诱引他们登堂而入室,一点一点地抵达语文学科的审美境界。

然而,并非所有的课堂教学问题的设置都能达到预期的目标。著名教育家陶行知先生说过:"发明千千万,起点是一问。禽兽不如人,过在不会问。智者问得巧,愚者问得笨。"这就告诉我们,智慧的老师应该学会巧妙地设置教学问题。其实,不仅教育大家有这样的谆谆教诲,我们的学生对此也有所需求。

(一) 问卷调查的学生诉求

在调查问卷中,对"回忆高中阶段留下深刻印象的一节语文课的最主要原因"这一问题的结果(见图3-5),无论是高一学生还是高三学生,其中"激发探讨欲望的问题,

高中期间印象最深的语文课的原因G1

- 课堂轻松活泼,师生忍俊不禁 21%
- 文章内容 13%
- 激发探讨欲望的问题,学生思考讨论不亦乐乎 21%
- 精彩的拓展故事 45%

高中时期印象最深的语文课的原因G3

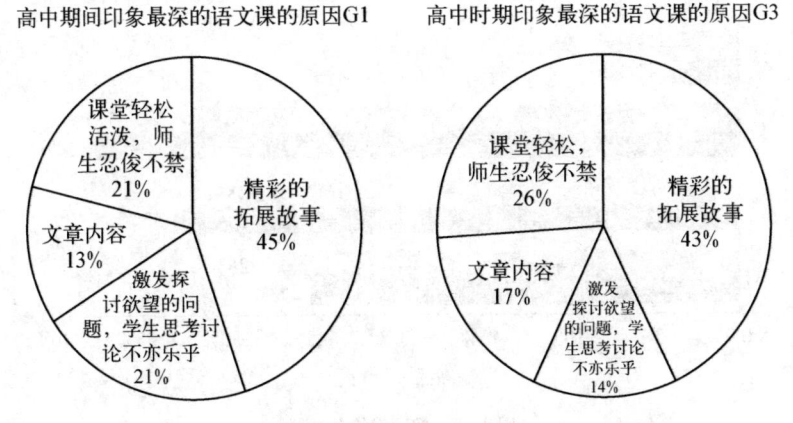

- 课堂轻松,师生忍俊不禁 26%
- 文章内容 17%
- 激发探讨欲望的问题,学生思考讨论不亦乐乎 14%
- 精彩的拓展故事 43%

图3-5 高中印象最深的语文课

学生思考讨论不亦乐乎"都成为给其留下深刻印象的一节语文课的主要原因之一。

对"你认为语文课堂中以下几点的重要性如何"的统计中，我们运用了打分的方式，即 1 分为非常不重要，5 分为非常重要，2—4 分依次为：比较不重要、无所谓和比较重要。其结果是高一年级学生更注重"头脑风暴，积极进行思考"（如图 3-6），4 分和 5 分的总和占 71％。可见，在教学过程中，问题的设置不仅要作为提升课堂质量的方式，更应该注意设置的问题本身的质量高低。

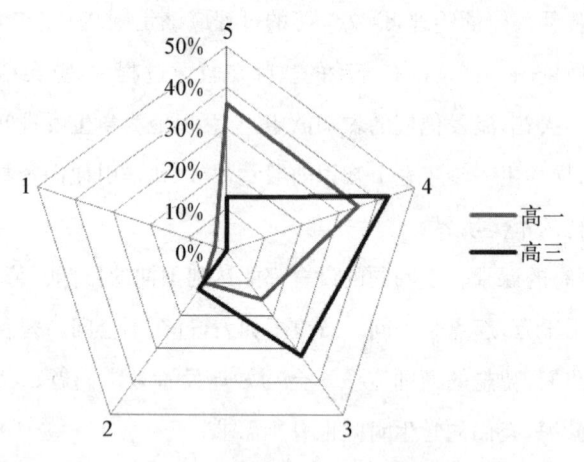

图 3-6 语文课堂问题设置的重要性

对"你认为语文课堂中问题设置的方式为：A. 根据教学内容，从文章主旨出发设置问题；B. 能够设置主问题，围绕主问题再设计一些分支问题；C. 考虑学生的实际，设计一些有梯度的问题；D. 无所谓，随便问"这一问题的问卷情况如图 3-7：

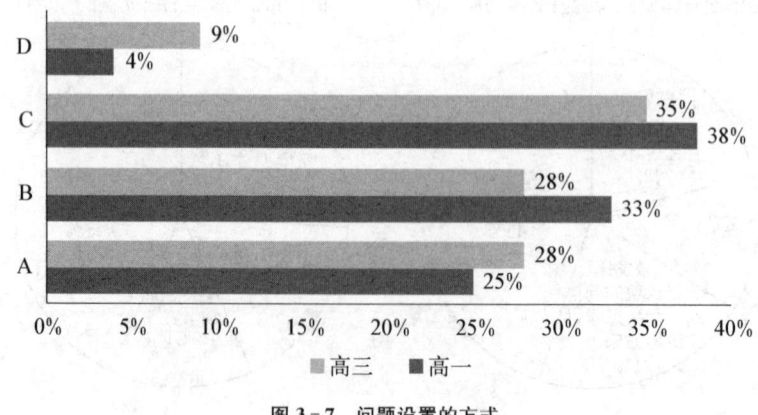

图 3-7 问题设置的方式

从上图我们可以非常明显地看出,无论是高一学生抑或是高三学生,对课堂教学中问题的设置不仅是渴望,更有技术层面的需求,高一年级选择 ABC 三项的占 96%,高三年级占 91%。

(二) 教学案例的比较分析

在课堂教学实践中,笔者着意进行了呈现讲解式和问题情境式两种教学方式的比较、同一文本不同问题设置方式的比较,以期从不同方面、不同层面的实践中对语文课堂教学问题设置艺术获得更深刻的认识和体悟。

表 3-1 呈现讲解式与问题设置式比较实践

课题	《石钟山记》(苏轼,统编高中语文教材选择性必修下册第三单元第 12 课) 选必下第三单元属于"中华传统文化经典研习"学习任务群,以"至情至性"为人文主题	
课时	两课时	
教学方式	呈现讲解式	问题设置式
教学过程设计	以下教学内容由两课时共同完成。 1. 简要介绍石钟山及本文的写作背景。 2. 作者简介。 3. 对游记这一文体进行介绍,重在认识中国古代游记散文在内容和写法上的特点。 4. 串讲分析课文,主要完成两个任务,一是掌握本文重要的文言语法知识;二是对文章结构层次进行梳理。	第一课时:在简要介绍石钟山、本文写作背景、作者、游记散文的特点之后,侧重对课文进行疏通(学生对照注释自主学习,教师答疑解惑)。 第二课时:设置问题情境,师生探讨完成。 问题一:作为一篇游记散文,本文因何事?寓何理? 问题二:本文作为一篇游记,不以"游"为线,而以"疑"为线,本文是如何围绕"疑"字谋篇布局的? 问题三:在作者看来,世人为什么不能

71

续　表

教学过程设计	5. 赏析深夜乘舟"至绝壁下"一段，体会明月之夜、绝壁之下、鸟鸣浪涌、众生纷起的"绘声"描写的妙处。 6. 课文小结：作为记游说理的散文，手法上侧重在因事寓理；内容上侧重在认识事物的真相必须耳闻目见，不能主观臆断的道理。 7. 课后完成文言知识点分类梳理练习。	准确知道石钟山得名的由来（"所以不传"的原因）？作者对以上做法各持什么态度？ 问题四：引入《古文观止》中对苏轼《石钟山记》的评价"坡公自历其境，闻之真，察之详，从前无数疑案，一一破尽，爽心快目。" 探讨《古文观止》对苏轼持什么态度？ 问题五：引入涂宗涛《巴峡·石钟山》："经过今人全面的科学考察，认为石钟山之所以得名，应包括'主形派'所说的'形'和'主声派'所说的'声'这两个方面。" 苏轼关于石钟山得名由来的看法也是错误的，那么本文的意义何在呢？ 课后作业："石钟山景区"公众号辑录了历代与石钟山有关的名人游记，请为苏轼的《石钟山记》写一篇推介词。（100字左右）

　　在《教育目标分类学：第一分册·认知领域》一书中，布卢姆将人的认知程度从低到高分为知识、理解、应用、分析、综合和评价六级。呈现讲解式的语文课堂教学过程很清晰，目标很明确，但更多涉及的只是学生知识、理解、应用三个等级的认知，平面化和应试味较浓重，对学生分析、综合，特别是评价的能力较少触及，这样的课堂教学的结果是学生对知识的认识和掌握比较清楚到位，但思维是线性的，开放性和拓展性不足。而问题设置式的教学方式除了完成对文言文基础知识的学习和掌握之外，更注重在课堂上激发学生的探究和拓展的欲望，充分发挥学生的积极性和主动性，且问题的设置更注重锤炼学生分析、综合、特别是评价的认知层次，更能够触发学生思维能力的形成。

表 3-2 同一文本不同问题设置方式的比较实践

课题	《劝学》(荀子,统编高中语文教材必修上册第六单元第 10 课) 必修上册第六单元属于"思辨性阅读与表达"学习任务群,以"学习之道"为人文主题	
课时	两课时	
问题设置方式	方式一	方式二
教学过程设计	在简要介绍荀子生平思想、本文的写作背景之后,着重对课文进行串讲分析。 首先教师交代本文的中心论点:学不可以已 问题一:文章题目是《劝学》,请大家阅读第 2 段,思考这一段主要从哪个角度来论述学习是不能停止的?运用了怎样的论证方法? 师生共同探究文本解决此问题:本段通过设喻,阐述学习的意义:学习可以使君子知明且行无过。 问题二:文章第 3 段从哪个角度来论述学不可以已的?运用了怎样的论证方法? 师生探究后解决此问题:这一段主要阐述学习的作用,学习可以使资质平常的人成为	主问题:《劝学》是荀子劝人学习的,如果你是荀子要劝学的对象,读完这篇文章,你会被说服吗? 问题一:"学不可以已"既是《劝学》的首句,也是整部《荀子》的首句,而且教材将其单独成段。你觉得这句话能不能统摄整篇课文?各段内容之间是怎样的关系呢? 结合课前学习任务:分段找出荀子"劝学"的观点句,探究荀子围绕核心观点"学不可以已",从学习的意义、作用、方法、态度等方面进行论证。 进而明确:一篇文章论证的说服力首先表现在条理清晰、逻辑严密上。 问题二:运用大量比喻进行说理是《劝学》一个十分突出的特点,你觉得这些比喻能否阐明"学不可以已"的抽象道理? 分解问题一:自主评价荀子运用比喻说理的效果是生动形象还是繁杂啰嗦? 分解问题二:以课文第二、三段为例,探

| 教学过程设计 | 君子，也是用比喻论证进行说理的。
问题三：第4段主要论述学习应有的态度和方法，运用了怎样的论证方法阐述此问题？
这一段主要通过正反设喻进行论证，阐述了学习重在积累，贵在坚持，还需要用心专一。
问题四：本文主要借助设喻来阐明"劝学"之理。你觉得荀子所用的这些比喻能否很好地助力其说理？
从而引导学生对设喻说理的效果进行审视和辩证认识。
问题五：结合全文，标题"劝学"的含义是什么？荀子笔下的"劝学"既含有知识的学习，更蕴含着道德的提升。
从中引出问题六：荀子写作本文的目的何在？
出示相关背景资料及荀子"性恶论"的重要论述，师生共同探讨，从而明确如下认识：作为儒家后期的代表人物，稷下学宫的祭酒，荀子非常重视教育的功能，教诲"士"子通过不 | 究荀子比喻说理具有怎样的特点？
教师适时引导：荀子以"青青于蓝、冰寒于水"为喻，阐述通过提取、降温等外在行为，可以使事物的程度会增强；用"輮直木为轮不复挺、木受绳则直、金就砺则利"为喻，阐述通过火烤、受绳、就砺等外力作用，事物的性质会发生改变；以"登高而招""顺风而呼""假舆马""假舟楫"为喻，阐述借助外力，事物的水平得到提升，能力得以超越。
进而总结：荀子能够围绕中心，多角度，层进式地设喻，从而阐明学不可以已的道理。
追问：荀子用大量比喻阐述观点的原因是什么呢？这些比喻运用是不是都很严密呢？
意在引导学生探究古人设喻说理的文化传统，并对荀子比喻说理进行思辨性评价。
进而明确：一篇文章的说服力还表现在论证的充分上。
问题三：荀子带着怎样的情感来劝学的呢？其劝学的真正意图是什么呢？
明确：作为儒家后期的代表人物，稷下学宫的祭酒，荀子非常重视教育的功能，循循善诱，谆谆教诲，饱含热情地教诲"士"子通过不懈地学习，进而成为"君 |

		续 表
教学过程设计	懈地学习,进而成为"君子",知明且行无过,强调后天学习的重要性。 最后对全文进行总结:《劝学》是《荀子》一书的首篇,开篇提出中心论点"学不可以已",文章从学习的意义、作用、学习的方法态度等多个角度阐释这一观点,同时运用比喻论证和对比论证,全面而深刻地阐述了对于学习的认识。	子",知明且行无过。 回归主问题:如果你是荀子要劝学的对象,能否被说服? 从而对全文进行总结:一篇文章论证的说服力还要有充沛的情感,而且要有较强的针对性,针对现实,针对读者,才能收到更好的说理效果。 升华问题:荀子就他所处朝代所关心的问题撰文立言,发表"劝学"之说。他的劝学主张对于当今的我们有着怎样超越时代的经典意义呢? 在新的时代背景下,又有哪些需要我们赋予新的内涵呢?

上面两种教学过程的设计都非常注重问题的设置,通过设置问题引发学生思考,推进教学活动,完成文本解读。"方式一"完全按照教学过程、按照文本内容的先后顺序来设置问题,思路清晰,但各问题之间的关系是平行的、并列的、线性的,所以教学过程比较平淡,师生、生生的思维碰撞不够强烈,灵感的火花闪现不够。"方式二"在设置问题时,很注重问题之间的主次、层次,注意问题之间的结构、联系,形成立体的问题架构。设置问题对教学内容有所取舍,重点、难点更加凸显,且由主问题纲举目张,并且注重思辨性问题的设置,教学的深度和张力都大大增强。这样的教学过程,不再只是文本的解读、文字的欣赏,更是师生、生生之间一次思想的突围,教者、学者、作者的灵魂跨越时空的穿越和同生,这样的语文课堂才能使师生进入到"夫子循循善诱,博我以文,约我以礼,欲罢不能"的境界。

(三) 教学问题的设置艺术

"语文素养"作为语文课程的目标理念,要求语文课程的内容能够提出基于生活真实情境的语文问题,能够提供需要解决的具有一定复杂性的语文任务,并以此启动学生的思维,帮助学生在解决问题的过程中活化知识,变事实性的知识为解决问题的工具。语文素养的形成和发展,还要求语文教学应该设计重大任务或问题以支撑学习者积极的学习活动,帮助学习者成为学习活动的主体;设计真实、复杂、具有挑战性的开放的学习环境与问题情境,诱发、驱动并支撑学习者的探索、思考与问题解决的活动。

从问卷调查中学生对课堂教学问题设置的诉求及笔者着意进行的教学实践,再加上数不清的语文课堂教学的案例,我们可以知道,有"疑"有"问"的课堂更能调动学生学习、品味的兴味,而课堂教学中问题设置是有优劣之分的,且课堂问题设置的优劣,在一定程度上决定着课堂教学的质量和学生思维的发展。

优化了的教学问题设置应当具备如下特点:略高于学生智力和知识发展水平,以激发学习的欲望;富有启发性,并能使学生自省;能有助于实现各项具体目标;表现教师对教学内容的深入研究;力求语言建构发展与思想内容理解的统一。它不仅仅是一句话、一个设问,更是一种思维的提示、一段情感的线索、一篇长文的核心,一经提出整篇文本便通体透明,形神俱出。

从学习心理学角度看,优化的教学问题设置应使学生处于以下几种心理状态:(1)有一部分答案,但不完整;(2)有解决问题的思路和方法,但没有答案;(3)虽一时不能回答,但有回答的自信心。[1] 这种状态正是使学生处于"愤"与"悱"的境地,处于"心求通而未得,口欲言而未能"的时候,此时设问,才能收到"启"和"发"的效果。

也就是说,课堂教学的问题设置是有很多技术、艺术含量的。那么,在高中语文教学中,如何科学、合理、艺术地设置教学问题呢?

1. 问题设置要有目的性

在课堂教学中问题设置的目的性,主要表现在以下几个方面:

(1)要精准地指向教学目标

任何教学活动都应该以大纲为准绳,以教材为依据,以学生为核心,制定出切实可行的课堂教学目标,这就要求教师在设置课堂问题时,要紧扣教学目标,围绕教学目标而展开。教学目标是一切问题的出发点和最终归宿,问题设置要注意对教学目标的向心性。根据布卢姆对认知领域的分类,我们已把教学问题也相应地分为从低到高的六大类,即知识性问题、理解性问题、应用性问题、分析性问题、综合性问题、评价性问题。[2] 如果教学目标是要求学生记住事实性知识,比如文言文词法和句法的教学,教

---

[1] 傅道春.教师行为技术[M].哈尔滨:黑龙江教育出版社,1997:102.
[2] 转引自曹明海,钱加清.语文课程与教学论(修订本)[M].济南:山东人民出版社,2015:131-132.

师可设置知识性的问题；如果教学目标是发展学生分析解决问题的能力，教师应多设置分析性、综合性的问题。

《在马克思墓前的讲话》是恩格斯为其亲密战友马克思写的悼词。恩格斯高度评价了马克思的功绩，表达对马克思的崇敬赞美和深切悼念之情。作为演讲史上的经典之作，为我们诠释了时代使命与个人抱负的要义。我们确定本文教学目标之一是认识马克思的丰功伟绩，体会恩格斯的赞美和怀念之情。为此，我们设置了"马克思究竟首先是思想家还是革命家"或"在恩格斯看来，马克思最主要的贡献是什么"这样的问题，就是直指教学目标的分析性、综合性问题。

余映潮老师执教的《老王》一课，可以说是目标导引下的一堂高效教学，其中的问题设置也鲜明地体现了精准指向教学目标的特点。余老师将这堂课定位为散文欣赏课，教学目标为多角度的散文欣赏能力训练和感受文章所表现的心灵美。围绕教学目标，余老师设置的教学问题是：① 课文第一段表达作用欣赏；② 课文铺垫手法欣赏；③ 课文详写部分的语言欣赏；④ 课文最后一段的意蕴欣赏。这四个问题为学生解读文本和参与课堂提供了很好的平台，既是教学目标，又是教学终点。一位听了余老师这堂课的老师深有感触地说："余老师的课最大的优点是教学目标，同时教学环节紧扣教学目标，活动形式多样，或读或概括或探究或发现比较，不一而足，但又不脱离教学目标，可以说轻负高效，符合学生的认知规律。"[1]

（2）要有力地强化教学重点

"教学重点好像是统管数十盏电灯的'总开关'，是能够接通数十部电话的'总机'，是四通八达的交通'枢纽'，因而是学生在学习上融会贯通的'枢纽'。没有重点，就不可能有真正的教学质量。"[2] 对教学问题的设置来说，掌握重点尤其重要。在有限的时间里，抓住重点，突出要害，才能做到牵一发而动全身。

如苏轼的《石钟山记》作为一篇游记散文，其最主要的写法是借记游而明事理，对这一写法的认识和理解便是本文教学的重点。前文所举的教学案例中"本文作为一篇游记散文，因何事？寓何理？在作者看来，世人为什么不能准确知道石钟山得名的由来（'所以不传'的原因）"等问题的设置，就是在有力地强化教学重点。

但并非所有的课堂教学问题都是能够突出重点的。比如，有一位老师教学《种树

---

[1] 魏本亚,尹逊才.十位名师教《老王》[M].上海：上海教育出版社,2014：17-19.
[2] 胡克英,吕敬先.小学教学简论[M].长沙：湖南教育出版社,1983：186.

郭橐驼传》，在完成字词疏通之后，一段一段进行文本分析，每一段都提出了一些问题。第一段，他提出了三个问题：① 本段传什么？② 介绍身世侧重介绍名字，"驼"并不雅，为何驼要自称？③ 驼自信什么？第二段提出的问题是：① 驼种树本领如何，从哪些地方可以看出来？② 本段写驼种树本领全面高超，是种树行家，用了什么方法？第三段的问题有：① 郭橐驼总结的种树方法是什么？他认为种过后应采取什么态度？他对自己取得的成绩是如何评价的？② 其他种树的人往往怎样做？结果如何？③ 本段用了什么方法传驼？这篇文章的教学重点应该是郭橐陀种树之道与为官之理之间的联系，也就是文章类比手法的运用。这位老师设置的问题很多，但很零碎，没能强化教学重点，教学效果必然会大打折扣。

(3) 要顺利地推进教学过程

于漪老师在《语文教师的使命》一文中强调，语文教师的课要上得一清如水，教学思路要清晰，教学线索要分明。[1] 在教学过程中设置问题，是非常显性的教学思路、教学线索推进的体现。在教学过程中设置的问题要能够起到上下勾连、环环相扣的作用，要能够顺利地推进教学过程，使教学过程轨迹清晰，轮廓分明。

《劝学》案例"方式二"中的问题设置，对推进教学过程，并且对教学内容层层深入、剥丝抽茧地展开就能够起到推动作用。例如"运用大量比喻进行说理是《劝学》一个十分突出的特点，你觉得这些比喻能否阐明'学不可以已'的抽象道理？"就是由前面探究文本论证结构和各部分逻辑关系的基础上，且在师生明确一篇文章论证的说服力首先表现在条理清晰、逻辑严密上之后，教师引入探讨的问题。并进而分解两个问题："自主评价荀子运用比喻说理的效果是生动形象还是繁杂啰嗦？以课文第二、三段为例，探究荀子比喻说理具有怎样的特点？"而后继续追问："荀子用大量比喻阐述观点的原因是什么呢？这些比喻运用是不是都很严密呢？"从而环环相扣，引导学生探究古人设喻说理的文化传统，并对荀子比喻说理进行思辨性评价，这样自然把师生的探究思路推进到对一篇文章的说服力还表现在论证的充分上来。

2. 问题设置要有层次性

前苏联心理学家维果茨基认为："只有走在发展前面的教学才是良好的教学。否则，只有充当发展的尾巴。"在教学中把握好问题设置的层次，能够使设置的问题一浪

---

1 于漪. 语文的尊严[M]. 太原：山西教育出版社，2014：167-168.

推一浪,引发学生思考,实现课堂教学最优化。

(1) 讲究主次

课堂教学问题的设置不能平均用力,像《劝学》案例中"方式一"的问题设置,虽思路清晰,但所设置的问题都是线性的、块状的,问题之间的关联性和层进性不是很凸显。课堂教学中设置的问题要有主次之分。

所谓的"主问题",是指对课文阅读教学过程起主导和支撑作用,具有整体参与性,能引发学生思考、讨论、理解、品析、创造的重要的提问或问题。余映潮老师说:"'主问题'是阅读教学中立意高远的有质量的课堂教学问题,是深层次课堂活动的引爆点、牵引机和黏合剂,在教学中显现出'以一当十'的力量,具有'一问能抵许多问'的艺术效果。"[1] "主问题"对课堂教学起着提纲挈领、牵一发而动全身的作用。"主问题"的设置途径很多,可以从文眼入手、从文体入手、从主题入手、从结构入手等等。但无论何种方式设置主问题,必须能够整合并带动文章局部的细节内容,指向文本的关键处、核心处;必须能够化繁为简,突出重点,分解难点;必须能够引发学生持续的深入的探究活动,挖掘并填补文本的空白,进行思维的碰撞和新的建构。

所谓的"次问题",即围绕主问题设置一些分解问题、支问题,形成有纲有目、立体的问题架构。如《劝学》案例中"方式二"的问题设置就很注重主次。整个教学过程由"《劝学》是荀子劝人学习的,如果你是荀子要劝学的对象,读完这篇文章,你会被说服吗?"这个主问题统摄并贯穿。在主问题统领下,教者又设置了三个支问题。此外,教者还非常注意对支问题进行分解和追问,这样就会围绕主问题,由点到面,层层深入地对文本进行剖析,引发学生的探究欲望,最后达成最终的教学目标,即对议论性文章说服力的认识和体悟。

(2) 关注难易

《学记》中说:"善问者如攻坚木,先其易者,后其节目。"这是课堂教学问题设置应遵循的一条重要原理。

首先,教学内容有难易的差异。像《芣苢》《插秧歌》这样的文本,相对于《阿Q正传》来说,文章的蕴含要浅易些;像《石钟山记》《游褒禅山记》《师说》等文章的主旨,相对于《兰亭集序》《百年孤独》要显豁一些。其次,教学对象的认知水平和思维能力也有

---

[1] 余映潮.论初中语文教学提问设计的创新[J].语文教学通讯,2003(14):4-7.

差异。所以课堂教学问题设置要关注难易，讲究坡度，体现层次性，也就是要设置有梯级的问题，由浅入深，由易而难，激发学生的深入思考，步步推进地解决问题。例如，学习易卜生的戏剧《玩偶之家》时，如果这样问："娜拉走出家门对当时社会有什么现实意义"，学生可能难以回答。如果教者能够随机应变，采用搭梯子分层次设问法，化难为易，会避免陷入"启而不发"的境地。可以先问："娜拉受到海尔茂无微不至的保护，为什么要坚持'出走'"，从而理解娜拉对独立人格和自我独立意识的追求。再问："娜拉从'玩偶之家'的最终出走，可以看出当时欧洲社会是一个什么样的社会现实"，学生会回答出"当时的欧洲，'法律''道德''荣誉'等各方面，均以男性观念为社会主导"。在这两个问题基础上再去解决刻画娜拉形象的现实意义的问题，就水到渠成了。这样化难为易，符合学生的认知实际，也加深了对作品的理解。

（3）兼顾点面

语文教学从来就不是单边活动，而是教师、学生、文本互相交融的多边活动，所以课堂教学的问题设置要兼顾到点与面。

一是教学内容的点面。既要照顾到对教学内容的覆盖面，又要找准基点，设计亮点，从而在突出重点、化解难点上作文章。例如学习白居易的《琵琶行并序》时，小序中"铮铮然有京都声"中的"京都"二字，对解读白居易的人生际遇、人生感慨，与琵琶女之间同为天涯沦落之恨，又互为慰藉之情有着千丝万缕的关系，抓住这个问题点放射出去，引发学生思考"京都长安对白居易来说意味着什么？有着京都之音的琵琶乐曲对白居易来说为何如此动人心扉？何至于最终引得江州司马青衫湿"等问题，从而激活学生的思维，一步一步向主旨迈近。

二是教学对象的点面。教学终究是面向全体学生的活动，所以教师设置课堂问题应面向全体学生，对不同智力、性格、性别、家庭背景、课堂座位、自愿程度的学生设置均等的问题，以使尽可能多的学生参与对问题的思考，调动全体学生的热情，实现全体学生的共同发展。但教学对象毕竟存在着个性差异，学生基础不同，理解能力不同，思维方法不同，这些都要求设置问题时要充分考虑学生这些"点"的特征，根据学生实际，把学生分为几类，设置不同层次的问题，由不同层次的学生思考解决。这种点面结合的问题呈现方式，既顾及全体，又让每个层次的学生都有可能思考解决的问题，产生成就感。

3. 问题设置要有诱发性

若干心理学研究也表明，在学生大脑皮层兴奋最高的时刻，教师恰到好处的质疑问难,能有效地触发学生旺盛的求知欲,动员起他们积极思维的内部诱因,收到事半功倍的效果,这就是"不愤不启,不悱不发"的道理。要使问题设置具有诱发性,应符合如下要求:

(1) 要切合学生的思维规律

学生的思维遵循着由浅入深,由已知向未知延伸的规律。因此,设置问题要切合学生的思维规律,使学生的思维一步步地受到启发。例如苏轼的《石钟山记》一文中,作者在实地考察石钟山得名的原因时,发出了"三笑",如果我们直接发问:"这'三笑'分别表达了作者什么思想感情?"学生恐怕很难跨越问题的鸿沟。但如果我们按照学生思维的规律,由低到高,由局部到整体地设置如下问题:"苏轼的三次'笑'分别在什么场景? 具体笑的内容是什么? '三笑'分别表达了作者怎样的思想感情?"如此一问,能够诱发学生的思考,从而循序渐进,逐步达到最后问题的解决。

(2) 要激活学生的思维兴趣

思维流畅是创造醇美语文课堂的重要标志,一堂课是否能给人一种美感,是否能让人感受到一种谐和之美,首先可从学生思维的活跃、流畅度上加以评判。而兴趣本身就是思考的动力。正如亚里士多德所说:"思维是从惊讶和问题开始的。"设置问题的高明之处,在于引发学生的兴趣。所以,找准学生的兴趣点,创设情境,制造悬念,设置富有情趣、意味和吸引力的问题,以引起学生强烈的好奇心和求知欲望,无疑是一条有效的策略。于漪老师在教授《孔乙己》一文时,就很注重激活学生的探究兴趣。她先问"孔乙己叫什么?"学生不假思索地回答"叫孔乙己"。于老师又问:"孔乙己是他的名字吗?"学生稍一沉吟,回答道:"是绰号。"于老师又紧问一句:"孔乙己读了一辈子书,为什么连个名字都没有?"学生面对这个"反常"现象,陷入了沉思,思维被激活了。此时进行教学,会收到更好的效果。

(3) 要展现学生的思维过程

《学记》云:"故君子之教,喻也。道而弗牵,强而弗抑,开而弗达。"这段话告诉我们,在课堂教学中不要牵着学生的鼻子走,不要抑制学生思考的愿望,不要急于奔向问题的结果,而要让学生展现思维的过程。为此,至少要做到两点:时间上给足;空间上留白。外国教育家非常重视"请给一分钟",就是说教师设置问题后要给学生充分准备的时间,学生有了充分的时间准备,才有可能针对问题积极思维,思维能力才能真正得到提高,课堂设问才有效果。空间上留白,就是教师在设置问题时不能追求一网打尽,不能设置得太满,要给学生留下思考的余地,让学生有所问,有所思。

4. 设问方式要有灵活性

苏霍姆林斯基曾说:"教育的技巧并不在于能预见到课堂的所有细节,而在于根据当时的具体情况,巧妙地在学生不知不觉中作出相应的变动。"[1] 前面关于课堂教学问题设置的艺术,更多关注的是在课堂教学过程中如何设置问题,设置什么样的问题。其实,课堂教学中设置问题的本质是师生之间的对话,体现师生、生生的互动、探究与交流,在这一过程中,设置的问题不可能都是老师预设的,也不可能一个问题就能抵达文本的内核。在师生之间围绕问题对话互动的过程中,存在着设问方式的动态生成,灵活应变,也就是说,除了注重设置问题,还要讲究追问、转问、曲问、逆问等多种高级设问技术。

《中小学教师专业发展标准及指导·语文》一书中对不同成长阶段的语文教师从专业基础、专业实践两个维度,健全人格与职业道德、学科与教育教学专业知识、促进学生的学习与发展、教育教学研究与专业发展等四个领域共 20 个方面提出了具体的专业标准。在教学问题设置方面也分阶段提出了不同的标准要求:

表3-3 不同成长阶段语文教师实施有效教学活动时提问的行为指标

标 准	结 果 指 标		
	从新手到熟练	从熟练到成熟	从成熟到卓越
实施有效的教学活动	课堂提问精当有序,追问灵活有效	掌握转引、提示、深化、转问、反问、回问等高级提问技术	高度关注学生的学习表现,具有敏锐的洞察力与机智的反应能力

由上表可以看出,不同成长阶段的教师都应掌握并能够灵活运用课堂设问的一些技术技巧。

其实,在课堂教学中,"问"的技巧是无法穷尽的。成熟的老师会根据课堂教学的实际情况,灵活地运用一些"问"的技巧,从而有效实施课堂教学的转引、提示与深化。

---

1 苏霍姆林斯基.给教师的建议[M].杜殿坤,编译.北京:教育科学出版社,1984:227-228.

（1）有效追问

追问是教师在学生回答问题过程中或者问题回答结束后的富于启发的动态连续性设问，是"下一个"教学步骤和教学策略，"追问集中体现了老师的教学素养和教学机智，是老师教学业务水平和能力的集中体现。更重要的是，只有追问可以最为及时地启发和激发学生的思维，拓宽思维的宽度，掘进思维的深度，提升思维的高度和品质。"[1]语文课堂的有效追问起始于学生现有的发展水平。根据学生回答问题的情况，进行灵活有效的追问，对困难者起支架作用，对优秀者起深化和拓展作用，从而使学生完成由此及彼、由浅入深的思维发展。

下面来看一位特级教师执教《装在套子里的人》的一个片段：[2]

◎师：我们一起来思考一个问题，这篇小说在翻译时，标题有两种译法，还有一种译法为"套中人"，现在大家比较一下哪个更好。（学生分组讨论）我们分别请一个代表发言。先请认为"装在套子里的人"好的代表发言。

●生：我认为这个"装"字非常重要。

◎师：为什么呢？

●生：因为一个"装"字告诉我们，别里科夫成为套中人，不是他自己的责任，是别人，是沙皇专制制度的罪恶。

◎师：同学们，这两种不同译法的标题或许各有千秋，但这个"装"字的作用确实不可忽视，它点明了小说深刻的主题。告诉我们，别里科夫成为套中人固然有自身的原因，但更重要的是专业制度对知识分子的压制和毒害。可见作者的矛头不是指向别里科夫，而是指向——

●生：沙皇专制。

◎师：同时，更深刻地告诉我们，别里科夫也不是个别现象，而是——

●生：一类人。

◎师：从什么地方可以看出，别里科夫是一类人呢？

●生：课文最后。

◎师：好，我们一起来看小说的结尾。这段话四个句子有两层意思，大家看表示两层意思的过渡词语是什么，两层意思的重点又是什么。

1　严华银.严华银讲语文[M].北京：语文出版社，2008：53.
2　佘蜀强.浅谈语文课堂有效性追问的效益与实施策略[J].教育研究与实践，2011(5)：36-38.

●生:"可是"。

◎师:从这个过渡词语可知意思的重点在前还是在后?

●生:在后。

◎师:在哪一句?

●生:在最后一句。

别里科夫的劣根性不是个例,而只是根植于社会深层土壤中扭曲人性的代表。上文中的老师从不同标题优劣的比较入手,让学生认识到"装"的深意:"……但更重要的是专制制度对知识分子的压制和毒害。"作者的写作意图又在哪里呢?老师连用两个"不是……而是……"引导学生得到"一类人"的认识,随后进一步解读文本,追问"从什么地方可以看出,别里科夫是一类人呢",最终在文尾完成了回归文本并印证学生认识的完美演绎。

这样的追问不仅解答了学生对文本理解的困惑,而且直达学生思维的纵深,碰撞出闪亮的思维火花。这样的追问既是教师教学素养、教学机智、教学水平的集中体现,又是学生在教师引导下的一个"再创造"的过程。

(2) 机智转问

我们在课堂中经常会见到这样一些现象:面对教师的提问,当一位学生不会回答时,教师会说"你再坐下想想";当一位学生回答不全时,教师会说"谁来帮帮他";当学生的回答不在教师的课前预设中或者一下子不知道对还是错时,教师会说"他的想法对不对呢?有没有道理呢?有兴趣的同学下课后去研究研究";当学生答非所问时,教师会提醒"再想想,老师提的是什么问题"……不知道我们的教师注意到没有:这些学生或很"识相",或这节课就一直低着头,或再也没说过一句话。这时,我们的教师是否想过:是什么原因,又是谁让这位学生一直低着头?怎样能让他的头重新抬起来呢?

在这些微小的"细节"中,只要教师稍微用心些,掌握一些"接话"的艺术,站在学生的角度去体会、感受学生,一定会收到"一石激起千层浪"的效果,且会帮助学生找回自信,激发思维,唤起学生对知识的探究热情。课堂教学中机智地转问,不失为一种有效的办法。

所谓转问,即在课堂教学中当学生或没有认知,或思维岔开很远,或"答非所问"时,教师根据学生的回答巧妙地转个话题提醒学生的一种课堂设问技巧。下面来看一则巧妙转问的案例。

某位教师执教《少年闰土》的教学片段：[1]

教师让学生集中阅读涉及闰土的肖像描写，然后提问：少年闰土是个怎样的孩子？

● 生：不知道。

◎ 师：没关系。你先看看，闰土紫色的圆脸说明了什么？

● 生：说明他是一个日晒雨淋、健康的孩子。

◎ 师：对。闰土头戴小毡帽又说明什么？

● 生：说明他是一个浙江农村的孩子。

◎ 师：很好，为什么闰土颈套银项圈？

● 生：这说明父母非常疼爱他。

◎ 师：现在，你能说出闰土是怎样一个孩子了吧？

● 生：闰土是一个健康的、深受父母疼爱的浙江农村的孩子。

说实话，在教学过程中，教师设置的教学问题有的学生不能作答或答非所问的情况是时有发生的，在这种情况下，教师应该怎么做呢？上文案例中回答"不知道"的学生，是因为对闰土的形象特征还缺乏一定的分析概括能力。这时候，如果教师马上换一个学生提问，不但失去了一次个别指导的契机，而且还会使这个学生产生挫败感。案例中的老师循循善诱，通过拆分原文的具体描写，一步一步地引导被提问学生理解和概括闰土的形象，这就是教学实施过程中的转问的技巧。

机智的转问，不仅可以顺利地推进教学过程，而且会在不知不觉中保护学生的自尊心，激发学生参与教学活动的积极性。

如果说追问能够体现一位教师的专业素养和专业水平，那么，转问更能彰显教师的仁爱情怀。

此外，还可以灵活运用直问与曲问、正问与逆问（反问）相结合的课堂设问的技巧。

直问，就是直截了当地问，问的主旨在直接答案。这种设问题意明确，学生便于把握，容易回答。比如教师要引导学生分析小说中的人物，就可直接设问："小说中写了哪些人物，主要人物是谁？文章是从哪些方面刻画人物的？"这种设问方式应用十分普遍，但这种问法直来直去，缺少趣味性和启发性，所以要注意与曲问的配合使用。

---

[1] 中小学教师专业发展标准及指导课题组.中小学教师专业发展标准及指导·语文[S].北京：北京师范大学出版社，2012：105.

曲问,是一种迂回的问法,问在此而意在彼,本意要解决甲问题,却故意绕个弯,从另一个角度提出乙问题,学生解答了乙问题,甲问题也随即得到解决。如《愚公移山》中有一句:"邻人京城氏之孀妻有遗男,始龀,跳往助之。"其中,"孀妻""遗男"等需要学生理解。钱梦龙老师讲到这儿设计了一个非常好的提问。他没有直接问"孀妻是什么意思? 遗男是什么意思?"而是采取曲问的方式:"这个年纪小小的孩子跟老愚公一起去移山,他爸爸肯让他去吗?"[1] 这样一问,学生兴趣盎然,最后弄清楚这个孩子没有爸爸,他母亲是个寡妇,他是个孤儿。同一问题,换个角度,拐个弯设问,引起学生兴趣,活跃了课堂气氛,大大加深了学生对"孀妻""遗男"的理解。

正问就是顺着教学内容、教学思路正面提出问题,这种设问方式也是课堂教学中常用的。但有的时候,不直接从正面来问,而是从相反的方面提出假设,更能增强问题的刺激性,更能引发学生的兴趣和思考。如钱梦龙老师上《石壕吏》一课时这样问:"有人认为《石壕吏》不是一首好诗,因为诗人杜甫在这首诗里始终是一个冷漠的旁观者,没有出来表过态,你们同意这个观点吗?"学生纷纷从诗中寻找依据,展开激烈的讨论。从矛盾的对立面逆问,从反面入手,吊足胃口,能产生"一石激起千重浪"的效果。[2] 而且,这种逆问能激发学生的深层思考,有其他方式不可替代的作用。

四、问题设置,我们在行动

通过以上的分析,我们知道,在语文课堂教学中讲究问题设置艺术,是增强教学效果,提高教学质量和学生思维能力的有效途径,是必要的。那么如何才能使之可行呢?

统编初高中语文教材提倡以"学习任务群"为中心的大单元教学。学习任务群的设计,旨在引领语文教学的改革,以自主、合作、探究性学习为主要学习方式,改变课文内容分析式的教学思路,从知识学习走向任务,走向问题解决。相应地,课堂定位、教学策略与学生的学习行为、课堂空间与时间、语文教师的功能角色都将发生变化。[3]

语文教学的过程虽然是教师、学生、文本多方交融的过程,但语文课堂问题设置的

---

1 曹明海,钱加清.语文课程与教学论(修订本)[M].济南:山东人民出版社,2015:132.
2 转引自许书明.钱梦龙充满智慧的"问答"艺术[J].中学语文,2013(10):11-13.
3 王宁,巢宗祺.普通高中语文课程标准(2017年版 2020年修订)解读[M].北京:高等教育出版社,2020:196.

质量,说到底就是语文教师的质量。语文课堂教学问题设置艺术能否实现,关键取决于教师因素。那么,要使课堂教学有艺术地设置问题得以实现,基于教师视角要对语文课堂做哪些优化呢?

(一) 教师要真正实施"以学为主"的教学方式

心理学家威索尔经观察发现,当教师倾向于以教师为中心,并使用相应的语言时,课堂处于防卫的气氛,班级成员消极被动,心神不定,萎靡不振,教学效果差。[1] 新课程强调以核心素养为本。素养是指向复杂现实问题的,是综合性表现,凸显学生是学习的主体和原点所在。基于这样的课程理念,课堂教学改革的根本任务之一就是促进从"以教为主"向"以学为主"的转变。[2] 教师在教学过程中必须尊重学生的主体地位,张扬学生的个性,促进学生知识和人格的自我完善。在问题设置时,要将心比心,始终站在学生的角度,以开发学生智力、培养学生能力为出发点,让学生自主地提出问题、分析问题、解决问题,引导他们体验发现问题、解决问题的过程。

(二) 教师要努力彰显"学习任务群"的课程价值

学习任务群是新课标语文课程结构的核心关键词,必修、选择性必修和选修三类课程由 18 个学习任务群支撑。学习任务群注重整合性,"学"不只是知识,更是对知识的结构化认知,学习任务群不仅是学习情境、内容、资源的整合,而且是语言运用、问题导向、跨文化和跨媒介运用等的整合,最终以学习项目的形式呈现;学习任务群凸显实践性,"习"不只是练习,更是践行,旨在打破以讲解分析、知识训练为主,学生被动参与的传统课堂模式,所有课程内容聚焦真实情境下的实践活动,学生在自主、体验和探究活动中完成项目任务,促进合作学习和深度学习的发生,回归母语教育的本真。

学习任务群强调的是探究、研习以及研讨,任务群教学需要学生积极参与到任务的分析与完成中,因此,彰显学习任务群的问题设置,需遵循学习行为取向,通过情境

---

[1] Withall, G. John. Development of the Climate Index[J]. Journal of Education Reasearch, 1951, 45: 19-28.
[2] 王宁,巢宗祺. 普通高中语文课程标准(2017年版2020年修订)解读[M]. 北京:高等教育出版社,2020:197.

将不同层次的问题综合在一起,问题不再拘泥于通过思考就能找到答案的常规问题,而是将学习任务细化为系列大问题,促进学科内容与日常生活紧密相连,激发学生的参与感,加深学生研讨、研习的范围以及深度,通过阅读与鉴赏、表达与交流、梳理与探究等语文学习活动,真正实现知行合一,落实语文学科核心素养。

(三)教师要着力构建指向"学习共同体"的师生关系

美国心理学家罗杰斯指出,有利于创造活动的一般条件是心理安全和心理自由。[1] 新课标把学习活动界定为社会认知活动,主张教师要努力构建学习共同体。在学习共同体中,师生一起确定学习任务、制定学习目标、完成学习活动、评价学习结果,学生作为认知活动的主体,不仅学到了知识,还学会了理解、尊重与合作;教师在建构与维护学习共同体的过程中,既学会了教学,也学会了理解与尊重,结果指向师生的共同发展。[2] 指向学习共同体的师生关系,有利于学生对学习产生安全感并能真实地表现自己,充分表达自己的个性,创造性地发挥自己的潜能。

指向学习共同体的问题设置,一方面要求教师以透彻把握课程内容为前提,才能基于任务群的要求,从丰富的学习资源和社会生活中提炼指向学习任务的大问题,精心设计学习活动,实现由静态的"问题思考"走向情境化、综合化的"任务解决";另一方面,要求教师深入了解学情,基于学生的个性特征与能力偏向,精心预设学习活动中可能出现的问题,营造和谐的课堂气氛,师生之间的讨论、对话,均能以诚相待,学生被绷紧的神经得到最大限度的放松,思维也将处于最活跃的状态,无拘无束、畅所欲言、各抒己见,精辟的见解、智慧之光将会闪亮,享受到了"自由"的快乐,认知能力与各种素质也在不断的交流、碰撞中得到了提高。

(四)教师要积极践行"学科育人"的课程文化

从语文学科偏于形象思维的特点出发,"情"是语文教学的灵魂,任何没有动情的语文教学,都不会产生感人的艺术力量。于漪老师曾经说过这样一段话:"一个语文教师当自己对课文中思想内容的深刻理解和育人的崇高职责紧密相碰的时候,感情就会

---

1 转引自王池祥.构建和谐课堂,培养乐学兴趣[J].新课程(中),2011(3):30–31.
2 王宁,巢宗祺.普通高中语文课程标准(2017年版2020年修订)解读[M].北京:高等教育出版社,2020:280.

发生'井喷',势不可遏,课堂上就会闪烁火花,产生能量,使学生思想感情发生共鸣。"[1]教师在教学中所倾注的感情,使语文教学的生动形象性得到充分的展示和升华,对教学境界美的形成起了决定性作用。

课堂中教师的问题设置是有目的的,在问题设置中,如果能带上一定的情感倾向,对学生理解文本的思想内容是有极大帮助的,也能带动学生的情感倾向。在语文课堂中要用一个"情"字贯穿始终,要让学生"入情",教师首先必须"动情",只有先"动情"于己,然后才会"辞发"。

总之,作为语文教师,要在课堂教学中适时适度、富于艺术技巧地设置问题,较好地展现语文课堂教学中教与学、疏与密、缓与疾、动与静、轻与重的相互关系,使语文课堂波澜迭起,抑扬有致,成为能给师生带来思维和审美享受的艺术。

---

[1] 于漪.于漪语文教育论集(第一版)[M].北京:人民教育出版社,1996:117.

第四章　醇美语文的支点
——醇美语文与师生关系

在"琴瑟友之"的和谐之美中学习语文,完成学识与人格的共同成长,这是我们追求和向往的境界。和谐的师生关系,支撑起语文课堂美丽的天空。

一、师与生,教学的缘起

二、教与学,创生和谐

三、和谐与否,关系重大

四、和谐师生关系,从师出发

任何教育教学活动的顺利实施总要依托于一定的基础之上，总离不开一定的环境条件。

环境，指周围的情况和条件，实际上是有关事物交织而成的综合体，既有物质的，也有精神的，它们交相织合和影响，形成有形或无形的"场"，深刻地、无所不在地、无微不至地影响着"场"内的主体活动。[1]

教育也有环境问题，教育环境的好坏对教育的成败至关重要。师生关系是教育教学过程中最基本、最主要的，也是学校伦理组织中最经常、最重要的人际关系，因此，长期以来师生关系问题一直是教育理论和实践关注的焦点，也是教育教学改革的重要方面。

语文教育是教育中的一部分，教育环境深刻地影响着语文教育，语文教育对师生关系这一环境要素有着高度的敏感性。语文学科工具性与人文性统一的学科性质，决定了语文的教学过程就是教师与学生、学生与文本、学生与学生之间心灵碰撞、情感交流的过程，语文的课堂是师生共同发展的"美丽之旅"。而这种美的境界不是凭空的、无端的，它是以和谐融洽的师生关系为支撑的。使学生在一种"琴瑟友之，钟鼓乐之"的"和谐"之美中进行语文学习，完成学识与人格的共同成长，这是每一位语文教师都应努力追求和向往的境界。

"和谐"一词起源于希腊文 havmonia，原意为联系、匀称，是指事物之间的配合和协调，也指多样性的统一。也有人认为"和谐"指一个完整的系统与外部客观世界或者其内部各要素之间的关系处于一种相互平衡的状态。从心理学的角度看，和谐是"美好事物的基本特征之一，指事物和现象各方面完美的配合、协调和多样性的统一，在心理机制上使人愉快、满足，并唤起人们对生活的热爱"，"和谐不是事物各个分散部分外在的联合在人感知中的印迹，而是他们基于本质联系的内外统一和相互渗透通过感知在人的情感和理智中产生的一种积极反映。"[2]

数理化等学科也需要有良好的师生关系，但对于语文学科而言，仅仅如此是远远不够的，语文学科追求更高层面、更高意义上的和谐师生关系，那就是心灵与心灵的和谐，生命与生命的和谐，这种和谐的关系就是美。在师生和谐的关系中，中学语文课堂教学才能提升到一个审美的境界。

如此，和谐的师生关系，是醇美语文课堂的支点。

---

[1] 李维鼎.语文言意论[M].上海：上海教育出版社，2000：268.
[2] 章志光，林秉贤，郑日昌.中国心理咨询大典[M].天津：天津科学技术出版社，2008：309.

一、师与生，教学的缘起

"关系"是指事物之间相互作用、相互影响的状态。师生关系即教师与学生之间的关系，是教育教学过程中人与人关系中最基本、最重要的关系，是对教育教学效果具有重要影响的特殊关系。它贯穿于教育教学的全过程，体现在师生生活的各个方面。

（一）师生关系的不同解读

关于"师生关系"这一概念的蕴含，可以从不同角度来解读：[1]

1. 主客体关系

认识论意义上的师生关系，即教师与学生是主客体关系。主体与客体是认识论上的一对范畴：主体是指实践活动和认识活动的有目的的承担者；客体是实践活动和认识活动所指向的对象。从这个角度来考察师生关系，国内曾经广为流行且为大家普遍认同的是"教师主导，学生主体"说，认为在教育教学过程中，教师起主导作用，而学生所处的主体地位是在教师指导下的主体地位。

2. 人际关系

社会学意义上的师生关系，即通常人们所说的人际关系。

"人际关系"是人与人之间在相互交往过程中所形成的比较稳定的心理关系或心理距离。[2] 从高层次来看，师生关系包含在整个社会的关系体制中；从微观层次来看，师生关系是教育过程中最基本的人际关系。师生人际关系就是在教师与学生之间沟通、接触等相互作用中形成并在这种过程中遵循的关系。师生人际关系具有如下特点：一是直接性，是在教师与学生直接的交往中形成的，没有什么中介；二是交互性，师生交往中形成的人际关系完全是双向的，具有强烈的交互性；三是情感性，师生的人际关系，虽然带有认知的性质，但主要是靠情感来维系的。

3. 教学关系

教学论意义上的师生关系最基本的表现形式是师生之间正式的、有组织的教学关

1　崔允漷. 有效教学[M]. 上海：华东师范大学出版社，2009：72－78.
2　皮连生. 学与教的心理学[M]. 上海：华东师范大学出版社，2006：26.

系,是教师和学生在课堂内相互传递信息、沟通思想和交流情感的过程。从这个意义上说,教学关系是构成师生关系的核心和前提,没有教师的教与学生的学,也就不存在师生关系。按照新的课程理念,教与学之间是一种共存共变的关系,教与学相互依存,相互促进,共同发展,是利益共同体。

(二) 现代师生关系的内涵

现代社会里人与人的交往,占支配地位的是以职业为纽带的业缘关系。师生之间的业缘关系是一种职业情感,它是以社会为本位的。

1. 师生关系首先是一种教育关系

教育关系是师生关系中最基本的表现形式,也是师生关系的核心。师生之间的教育关系是为完成一定的教育任务而产生的。这种关系是从教育过程本身出发,根据对教师与学生在教育活动中各自承担的不同任务和所处的不同地位的考察,对两者关系作出的教育学意义上的解释。一般来说,在教育活动中,教师是促进者、组织者和研究者,而学生一般是参与者、学习者,同时又是学习的主人和自我教育的主体。这种关系形式,并不随着教师和学生的主观态度而转移,而是由客观条件所决定,并且在教师和学生的积极活动中得以表现。在教育关系中,教师与学生的活动中心都与教育目标有关,并体现学校教育工作的任务与特点。这种关系既应符合教育科学规律,又应体现教育创造艺术,既能为师生双方提供最大的发挥主体力量的空间,又能使双方的力量形成有效合力,从而使学生获得和谐发展。

2. 师生关系也是一种心理关系

师生之间不仅有正式的教育关系,还有因情感的交往和交流而形成的心理关系。心理关系是师生为完成共同的教育教学任务而产生的心理交往和情感交流,这种关系能把师生双方联结在一定的情感氛围和体验中,实现情感信息的传递和交流。师生心理关系是伴随着教育教学活动的开展而自然形成的,是教育教学活动中一种客观而基本的师生关系,它受到教育教学过程和结果的直接影响。由于教育教学活动是师生之间的互动过程,所以师生之间的心理关系在教育教学活动中也起着举足轻重的作用,并贯穿于师生关系的全过程,是师生关系的基础和条件。

3. 师生关系更是一种伦理关系

教育作为一种特殊的社会活动,折射着社会的一般伦理规范,同时又反映着教育活动独特的伦理矛盾,因此师生关系也表现为一种鲜明的伦理关系。师生之间的伦理关系是指在教育教学活动中,教师与学生构成一个特殊的道德共同体,各自承担一定的伦理责任,履行一定的伦理义务。这种关系处于师生关系体系中的最高层次,对其他关系形式具有约束和规范作用。作为现代教育伦理本性的具体化和集中表现,现代师生伦理关系应具有互相尊重、人格平等、促进学生全面发展、体现教育崇善的基本特性。

4. 师生关系还应是一种服务关系

从职能上讲,教师劳动的价值体现在教学效果上,而教学效果又主要表现为学生对学习内容内化的程度上。也就是说,从一个角度看,教师的教学行为决定学生的学习过程与学习效果;从另一个角度看,学生的学习效果是衡量和评价教师教学水平和教学能力的标准。为了树立良好的形象,实现自己的人生价值,每一个教师都希望自己具有高质量、高效率的教学效果。为此,"教"必须针对"学"。从这个意义上讲,教师只有把学生视为服务对象,并全心全意地为学生服务,才能有高效率的教学效果,才能最终实现自己的人生价值。

二、教与学,创生和谐

师生关系是随着社会的发展进步而发展变化的,语文学习的特征、语文知识的特点,以及课程改革对语文教师"语文教学的主导者、人文精神的弘扬者、民族语文的示范者、为人师表的教育者"[1]的要求,呼唤语文课堂教学中的师生关系应具有如下特点:

(一) 民主平等

语文教学的过程是教师与学生、学生与文本、学生与学生之间对话、互动、交往的过程,它必须基于民主平等的意识,注重形成教学中的"我—你"关系。"我—你"关系是奥地利著名的宗教哲学家马丁·布伯对教育中师生关系的理想追求,他认为人与人之间健康的、正常的关系应当是一种主体间的"我—你"关系,而不是彼此把对方看作

---

[1] 周庆元.语文教育研究概论[M].长沙:湖南人民出版社,2005:456-460.

是某种物品的"我—它"关系。[1] 在"我—你"关系中，每个人对于另一个人来说，始终是一个交往主体，是具有完整人格的"我"与"你"的相遇；每个人全心全意地与他人交往，但同时都保持着各自的独立性。

民主与平等包括知与情两个方面：从知的角度看，教师和学生只是先知者与后知者的关系，并不存在尊卑、高低、强弱；从情的角度讲，学生与教师一样，在人格上是独立的，每个学生都有着自己丰富的内心世界和独特的情感表达方式，都需要教师的理解和尊重。民主平等的师生关系实际上就是一种朋友关系、伙伴关系，这样的师生关系，真正地具有人性的光辉，它本身就具有极大的教育价值。学生是一切教育活动的主体，是我们教育时刻关注的对象，在教育和管理中，师与生始终保持着人格与心灵的对等地位，老师不仅是老师，还是教育者、管理者，更是学生成长的参与者和评判者。

新课标主张教师要努力构建学习共同体，在学习共同体中，教师与学生都要学会理解与尊重，[2] 语文学科的人文性决定了语文教学的显著特点是感知的直观、形象，高度的感染力，丰富的联想和想象。在语文教学中，这种民主平等的师生关系的含义是：师生双方并不是把对方仅仅看作加工或认识的对象，而是看作与"我"共同讨论文本或话题的"你"。在教学过程中，师生双方都是作为真实的完整的人，基于平等的人格而相遇，为了共同的教学目标而对话，各自的情感与理性、直觉与感觉、思想与行动、经验和知识等都真实地展现在对方面前，都参与到"我"与"你"的对话中，双方在理解中获得精神的沟通和经验的共享。在对话中，师生立足文本"召唤结构"进行开放性解读和阐释，各自敞开自己独特的经验世界、情感世界和精神世界，使各种不同的思想在解读交流中相遇，经过激烈的冲突、互渗的理解、彼此的包容、积极的接纳，把平面化的符号性文本，还原成立体多维的精神架构；从词语逻辑的缝隙中，释放出隐匿的丰富的精神力量。在这一过程中，学生是作为具有言语个性化和精神创造性的独立个体而参与到文本的开放性解读和自我意见的表达中的，因此，语文的课堂洋溢着一种民主、平等、自由、和谐的教学氛围。

---

1 转引自曹明海，钱加清.语文课程与教学论(修订本)[M].济南：山东人民出版社，2015：101.
2 王宁，巢宗祺.普通高中语文课程标准(2017年版2020年修订)解读[M].北京：高等教育出版社，2020：280.

（二）交互相容

心理相容是群体成员在心理与行为上的彼此协调一致与谅解，它是群体人际关系的重要心理成分，是群体团结的心理特征。从师生之间人际关系的角度看，师生心理相容是指教师与学生集体之间、与学生个人之间，在心理上彼此协调一致，并相互接纳。心理相容以群体共同活动为中介，以成员彼此对共同活动的动机与价值观的一致为前提。教师与学生之间虽然文化水平不同，但教师和学生的社会目标和根本利益是一致的。师生之间以教师教育活动为中介，彼此相互了解，观点、信念、价值观达到一致。交互相容的师生关系可以创造师生之间融洽的气氛，对维系正常的师生关系起着重要的情感作用，对维持教学秩序，保证教育教学任务的完成起着重大作用。

《普通高中语文课程标准（2017年版 2020年修订）》把语文课程性质界定为："语言文学是人类社会最重要的交际工具和信息载体，是人类文化的重要组成部分。工具性与人文性的统一，是语文课程的基本特点。"[1]这一性质的界定是长期实践探索中，语文课程自我认识的一次飞跃。值得注意的是，用"交际"一词为"工具性"定性。交际的工具只能在交际过程中掌握，语文学习必须强调交际参与者的主体介入，强调教学中的互动交流，李吉林老师说："我们的教学方式必须变革，要把教学过程变成师生交往，共同发展的互动过程。"[2]

作为一种特殊的人际交往，师生互动旨在让学生积极主动地思维起来，不仅要学生"在思维"，更要让他们"会思维"。语文课堂面临的一项艰巨任务就是，怎样把语文课上得生动感人，富于美的享受，让学生为之感动。因此，语文的课堂不仅要让学生"在思维""会思维"，语文课堂教学中师生互动成功的标志还应该是，使学生受到美的熏陶，增强对语文的学习兴趣，养成自觉的审美意识和高尚的审美情操。在具体的语文课堂教学中，师生的交互相容表现为外显的言语互动和内隐的情感互动。

1. 言语交互

教学的本质是交往，语文教学是以语言文字为介质的交往，语文课堂教学的师生交互相容更多是通过语言形式，以语文教材内容为核心展开的。肖峰在《课堂语言行为互动分析——一种新型的课堂教学研究工具》一文中指出："言语行为是课堂教学中

---

[1] 中华人民共和国教育部. 普通高中语文课程标准(2017年版 2020年修订)[S]. 北京：人民教育出版社，2020：01.
[2] 转引自乔闽苏. "师生互动"教学方式初探[J]. 新作文(教育教学研究), 2009(22)：66.

主要的教学行为,占所有教学行为中的80%左右,'课堂语言行为提供了整个课堂行为的充足的样本'。"[1]

语言是人们的交际工具,表情达意的工具,师生之间交流思想,沟通情感应有效地利用这个工具。苏霍姆林斯基有这样一段名言:"在拟定教育性谈话的时候,你时刻也不能忘记,你施加影响的主要手段是语言,你是通过语言来打动学生的理智与心灵的。然而,语言可以是强有力的、锐利的、火热的,也可以是软弱无力的。"[2]在语文教学中,作为交际主体的教师和学生,是以语言活动为中心,借助语言文字进行交际,从而完成语文教学的。

语言来自于生活,语言是思想的直接现实,形成文学后更是生动优美,颇具美感。语言既是客观现实的反映,又是人们精神世界的观照。语文学科不但要涉及作为信息符号的语言和文字,更要涉及作为信息载体的语言文字所负载的情、理、志、趣等内涵。所以,语文课堂教学中的师生通过语言的交互,相互沟通,相互影响,相互补充,从而达成共识与共享的境界。

2. 情感相容

《基础教育课程改革纲要(试行)解读》中明确指出:"师生关系是一种平等、理解、双向的人与人的关系。"[3]"人"区别于其他事物的关键就在于人的"情感",强调"人与人"关系就是重在弘扬人的主体性,保持人的尊严,建立理想的道德人格。这就告诉我们,师生之间不仅有基于知识的授受的教学关系,还有基于"人"这一主体而产生的、因情感的交往而形成的情感关系,这种关系主要体现的是师生关系的亲密度和融洽性。它能把师生双方联结在一定的情感氛围和体验中,实现情感信息的传递和交流,因此,可以说,情感关系是师生关系的"调节器"。

语文学科的人文性这一性质决定了语文学科是最富有情感的课程,它的文本具有丰富细腻多彩的情感,语文的学习就是学生与作者、学生与老师、学生与学生之间感情互相交流的过程,这是语文学科区别于其他学科特别是理科课程的最主要的因素。

语文教学目标的实现,不是靠抽象说教、传授灌输,而是必须借助情感的熏陶、形

---

[1] 肖锋.课堂语言行为的互动分析:一种新型的课堂教学研究工具[J].辽宁师范大学学报(社会科学版),2000(6):40-44.
[2] 苏霍姆林斯基.给教师的一百条建议[M].天津:天津人民出版社,1981:261.
[3] 钟启泉,等.为了中华民族的复兴,为了每位学生的发展——基础教育课程改革纲要(试行)解读[M].上海:华东师范大学出版社,2001:272.

象的感染,激发兴趣,激发热情,在独特的艺术享受过程中,潜移默化地使学生接受教育,实现其个人素养的发展。

语文教学的过程就是教师、学生、文本之间的情感交流的过程,如果没有老师与学生之间心灵与心灵的碰撞,如果没有师生与文本之间生命对生命的叩问,如果没有师生之间情感与情感的交锋,就无法解读作品丰富的内涵,就无法创造性地建构文本的意义。情感的相容是语文课堂教学实施的基础和最高境界。

(三) 共生共长

教育教学是师生双边活动的过程。在师生共同参与的教学活动中,双方存在着相互促进、彼此推动的关系。因为知识学问的掌握不能单靠教师的传递,还要靠学生自己的领悟、体验。教师的作用只是做学生掌握知识的领路人,提高觉悟的启迪者,他不应该也不可能代替学生自己的学习与思考。同时,教师在与学生的互动中汲取营养和智慧,不断补充、丰富、完善和提高自己。

正如保罗·弗莱雷在《被压迫者教育学》一书中所说的那样:"通过对话,教师的学生及学生的教师等字眼不复存在,新术语随之出现:教师学生及学生教师。教师不再仅仅是授业者,在与学生的对话中,教师本身也得到教益,学生在被教的同时反过来也在教育教师,他们合作起来共同成长。"[1]陶行知先生也曾经说过:"教师的成功是创造出值得自己崇拜的人。先生之最大快乐,是创造值得自己崇拜的学生。说得正确些,先生创造学生,学生也创造先生,学生先生合作而创造出值得彼此崇拜之活人。"[2]

新课程理念下的师生观认为,教学过程是师生互相学习、共同生长的过程,"教"与"学"是相互促进、共同成长的,是利益共同体。不同于其他学科,语文教师传授的是具有人文性的语言文本,面对的是学生活泼而丰富的内心世界。因此,在语文教师与学生形成的这个"共同体"中,学生主体得到体现,个性得到张扬,教师与学生一起理解,通过师生互动,相互沟通与影响,形成一种弥漫、充盈于师生之间的和谐的教学情境和精神氛围。它所体现的是教师与学生心灵与心灵的和谐、生命与生命的和谐,这就是和谐的师生关系在语文教学中的具体体现。

当然,要达成这种利益共同体,需要为人师者注重提升教学活动的生态环境,特别

---

[1] 保罗·弗莱雷.被压迫者教育学[M].顾建新,等,译.上海:华东师范大学出版社,2001:31.
[2] 陶行知.陶行知文集[M].南京:江苏人民出版社,1981:736.

是注重融洽师生关系。联合国教科文组织在《学会生存——教育世界的今天和明天》一书中对教师角色作了精辟的论述："教师的职责现在已越来越少地传授知识,而是越来越多地激励思考;除了他的正式职能以外,他将越来越成为一个顾问,一位交换意见的参加者,一位帮助发现矛盾论点而不是拿出现成真理的人。"[1]《普通高中语文课程标准(2017年版2020年修订)》中也建议教师"要善于与同行、学生合作,在集体备课、案例研讨等对话交流中学会自我反思,实现教学相长"。[2] 由此可见,教师与学生是一对互相依赖的生命,是一对共同成长的伙伴。语文课堂教学必须是师生双向性、互动性的,语文学习的过程是师生互相学习、互相交流、互相创造的过程,在创造自己崇拜的学生的同时,语文教师也是终身学习者和专业发展者,在促进学生全面发展的同时,实现自我成长,获得专业发展,从而实现双赢。

三、和谐与否,关系重大

赞可夫说过:"就教育工作的效果来说,很重要的一点是要看教师与学生的关系如何。"

教育教学的效果侧重指在一定时间内学生在人格和智慧等方面的发展与进步。其标准如下:一是关注学生的进步和发展。教师目中有"人",教育教学有对象意识,能因材施教;有"全人"概念,教育教学旨在努力促进学生科学素养和人文素养的和谐发展。二是关注教育教学的效果。教育教学要有效益观念,教育教学的目标尽可能具体明确,其达成度力求能够检测,以体现教育教学效益的优劣。

在语文教学中和谐的师生关系对教学效果的影响主要表现在以下几点。

(一) 有助于提高教与学的积极性

如前所述,师生关系首先是一种"教与学"的关系,师生情感的交流会影响教和学的积极性,特别是影响学生的学业情绪。在多年的教学实践中有一个现象引起了我们的注意,即很多学生产生严重厌学情绪与不良的师生关系有着密切的关联。根据马斯

---

[1] 联合国教科文组织国际教育发展委员会.学会生存——教育世界的今天和明天[M].上海师范大学我国教育研究室,译.上海:上海译文出版社,1979:118-119.
[2] 中华人民共和国教育部.普通高中语文课程标准(2017年版2020年修订)[S].北京:人民教育出版社,2020:44.

洛的需要层次学说，[1]人都有归属和爱以及尊重的需要，学生作为独立的个体，他们也同样需要教师的关爱和尊重。因此，如果教师能够在教学过程中给予学生积极的鼓励，用心与学生进行沟通、交流，建立良好的师生关系，使学生有被关注和成功的情绪体验，会有助于学生形成良好的学业情绪，进而提高学业成绩。

语文学科不同于数理化，是一门充满感性色彩的学科，语文学习的过程，就是一种濡染，一种习得，一种积淀，一种复现，一种震撼的过程，师生间和谐的情感交流，彼此间真诚的欣赏和认可，必将大大促进教师"教"与学生"学"的积极性，从而能够更好地完成对文本的解读，顺利达成教学目标。

现代诗对学生来讲，因其意象的象征性，理解起来是有些难度的。选择性必修中册第四单元"外国作家作品研习"任务群收录了瑞典诗人特朗斯特罗姆的《树和天空》。作为欧洲诗坛最杰出的象征主义和超现实主义诗人，特朗斯特罗姆仿佛是梦与醒之间的漫游者，用自我的感受建立起个体与世界的联系。《树和天空》因其对常规语言的颠覆，日常经验的转换，奇特的想象，朦胧的意境，以及主题的多义性，是相对较难读懂的。在学习这首诗时，笔者非常注重课前师生融洽氛围的营造，先从大家有些认知的必修上册第一单元的现代诗入手，既能让学生产生一种似曾相识之感，又能调动他们的好奇心，然后设计了三个问题：找出本诗中不符合常规语言的诗句，诗人这样写的用意是什么？诗人所选取的意象"树""天空""我们"有怎样的象征义？诗人用什么手法来表现这些意象？师生畅所欲言，凡有精彩的见识都会博得大家的赞许。在这样的师生关系中，师生兴味盎然，共同解读着《树和天空》的深刻蕴含：树立足于大地同时又指向天空，它诠释了生命的深度与高度。但是人们埋头于对土地的耕耘与掘进，却渐渐忽略了头顶上那片令人震撼和心悸的星空，忘记了对未知的渴望、对神秘的欣赏、驻足静观与默想，比如对宇宙一声纯粹而又唯美的惊叹！《树和天空》主要探讨自我与周围世界的关系，诗歌中"树和天空"的关系，寓示着存在（人与自然）与无限、与永恒的关系。

（二）有助于调节课堂教学气氛

师生关系本身还能营造一种课堂气氛。课堂教学气氛是指师生在教学活动中

---

[1] 转引自崔允漷. 有效教学[M]. 上海：华东师范大学出版社，2009：182.

产生并表现出来的一种情绪情感状态,其中包括师生的心境、精神体验、情绪状态以及对待教与学的态度等多种因素。在教学实际中,课堂气氛可能是积极舒展的,也可能是对立压抑的。无论哪种气氛,都作为一种背景条件作用着每一个学生的心理行为。美国心理学家帕里克的一项实验研究表明,在积极正常的教学气氛下,学生的心智反应大大超过机械、重复和混乱反应,而在压抑对立的教学气氛下,却恰恰相反。[1]

师生关系不良,课堂气氛容易紧张、死板,使得学生如坐针毡,惶恐不安或默然;而师生关系良好,课堂气氛温馨和谐,学生如沐春风,轻松愉快,思维活跃。快乐的情境是学生喜欢的、趋向的,而在不好的课堂气氛下,学生会不自觉地想要逃避。经过一段时间,这种情感也会泛化到学业上,影响学生的学习兴趣。

语文学科不同于其他学科,支撑课堂灵魂的往往是教师和学生的情感交流。数理化等学科也许更多依赖的是学生的理性思考与知识运用能力,而语文学科的人文性特征,决定了语文教师和学生之间必须有心灵的交流与碰撞,才有可能在活泼而热烈的课堂氛围中顺利开展教学活动。例如学习郁达夫的散文《故都的秋》,全文紧扣"清""静""悲凉",将自然的"客观色彩"——故都的秋色,与作家内心的"主观色彩"——个人心情自然地融合在一起。尽管作者对秋极尽赞美之情,但我们从字里行间感受到的却是作者的寂寞、孤独、忧伤、悲凉,这是为什么呢?其实故都的秋在作者生活的那个年代也不乏明艳之色,也有繁闹景象,作者为什么不写这些?如果没有和谐融洽的课堂气氛,师生如何能够放松心情,敞开心扉,走进郁达夫的心灵世界,走进郁达夫所生活的那个时代,体味中国文人深刻的悲秋情怀,并借此深味"故都的秋"中饱藏着的作者眷念、热爱故都的情感,折射出的作者悲凉思绪、伤时忧国的深沉感情?

(三) 有助于提高课堂教学效益

课堂是实施教学活动、发展学生能力的主阵地,提高课堂教学效益是一切教学活动的出发点和最终归宿。借鉴王尚文《语感论》一书的相关内容[2],一堂语文课的教学效益应包含如下考量要素:

---

1 转引自张德琇. 教育心理研究[M]. 北京:教育科学出版社,1981:88.
2 王尚文. 语感论(修订本)[M]. 上海:上海教育出版社,2000:382-383.

1. 语文知识的积淀

此所指语文知识包括语言、文字、文章、文学等的理论知识和实际知识。一堂语文课,学生不但应能够掌握相关的语文知识,能够得心应手地加以运用,并且表现为阅读、写作等的技能、技巧或习惯,最终渗透于学生心灵,表现为一种学养、气质。例如,学习必修上册《念奴娇·赤壁怀古》和《永遇乐·京口北固亭怀古》这组怀古词,关于怀古诗词的一般特征,已经不止于熟识记诵的层面,而应上升为一种感觉,一种自觉的鉴赏和品味能力;再如,关于旧体诗词的格律知识,已经不是需要记诵的规则,而已渗入于感觉,使之能够自然而然、准确敏锐地辨识、感受具体作品的格律。

2. 语文思维的发展

所谓语文思维是指学生在听说读写的过程中同步展开的具体的思维活动和思维能力,包括对交际对象、情境的辨识、判断,听读内容的领悟、把握,说写目的、思路的确定与调整等。仅以写作思路的确定和调整而言,思维活动就非常活跃,有形象思维、抽象思维、发散思维、集中思维、辩证思维等。上海高考作文命题一向非常注重学生辩证看待问题的意识和习惯,全面、严密地去看问题才能对现象作出客观公正的评价。如2020年的"世上许多重要的转折是在意想不到时发生的,这是否意味着人对事物进程无能为力",2021年的是否是"经过了时间的沉淀,事物的价值才能被人们认识",2022年的对"小时候人们喜欢发问,长大后往往看重结论"的不同态度,这些作文题都有很强的思想深度和思辨性,既能引导学生用辩证的思维方法展开写作,又能鉴别和考查学生思维的纵深跨度,同时,能够调动学生多角度、多层次的生活体验,从而形成对自然、社会和人生的思考,展现实事求是的科学态度和理性精神。而这些思维能力、思维水平需在语文课堂教学过程中培养、磨炼。

3. 语文素养的形成

语文素养是学生听说读写实践的原动力。如对优秀文学作品的阅读爱好,将使学生的时间、精力尽可能地集中、专注于它,千方百计、百折不挠地满足这一要求,并从中感受无穷的乐趣,从而自然而然地提高自己的赏鉴品位,不断进入新的境界。

语文教学目标的核心特征是培养学生的语文学科核心素养。《义务教育语文课程标准(2022年版)》和《普通高中语文课程标准(2017年版2020年修订)》都从培育学生语文学科核心素养的高度确定课程目标。《义务教育语文课程标准(2022年版)》强调,义务教育语文课程培养的核心素养,是学生在语文实践活动中积累、建构并在真实的语言

103

情境运用中表现出来，是文化自信、语言运用、思维能力、审美创造的综合体现"。[1]普通高中语文课程标准(2017年版2020年修订)》对全面提高学生语文学科核心素养是这样表述的："学生通过阅读与鉴赏、表达与交流、梳理与探究等语文学习活动，在语言建构与运用、思维发展与提升、审美鉴赏与创造、文化传承与理解几个方面都获得进一步的发展；坚定文化自信，自觉弘扬社会主义核心价值观，树立积极向上的人生理想，为全面发展和终身发展奠定基础"[2]这就表明，语文素养是学生在积极的语言实践活动中构建起来的个体语言经验和个性品质，是学生在语文学习中获得的语言知识与语言能力，思维方法和品质，情感、态度和价值观的综合体现。

学生的语文素养具体包括语言的运用、思维的发展、审美的情趣、文化的品位等方面的内容。强调学生在丰富的语言实践中，掌握祖国语言文字的特点及其运用规律，在具体的语言情境中正确有效地运用祖国语言文字进行交流沟通，进而获得思维能力的发展和思维品质的提升。同时，学生通过阅读鉴赏优秀作品、品味语言艺术而体验丰富情感、激发审美想象、感受思想魅力、领悟人生哲理，形成自觉的审美意识和审美能力，养成高雅的审美情趣和高尚品位。而且，能在语文学习中，继承中华优秀传统文化，理解、借鉴不同民族和地区文化，形成比较开阔的文化视野，具有文化自觉意识和文化自信的态度。而学生这些语文学科素养的形成和发展，课堂是其主阵地，更多地要在语文课堂教学和有意识的语文学习实践中养成。

4. 语文潜能的蓄积

语文潜能包括：运用语文知识、技能和开发语文思维的能力；继续学习的愿望、要求和能力，包括方法论的修养；自我评价的能力。语言作为一种社会现象，不断在发展变化，人对语言的认识和创造性运用语言的水平也都不断在加深、提高，只有不断蓄积这种潜能，才能适应自己精神世界日趋增长的需要。

《上海市中长期教育改革和发展规划纲要(2010—2020年)》以"为了每一个学生的终身发展"为核心理念，对高中教育作了如下描述：高中教育是学生世界观、价值观、人生观形成以及创新能力、实践能力发展的重要阶段。要坚持特色发展，注重学生自主学习和个性发展，加强创新能力培养，为学生成长、成人、成功奠定基础，形成高质

1　中华人民共和国教育部. 义务教育语文课程标准(2022年版)[S]. 北京：北京师范大学出版社, 2022：04.
2　中华人民共和国教育部. 普通高中语文课程标准(2017年版2020年修订)[S]. 北京：人民教育出版社，2020：05.

量、多样化、有特色、可选择的发展格局。[1]

可以说,普通高中教育承担着在九年制义务教育基础上进一步提高国民素质,满足不同潜质学生的发展需要,发展学生的科学素养、人文精神以及人生规划能力的重要任务。这种具有鲜明时代性、基础性和选择性的定位,要求教育必须超越传统工具化的倾向,改变传统的教育方法和教学方法,努力提升教育教学效果,从而完成培植学生智慧和人格的双重使命。

语文作为高中教育的基础性学科,它的工具性特征使其对学生终身运用语言文字的能力起到奠基作用;而它的人文性,则会通过一篇篇文质兼美的文章,一个个别具灵性的文字,孜孜不倦地把蕴藏的文化基因植入学生的血脉,促进其灵魂发展,精神成长,所以更加需要语文潜能的蓄积。正如钱理群先生所说:"中学文学教育的基本任务就是唤起人们对未知世界的向往。我们的文学教育就应该唤起人的这样一种想象力,一种探索的热情,或者说是一种浪漫主义精神。"[2]

影响语文课堂教学效益的因素很多。如教学内容的确定,教学方法的选择,教学媒介的使用,教学语言的表达等等。当然,师生关系在其中的作用更是不可忽视的。以下是笔者对所任教班级学生所作的一个问卷调查中的相关数据汇总:

表4-1 学生对提高语文课堂教学效益相关要素的要求

课堂教学相关项目	学生评价					
	很同意	较同意	基本同意	不同意	很不同意
教学活动有明确的任务	22.7	23.7	48.5	4	1.1
教学内容丰富集中	21.6	24.8	49.5	3.4	0.7
教学过程紧凑有序	16.9	28.5	48	4.3	2.3
师生关系和谐融洽	67.2	24.3	8.5	0	0
同学之间合作学习	15.2	29.8	47.5	3.5	4

1　上海市教育委员会.上海市中长期教育改革和发展规划纲要(2010-2020年)[N].文汇报,2010-9-09.
2　转引自于漪.语文的尊严[M].山西:山西教育出版社,2014:09.

续 表

课堂教学相关项目	学 生 评 价				
	很同意	较同意	基本同意	不同意	很不同意
经常有展示自己的机会	21.7	26.3	33.8	17.1	1.1
喜欢参与老师安排的教学活动	14.6	22.2	49	13.1	1.1
教师提出的问题有探究欲望	15.3	33.4	27.5	13.7	1.1
有多媒体辅助教学	33.8	22.7	34.3	6.6	2.6

从上表我们可以发现，学生对语文课堂教学的最基本要求是教师的授课应该有明确的目标，内容相对集中，应该生动有活力，教学活动的安排既要丰富多样，同时也要符合他们的兴趣，使他们有足够展示的机会。表中显示有90%以上的学生希望语文课堂上师生之间能够有和谐融洽的关系。

教育教学的目的，是使学生在身心两方面获得健康全面的发展。1989年世界卫生组织宪章中提出，健康不仅仅是身体没有缺陷和疾病，而是身体上、精神上和社会适应上的完好状态。学生身心健康发展，除与先天的遗传素质有关外，更重要的是与教育和环境有关。对于中小学生来说，他们特别重视与教师的关系，甚至超过父母的关系，因此，师生关系对学生的发展有重大影响。

在良好的师生关系中，学生被教师接纳和信任，他们感受到师爱的温暖，找到自己的价值；学生得到教师的支持、体谅和鼓励，他们体会友谊，充满力量，感到自信；学生与教师的真诚相处，进行智慧与感情的交流，他们就会相信人世间的真诚和美好，从而对人生充满希望。这种愉快、安定、轻松的环境会培养出学生的各种优良品质，如善良、乐观、积极、进取、自尊、自信、合作、耐挫等等。

当然，最为直接的是有助于提高课堂教学的效益。因为在这样的语文课堂中，学生更容易从教学过程中获益，学习知识，发展能力，并进而受到美好情操的熏陶，培养健康和谐的个性。

(四) 有助于实现语文教学的终极目标

语文教育的人文性有几层含义：一是指汉语汉字所包含的民族的思想认识、历史文化和民族感情；二是指引导学生开掘汉语汉字的人文价值，注重体验中华民族独特的语文感受，学习中华民族的优秀文化；三是指尊重和发展个性，培养健全的人格。[1]

传授知识，自然是语文教师义不容辞的职责。但除此之外，语文教师还必须担负起培育学生健康人格的责任。"现在我们已经深切地认识到语文课的意义不仅仅在于教给学生某种语文知识和技能，更重要的是，它通过一篇篇凝聚着作家灵感、激情和思维的文字，潜移默化地影响着每个人的情感、情趣和情操，影响着每个人对世界的感受、思考及表达方式，并最终积淀成为人的精神世界中最深层、最基本的东西——价值观和人生观，最终造就学生的健康人格"[2]

在中学教学中，现有科目有语文、数学、英语、物理、化学、政治、历史、地理、生物等。这些科目，各具特点，对全面发展学生的人格具有不同的作用和意义。数学重在方法论，物理重在自然哲理，化学重在自然变化理念，生物重在生理过程，政治重在社会存在分析，历史重在历史规律。语文学科则重在它的人文性，是培养学生情感和个性人格的最重要的学科。其他学科或多或少都反映客观自然社会、数理规律，虽然这些都应纳入学生的全面发展的人格中，但这些影响不会像语文学科这么直接，语文学科本身就是人们的心灵观照，它从人们内心中来，又回到人们内心中去，也就是说语文学科是学生心灵与作者心灵进行沟通的重要媒介。

从这一点上说，语文是心灵之学，灵魂之学。语文是炫目的先秦繁星，是皎洁的汉宫秋月；是珠落玉盘的琵琶，是高山流水的琴瑟；是庄子的逍遥云游，是孔子的颠沛流离；是魏王的老骥之志，是诸葛的锦囊妙计；是魂兮归来的《楚辞》，是受过宫刑的《史记》；是李太白的天姥之游，是曹雪芹的红楼一梦……《与妻书》能让你感受到革命先烈身上的使命与担当；《"探界者"钟扬》能告诉你什么是对生命高度与广度的不懈探索；"采菊东篱下，悠然见南山"这一千古名句，能让你领会"心远地自偏"的精神境界；娜拉关上家门的那一声"呼"响，能让你懂得自由、平等、人格独立的尊贵与美好……这样的滋养和熏陶，才更能直达学生的内心深处，直抵其人格的高地。

除了教学内容的人文性之外，学生的健康人格能否形成与完善，很大程度上取决于语文教师是否具备健康人格。在学校里，教师是学生最亲近、最尊敬的人，是最直接的榜样，学生具有天然的"向师性"。语文教师的学识和素养，会像一丝丝春雨，潜移默

---

[1] 李震.一场重要的讨论——关于语文学科性质的争鸣综述[J].语文学习,1996(10)：3-7.
[2] 于漪.语文的尊严[M].太原：山西教育出版社,2014：04.

化地影响着学生的人格,教师的素养之光对学生心灵的烛照深刻且久远,甚至可能影响学生的一生。

陶行知先生曾经说过,真教育是心心相印的活动,唯独从心里发出来,才能打动心灵的深处。[1] 有了这样的"心心相印",学生人格的成长会在具有高尚人格修养的语文教师的影响下,逐步成熟与完善起来。

四、和谐师生关系,从师出发

通过研究和教学实践,我们知道,新课程理念下的师生关系体现为师生双方人格上的平等、交互活动中的民主、相处氛围上的和谐,而师生关系和谐才能形成强大的教学合力。同时,由于语文教学的"事后性"特征,我们发现,在所有的学科教师中,只有语文教师对一些学生的影响较大,有时甚至是终生的。所谓语文教学的"事后性",是指语文学习中的有些信息,特别是内蕴深厚的文本的学习,可能当时并未被学生及时理解和把握,但数年之后,这些信息,或者是语文老师当时的一些深刻的话语,在另一个时间、另一个场合在学生的心灵中产生作用。但从心理学来分析,人的心灵只有在和谐的条件下,才能产生愉悦感,也只有在内心愉悦的条件下,人才会乐于接受和创造,乐于复苏当时那种接受话语影响的心境。因此,语文教学中师生关系是否和谐的影响就非常执着地显现出来。

多年的工作经历使我们深切地认识到,实现这种"和谐之美"并非易事,它需要师生双方,特别是为人师者付出更多努力。因为,虽然说教学相长,但在教学过程中,起决定性作用的还是教师,他在建立和谐师生关系中起着主导性的作用。

我们的祖先也非常强调教师在教学活动中的决定性作用。《学记》将对语文教学环境问题,归结为"安学"和"亲师""乐友"的关系,即理想的学习小环境,必使学生"安学";为了"安学",从环境来说,教师是主要因素。[2]

那么,教师应对语文教学中和谐师生关系的构建做出哪些努力呢?

---

[1] 转引自教师专业标准研究课题组.中学教师专业标准:要点.行动.示例[S].北京:北京师范大学出版社,2013:09.

[2] 转引自李维鼎.语文言意论[M].上海:上海教育出版社,2000:269-270.

（一）和谐的师生关系源自于教师崇高的师德修养

语文教育的终极指向是"立人"，即提升人的生命，把人内在的一些美好的东西，把学生内在生命的美好情思发掘出来，提升起来，使学生直面自我的心灵，直面自我的生命。而人格的塑造不是"自发形成"的，也不是在一般的知识传授和能力培养过程中所能完成的，俄国教育家乌申斯基说："在教育中一切都应以教育者的人格为基础，只有人格才能影响到人格的发展和规定。"教师的人格是进行教育的基石，只有教师具有独立完整的人格，才能使学生的人格趋于独立完整。

教师的人格是由德、识、才、学、体等因素构成的有机统一的整体。司马光在《资治通鉴》中说"德者，才之帅也"，德是教师人格的灵魂和根本，为师之道，重在师德。所以教师人格素养的提升，重在崇高其师德修养。

师德，是教师职业道德的简称，它是教师和一切教育工作者在从事教育教学活动中必须遵守的道德规范和行为准则，以及与之相适应的道德观念、道德情操和道德品质。金荷华把"语文教师的德性"定义为"语文教师在教学过程中不断修养而达成的一种内在精神品质。"叶澜认为语文教师的德性由教师善良、教师公正、教师责任感构成。[1] 师德是教师素质的核心，是良好师生关系的助推器。随着改革的不断深入，传统教师的权威性正逐步被打破，教师想要在新的师生关系理念下，重新获得学生的尊重和喜爱，靠的是什么？当然，渊博的学识水平，精湛的教学艺术是必不可少的，而教师自身的师德修养则更为重要的，亲其师，方能信其道。

语文教师直接面向文本与学生进行心灵的对话，所以，语文教师一定要有自己的精神追求，要有区别于世俗的价值观，才有可能真正实现语文教学"育人"的目标。曾看过一个有关季羡林先生的感人故事：一批刚刚走进北大校园的年轻人，相约去看季先生，走到门口，却开始犹豫，他们怕冒失地打扰了先生，最后决定每人用竹子在季老家门口的地上留下问候的话语，然后才满意地离去。这是多么美丽的画面！这正是先生的人格魅力在学子心中留下的投影。当年北大、西南联大、浙江一师、白马湖春晖中学的那些老一代语文名家，为我们留下了"春风化雨"的无数佳话。

的确，作为一名语文教师应该切记：人格才是最高的学位。学生品德的塑造要依托于教师自身的一言一行，依托于教师自身的品德力量，因为每一位语文教师都是一

---

[1] 叶澜，等.教师角色与教师发展新探[M].北京：教育科学出版社，2001：47-58.

篇活生生的文本,一部生动、丰富的教材,一个具有感召力和影响力的榜样,语文教师本身所能给学生的支持和帮助远比教材多得多。作为语文教师,应注重用自己的言行,用自己高尚的师德,在学生生命成长中留下痕迹,产生影响。德高而为范,在精神上引领学生,即使桃李不言,也会下自成蹊。

(二) 和谐的师生关系源自于教师渊博的学识素养

"教"与"学"的关系是师生关系的内涵。教师闻道在先,术有专攻,掌握着教育教学的方向、内容、进程和质量,自然成为学生学习的指导者和知识的源泉。渊博的知识、高超的教育教学水平,是教师在学生心目中树立良好形象、权威地位和示范作用的第一要素。学高方能为师。我们所说的师道尊严,不是只强调"尊严"而忽略了"师道",其实只要你有了"师道",就会自然而然地"尊严"起来。而这种师道,更为重要的是为人师者要有学识,书教得好,学问做得好,时时刻刻都能为学生提供最优质的服务。知识是教师成长的前提,是教师开阔视野,涵括胸怀,提升境界,产生教学智慧的基础,有渊博知识的教师才有可能形成教学智慧。学习,也是一种师德,教师惟有不断求知,才能始终保持学问的前瞻性,才能不断将最新的知识与学生分享,才能为学生的成长提供最有力的智力支持。

著名语文教育家于漪说过:"扎扎实实打业务底子,从汉语拼音、语法、修辞入手,到文、史、哲广为涉猎;以中外文学史为经线,选读各个时期有代表性的有影响的作品,力求早日摆脱知之甚少甚浅的窘境,告别孤陋寡闻,迈向知之较多较广较深的目标。"[1]语文专业知识是语文教师成为"杂家"所应具备的底子。

醇美的语文课堂需要语文教师构建一种新的知识结构,这种结构不再局限于"语文学科知识+教育学知识"的传统模式,而更多强调"多层复合"的结构特征。最基础层面为当代科学和人文等多方面的知识,第二个层面为语文学科的专业知识,第三个层面为教育学科类知识。

以上三个层面的知识及其关系可用下图来表示。三个层面的知识不仅呈多层复合的特征,而且,还相互支撑、渗透和有机结合,最终成就一个语文教师从事语文教育教学所需要的知识结构:

---

1 于漪.于漪文集(第一卷·教育教学论)[M].济南:山东教育出版社,2001:3.

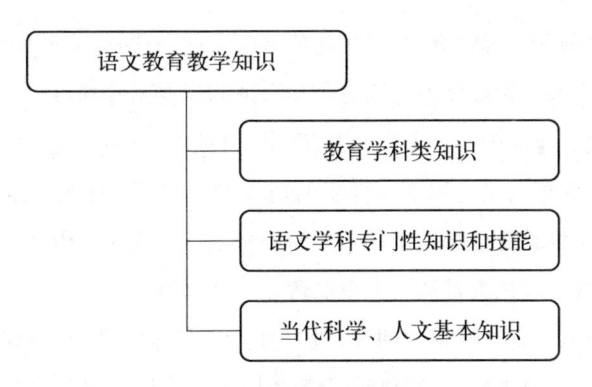

```
┌─────────────────┐
│ 语文教育教学知识 │
└────────┬────────┘
         ├──┤ 教育学科类知识 │
         │
         ├──┤ 语文学科专门性知识和技能 │
         │
         └──┤ 当代科学、人文基本知识 │
```

图 4-1 语文教师知识结构图

我国老一代著名语文教育家,如黎锦熙、朱自清、朱光潜、王森然、叶圣陶、夏丏尊等等,无不具有渊博的学识;新一代的优秀语文教师,如于漪、钱梦龙、宁鸿彬等也同样如此。

渊博的学识,源于终身学习的理念和博览群书的阅读习惯。

从根本上说,教师作为社会人的本质是知识人,知识是教师的资本。语文学科的特点决定了语文必须根植于社会生活的土壤,语文教师必须树立"大语文"的观念。因此,语文教师的自身成长更是一个终身学习的过程,在整个职业生涯中语文教师都需要以终身学习理论指导自己的专业发展。不仅要不断更新自己的观念,拓展自己的知识,完善自己的知识结构,而且要加强思想品格,积累人文底蕴,全面提升自己的专业素质,使自己始终能够跟上社会发展的需要。

《课程标准》从"树人"的高度来定位语文教学,学生通过语文学科的学习,培育学科核心素养,获得语言知识和语言能力,思维方法与思维品质,以及情感、态度与价值观。"语言不仅是人际交往的工具,而且是人的生命中最美丽的花朵,培养一个人的语言能力就是培养人本身。"[1] 语文学科的特点决定了语文教学有着太多的个性、不确定性和灵动性,作为一个优秀的语文教师必须具备一定的哲学素养,较为深厚的文化积淀和睿智机敏、博学仁爱的人格魅力,并能将其思想、精神、灵魂以及人生感悟、知识架构、文学理念等等浑然天成地融入每一节的课堂教学中,进而影响到学生的性格、态度、情感和价值观。

语文课程涉及到的知识面广,上至天文地理,下至市井风俗,古今中外无所不包,

---

1 王尚文,王诗客.语文课是语言实践活动课[J].课程.教材.教法,2009(4):26-30.

因此要求语文教师知识视野宽广,文化底蕴深厚。这一切,只能来自于读书,广泛地读书,持之以恒地读书。爱好读书应该是语文教师的职业素养和习惯。苏联教育家苏霍姆林斯基给教师的建议中有一条:读书,读书,再读书!"你读过的每一本书,都应当好比是在你的教育车间里增添了一件新的精致的工具。"[1]这既是他给所有教师的建议,更是他自己从事教育教学工作几十年的经验之谈。读书是语文教师自我提升的最主要途径,语文教师应该大量从书中汲取营养,不断成长。

印度诗人泰戈尔曾这样说:"阅读是恒河的水,我沐浴其中,得到神秘的体验。从水中走出,我已不是原来的我,我得到了新的生命。"语文教师博览群书的过程,就是多角度、多渠道、全方位从书本积累文化知识,间接获得情感体验、生活经验等人生涵养的过程,就是在书中与历史对话,与高尚交流,与智慧撞击,从而打下沉实、厚重的人文素养基础的过程。

语文特级教师韩军在《四十回首》中写道:"从走上教师岗位第一天起,我的阅读超出了平常的语文教育圈子,把触角伸展到了文学、文化、哲学类典籍报刊上。《读书》《新华文摘》《二十一世纪》《哲学研究》等书籍,都是我钟爱的。正是这些阅读,开阔了我的视野,影响了我的学术思维,使我能够从哲学、文化的角度,对语文教育进行宏观的思考……于是,我才有了一系列的文章。"[2]可见,良好的阅读是语文教师渊博学识的基础。

苏霍姆林斯基说:"只有当教师的知识视野比学校教学大纲宽得无可比拟的时候,教师才能成为教育过程真正的能手、艺术家和诗人。"[3]语文教育是一个激荡心智、沐浴灵府、贞立人格、彰显个性的活动,是一种关照精神成长的活动,只有语文教师自觉地完善自我,成为教学能手、艺术家和诗人,语文课堂才能洋溢着诗情画意,流淌着智慧灵光。

(三) 和谐的师生关系源自于教师从心出发的情感投入

启功先生在《夫子循循然善诱人——陈垣先生诞生百年纪念》一文中,回忆起陈垣老师教他为人师的九条"注意事项",其中第一条就是"一个人站在讲台上要有一个样

1　苏霍姆林斯基. 给教师的建议[M]. 杜殿坤,编译. 北京:教育科学出版社,1984:100.
2　韩军. 四十回首[J]. 中学语文教学,2003(3):61-62.
3　苏霍姆林斯基. 给教师的建议[M]. 杜殿坤,编译. 北京:教育科学出版社,1984:423.

子。人脸是对立的,但感情不可对立"。[1] 这就告诉我们师生关系首先是一种情感上的关系,优秀的教师就是把一颗心掏出来给学生的人,从心出发去作"爱的投入"。

语文学科的人文性特征,需要语文教师具有更高的情感素养。

1. 用真诚之心架起交融学生心灵的桥梁

教师对学生怀有真诚的感情,从内心深处想学生所想,急学生所急,为学生的成功而感到由衷的自豪和欣慰,为学生的失误而焦急和烦恼,学生才会"亲其师,信其道",自觉愉快地接受老师的教诲。只有心心相印、情感交融的教学,才会引起学生感情上的共鸣。教学的成功来源于学生的最大热情,"以教师的真情实感激发学生学习的情绪及情感,这种热烈的情绪让学生获得丰富审美感和崇高道德感的体验,受到熏陶感染,进而产生一种内驱力,使学习成为儿童心灵的需求"。[2]

同时,教师还要显示真我本色。在课堂教学中,教师的一颦一笑、喜怒哀乐,即使是对教材认识理解的欠缺,也不必在学生面前隐瞒,这样能够使学生感受到老师是与他们一样的"人",而非"神"或"教学者"。师生之间在情感上应该是亲密无间的,师生之间"心腹告语",无话不谈。解除了心理的防线,才能真正达到情感和心灵的相融,才能达到"不容自遏地说""情动而辞发"的境界。[3]

教师的真诚之心很大程度上表现在能否竭尽所能、全心全意为学生服务上。学生内心对师者的学识、人格形成一种认同和崇敬之感,从而以学业为媒介进而达到心灵的交融,这样心灵交融的师生双方在进行课堂教学时,必然会沉浸在教学内容的美丽情境之中。

2. 用平等之心建构对话学生精神的平台

明代思想家李贽曾有"友之即师""师之即友"的经典论说。这是一种全新的教育理念,蕴含着亦师亦友、师生平等的思想。这种平等是人格上的平等。

教育就是对话,是上一代与下一代的对话,是历史与现实的对话,是人类的历史经验与学生个体的对话,[4] 而这一切对话的实现归根结底依赖教师与学生对话的实现。

语文课程改革的重要理论基石就是对话理论。新课程指出,语文教学"应在师

---

[1] 启功.启功全集(第4卷)[M].北京:北京师范大学出版社,2009:152.
[2] 李吉林.李吉林与情境教育[M].北京:北京师范大学出版社,2006:66.
[3] 李吉林.李吉林与情境教育[M].北京:北京师范大学出版社,2006:41.
[4] 金生鈜.理解与教育——走向哲学解释学的教育哲学导论[M].北京:教育科学出版社,1997:135.

生平等对话的过程中进行""阅读教学是学生、教师、文本之间对话的过程"。在这样的背景下,语文教师要努力使自己成为一个对话者——与学生对话、与教材对话、与作者对话、与编者对话、与同事对话、与环境对话、与时代对话。在对话中,使语文教学走向一个新的境界,通过对话"引导学生热爱祖国的语言文字,帮助学生健全人格求发展"。[1]

(1) 多一点理解和尊重。苏霍姆林斯基说过:"在影响学生的内心世界时不应挫伤他们心头最敏感的一个角落——人的自尊心。"[2]学生是教学活动的主体,是我们教学时刻关注的对象。在课堂教学中,一定要体现对学生的尊重,要始终关注着学生的情绪情感、心理体验,始终与学生保持着人格与心灵的对等地位,师生在真诚基础上产生由外在行为到内心世界的沟通,激荡起心灵碰撞的火花。老师不仅是老师,不仅是教育者、管理者,还是朋友和兄长,是学生成长的参与者和评判者。在学生的心灵中栽下理解、尊重、真诚、平等的幼苗,必将伴随其生命的成长竖起人格的参天大树。

(2) 多一点赏识和赞美。美国心理学家威廉·詹姆斯曾深刻地指出:"人性中最深刻的禀赋是被赏识的渴望。"的确,每个人都希望得到别人的赞扬,学生也是一样。作为语文教师应带着赏识的眼光去看学生在课堂教学中的表现,这一点在《普通高中语文课程标准(2017年版2020年修订)》中有着明确的规定。语文课程的评价"要注重展示学生自我发展的过程""要考虑学生的个体差异,关注学生的不同兴趣、表现,满足不同发展的需求",必修课程"重点考查学生语文学习过程中的体验和感受",选择性必修和选修课程的评价"要突出差异性和层次性,以促进学生的个性发展"等等[3],从不同维度告诉我们,作为语文教师要对学生在课堂教学的各个方面的表现给予更多的认可和赞赏。

学生是渴望赏识的,因为它就像生命中的阳光、空气和水,是必不可少的。很难想象一个在课堂上总是被挑剔的人,会不垂头丧气,会有成就感,会充满信心。我们要培养的是热爱生活,勇于实现自我价值的人。那就多一点赞扬和赏识吧,鼓励学生的每一个优点和长处,让学生充满自信,自我觉醒。

---

1 周庆元.语文教育研究概论[M].湖南:湖南人民出版社,2005:459.
2 汪明帅.和优秀教师一起读苏霍姆林斯基[M].北京:中国青年出版社,2011:29.
3 中华人民共和国教育部.普通高中语文课程标准(2017年版2020年修订)[S].北京:人民教育出版社,2020:44-47.

3. 用宽容之心履行种植学生人格的职责

有一位哲人曾经说过，世界上没有一种职业像教师那样对一个人的一生产生着如此深刻的影响。教师对学生的爱不单单表现在平常生活点点滴滴的关心上，不单单表现在用自己的学识为学生勤勉的服务上，不单单表现在对学生人生关键时刻的关注上，更为重要的是表现在对学生美好人格的塑造上，这才是真正意义上的大爱。而学生人格的塑造要依托于教师自身的一言一行，依托于教师自身的人格力量。

宽容即理解，是对学生人格自尊的一种尊重。教师对学生的内心深入的宽容，为学生提供充分表达自己的机会和空间，才能有针对性地开启顿悟，进行有效的教学，并培养他们判断是非的能力；教师对学生思维方式的宽容，可以激发学生的个性思想火花，培养其创造精神；教师对学生特殊行为方式的宽容，是尊重个性发展特点的表现，使学生在宽松自由的环境中展示自我，发展自我；教师对学生情感的宽容，是对学生人格的尊重。

对教师而言，教师宽容地对待自己的学生，在非原则问题上以大局为重，得到退一步海阔天空的喜悦；教师宽容地对待自己的学生，意味着他的教学思想更加深刻，教学手段更加成熟；教师宽容地对待自己的学生，就是在科学地看待教学过程。

小刘是一个聪明的学生，但由于家里生活比较困难，一直享受着学校的特困补助，初中时就读的是一所普通的学校，不像周围的同学大都来自名校，再加上高一高二时比较贪玩，学习成绩比较差等种种原因，导致小刘非常自卑，进入高三新的班级以后，她迫切地想证明自己的价值。有一次，她的作文偏题了，老师按照偏题作文给她打了一个比较低的分数，并在课后找她仔细分析了作文存在的问题。这本来是一件很正常的事，但由于班级里个别同学的猜测，小刘觉得是因为她成绩不好，老师故意给她这个分数。面对这种情况，老师不急不躁，耐心地给小刘讲清老师打分只看作文不看人，老师及时发现并指出作文的问题，是对其真正负责任的做法，况且在老师眼中每一个学生都有闪光点，她这种勤奋刻苦地学习，想尽快弥补学习上的欠缺的做法老师非常欣赏，并会力所能及地帮助她实现自己的目标。思想疙瘩解开了，小刘上课更加专注了，用一双亮晶晶的大眼睛跟老师进行着情感的交流。而对那个无由猜测的同学，老师就当什么都没有发生过，一如既往地关注着她的每一次成长，并经常从侧面向她讲述严于律己，宽以待人的道理，教导她要用真诚和善良的情怀去认识他人的行为，于无声中对其进行适时的教育和引导。

徐特立先生曾告诫我们："对犯错误者……给他们以好的环境包围起来,暗示他们以很好的前途,使他们用自信和自尊去克服他们的坏处,这是最好的训育典型。"所以,语文教师在教学工作中,对于那些诋毁猜忌者应将心比心,用自己的爱心来换取学生的真心,切忌冷漠、讽刺、挖苦等"心罚"的做法,以促进学生身心的健康发展和人格的自我完善、提升。

(四)和谐的师生关系源自于教师点面兼顾的教学策略

陶行知认为"真正的教育必须培养讲道德、能思考、会创造的人"。人的发展是教育的出发点和最终归宿。在教学过程中,要把人的因素放在第一位来考虑,把人的发展作为首要目标来追求,在这一过程中要讲究点面兼顾的教学策略。

这里所说的"面"是指教师课堂关注要有普遍性。要关心、爱护、关注、理解、信任每一个学生,关注他们的一言一行、一举一动,关注他们每一次成功的喜悦、每一次失败的痛苦。前不久读到一篇文章,标题是《把脚步停留在每一个学生的身边》,感触颇深。作为教师应该把脚步停留在每一个学生的身边,把目光投到每一个学生的身上,让每一个学生都能感受到老师的关注,千万不要让学生感到有亲疏厚薄之分。

但学生个体之间是存在着个性差异的,教师要特别注重这种个性差异,根据学生的个性特点和他自身独特的接受方式而采取相应的教学目标、内容和教学方法,因材施教,使每一个学生都能获得与他们自身相一致的教学,并且在某些领域、在某些方面能得到充分发展。把每一个学生的潜能充分地认识、发现和挖掘出来,各尽所能,各尽其才,使每一个学生真正体验到学习生活的快乐及其意义。

1. 设计恰切的语文教学内容

语文教科书是语文课程内容的物质载体,是语文课程资源的重要组成部分。认真研读所使用的语文教科书,熟悉其内容、结构及编写思路,是语文教师的首要任务。

基于语文课程的基本特征是工具性与人文性的统一,语文教学应努力寻求语言训练与人文感悟的最佳平衡点,既不因培养学生的语文能力而机械枯燥训练,肢解了文本;也不因重视人文熏陶而虚化了语言的学习。

在这样的认识基础上,师生与语文教材之间的关系应视为一种理解的关系,而这种理解并非浅层次的弄懂或了解,而是对教材进行高屋建瓴的超越与重构。因此,语文教师要注重教学内容的选择和设计,深入把握教材的内涵,透彻理解结构体系、知识脉络、编排规律，选取适当的教学切入点，制定出具有个性和特色的教学方案。在备教材时，教师应与文本充分对话，更为重要的是教师还应当有课程资源整合的意识和能力，根据学情选择并确定教学内容，在立足文本的基础上超越文本，更丰富、更立体地独特把握教学内容。

首先，语文教师在课堂层面应有改造课程的能力。教师对课程的实施必须是创造性的，因为课程要得到有效实施，一方面需要教师根据课程标准和教材实施要求填补一些内容，另一方面要积极利用与开发各种课程资源，创造性地开展各种教学活动。

比如，高中阅读文本大体上可以分为社科类文本和文学类文本，统编高中语文教材共有18个学习任务群，在必修和选择性必修五册教材中，"文学阅读与写作"5个单元，"中华传统文化经典研习"4个单元，"中国革命传统作品研习"2个单元，"中国现当代作家作品研习"1个单元，"外国作家作品研习"2个单元，大体选录的多为文学类文本；而"思辨性阅读与表达"3个单元，"实用性阅读与交流"3个单元，"科学与文化论著研习"2个单元，大体选录的多为社科类文本。在阅读教学中，社科类文本主要应侧重对文本信息、作者观点的把握，侧重体验概括、归纳、推理、实证等科学的思维方法，学习多角度思考问题和有条理地表达观点，并进而进行科学观、思想观的熏陶。文学类文本则大不相同，它不仅要求学生感受作品中的艺术形象，理解欣赏作品的语言表达，把握作品的内涵，理解作者的创作意图，还要求学生在更高层面上予以审美观照，学会根据诗歌、散文、小说、戏剧不同的艺术表现方式，从语言、构思、形象、意蕴、情感等多个角度欣赏作品，获得审美体验，认识作品的美学价值。而这种对作品审美价值的体认，对学生的审美阅读能力就提出了更高的要求，只有掌握了审美阅读的一般规律，养成了审美阅读的良好习惯，才能更好地走进文本，有效地把握蕴含，科学地予以鉴赏，才能应对从容，突破阅读理解瓶颈，获得理想的阅读效果。

再比如，必修上册第四单元围绕"家乡文化生活"开展学习活动。这里的家乡，主要指我们居住的城乡社区，这就使得学习活动具有了非常鲜明的地域色彩，因为每个人的家乡会有不同的人和物，有不同的文化和风俗。为此，在确定学习活动内容时，笔者结合上海的人文特色、地理特点，让学生根据各自的审美情趣，选择"沪语""石库门""万国建筑群""陆家嘴商业区""上海特色小吃""家门口的文化角"等对象，通过采访、考察、查阅文献等方式，挖掘熟悉对象背后的文化蕴含，形成各自的研究报告，在班级进行展示交流。这样的教学设计，既帮助学生理解了"家乡文化"的特征，又因其接地气,有话说,促进了师生关系的和谐。

其次,要努力做到既面向全体,又关注个体。在教学设计时,以学生的发展为本,重视对学生的感受、体验、主体性及潜能的发掘,承认学生的个体差异性是客观存在的。既要让每一位学生都能积极参与到教学活动之中,认真听讲,积极思考和回答问题,又要满足学生的不同需求。在教学设计时,特别是问题设计、练习选择时要体现学生的层次性要求,让每一个学生在课堂中都有事可做,有内容可学,在点滴的教与学的过程中体验成功的快乐。

2. 营造温馨的语文课堂气氛

美国心理学家罗杰斯说过:"成功的教学依赖于一种真诚的理解和师生的信任关系,依赖于一种和谐安全的课堂气氛。"语文课堂教学就是师生对教材的"再创造"。教师要善于运用自己对教材的体验,唤起学生的体验,故而,语文课堂教学始终贯穿着师生之间的交流和沟通,且这种交流和沟通还应达到和谐默契的境界。

而这种和谐的课堂教学气氛的营造,更多的来自于教师能够用诗化的语言点燃语言的诗情画意。美国克莱德·E·柯伦认为教师是艺术家,人类关系的艺术家,是"人的问题这个艰难领域中的美的创造者",语文教师更应该是语言这个领域中创造美的艺术家。如果教学语言平淡如水,学生体会不到语文学习的美感,他们会丧失学习的兴趣。反之,如果课堂上语文教师诗情洋溢,教学语言充满诗情画意,那么就容易促成教师与学生之间心灵与心灵的碰撞,容易促成学生和教学内容之间情感与情感的交锋。

例如,在学习《自己之歌》这首诗时,为了消除学生与文本之间的隔阂,我会酝酿自己的情绪,用低沉的语调,饱含深情地为学生朗诵了全诗,学生在老师的朗诵声中,被带进文本开阔宏大的氛围里,从诗人选取的草叶、蚂蚁、鹪鹩的卵、雨蛙、黑莓、母牛、小鼠、鹰雕、蝮蛇、麋鹿、海燕等自然景物中,感受着诗中涌动的旺盛生命和宏大的自我,感受作者对"自己"的赞美与歌唱。诗人用反复重现的结构表现深广的内涵,惠特曼从自我出发,扩张到自我的边界,直至包罗整个宇宙,然后又返回自身。诗中的"自己"被赋予了多重蕴含,一是具体的"我",二是象征性群体的"我",也是美国式"新人"的形象。在惠特曼"唱"的这首"自己"的"歌"中,将自我安放于宏大的自然之中,激荡着抛却世俗、解放个性、自由放歌的情怀。

3. 选择科学的语文教学评价

教学评价是以教学目标为依据,运用可操作的科学手段,通过系统地收集有关教学信息,对教学活动的过程和结果作出价值上的判断,并为被评价者的自我完善和有关部门的科学决策提供依据的过程。语文教学评价至少涵盖两方面的内容:判断教学活动是否达到语文教学目标;评定学习结果达到语文教学目标的程度。也就是说,语文教学评价包括以教师语文教学工作为对象的教学评价,以及以学生为对象的教学评价。[1] 这里所说的教学评价侧重指以学生为对象的教学评价。

无论从当前教学改革的形势看,还是从语文学习本身看,师生关系同语文教学评价机制有十分密切的关系,充分利用语文教学评价的反馈和激励功能,有利于改善师生关系,提高教学效益。

教师对学生的学习进行评价,要客观公正,这是毋庸赘言的。但教学又是一个动态的过程,充满了各种不可预测的变量,每一个环节都包含着评价。语文学科的评价则更为复杂,除了真伪判断(如默写、记忆等基本技能)外,更多的是价值判断(如对文本的理解与鉴赏评价),这就更需要语文教师选择更为科学的评价方式。要尽可能注意以下几个方面:[2]

(1) 正确评价学生的学习态度。美国教育心理学家加涅对态度的定义是:"影响个体行为选择的内部状态。一般认为态度由情感成分、认知成分和行为后果构成。"[3]加涅认为良好的学习会形成积极的态度,而积极的态度也会促进学习,态度的改变往往直接决定了学习的效果。一个带着积极情感学习语文的学生,应该比那些缺乏热情甚至对学习感到焦虑的学生得到更多的肯定评价。语文教学是母语教学,是对我们悠久的文化传统和优秀的文化遗产的学习,只停留在对客观知识掌握程度的评价,将会使我们的母语教学失去灵魂,使语文学习只剩下无生命的躯壳。作为评价的一部分,语文教师应始终注重认知领域中那些产生于学习的行为,如阅读、写作、演讲等。

(2) 正确看待评价结果。按照现代先进的教育理念,教师应该成为课堂中的"人际关系的艺术家""社会心理学家""教育心理学家",他不单单是知识的传授者,更是学生行为的"催化剂"。美国当代心理学家、课程和教育技术专家巴特勒曾说:"如果把测验看成主要是一种改进业绩的手段,而不是用它来为学习进步记分评等的话,学生会有更出色的表现。"语文老师要切记,要用积极的情感给学生以评价,即多以热情鼓励

---
[1] 施良方,崔允漷.教学理论:课堂教学的原理、策略与研究[M].上海:华东师范大学出版社,1999:330.
[2] 赵志伟.浅谈语文教学中的测试评价问题(续)[J].中学语文教学,2002(1):49-50.
[3] 加涅 R. M. 学习的条件和教学论[M].皮连生,等,译.上海:华东师范大学出版社,1999:62.

的态度对待学生的学习结果。课堂上老师的一句赞扬的话语、一次温馨的微笑、一个鼓励的眼神或手势,都能起到提高学生学习积极性,改善师生关系的作用。

(3) 注重学习过程评价。注重学习结果的评价而忽视学习过程的评价是当前一般课堂中常见的现象,而这种做法,对语文学习而言,是全无道理的。因为总体来说,语文学习大多数情况下都不是"会不会"的问题,而是"好不好"的问题,掌握正确的学习方法,养成语文学习的兴趣,这往往比得到一个分数更重要。对语文教师来说,对学生语文学习的过程作出科学的评价,将会对学生产生长久的促进和激励作用。

苏霍姆林斯基曾经说过:"在每个孩子心中最隐秘的一角,都有一根独特的琴弦,拨动它就会发出特有的音响,要使孩子的心同我们讲的话发生共鸣,我们自身就需要同孩子的心弦对准音调。"[1]愿我们每个人都能拿起一根爱的琴弦,用真诚、平等、宽容的情怀在学生的心弦上弹拨动人的乐章,倾听着那越来越近、越来越响的和谐之音在学生的心中荡漾……

这种"和谐"是一种宽松、融洽的氛围,是一种平等、谐和的关系,更是一种师与生之间人格对等、心灵交融的境界,"师生共同创造的教与学的过程记录下来就是一篇优美的散文。"[2]

和谐之美让人心驰神往!

---

[1] 苏霍姆林斯基. 教育的艺术[M]. 肖勇,译. 长沙:湖南教育出版社,1983:20.
[2] 于漪. 语文的尊严[M]. 太原:山西教育出版社,2014:63.

第五章　醇美语文的基石
——醇美语文与整本书阅读

"少做题，多读书"，这是我们一直以来执着的倡导和殷切的期待。整本书阅读，给了我们去除浮躁、涵养心智的时间与空间，必将成为语文课堂醇厚甘美的根基。

一、"单篇""整本"与"这一类"
二、《乡土中国》的阅读
三、《红楼梦》的阅读
四、读整本书，我们一直在路上

阅读是传承文明的主要媒介与载体,它影响着人类对高品质、高情操的价值追求。读书是一个人终身发展与完善的重要途径。然而,一方面,网络与新媒体时代的到来,使得阅读呈现出一种新的态势,数字阅读很大程度上取代了纸质阅读,短、平、快的碎片化阅读代替了系统性的整本书阅读;另一方面,虽然近些年来校园阅读方兴未艾,但由于应试教育的压力,传授式学习依然是教学的主要形态,校园阅读也存在着阅读时间不足、学生缺乏阅读兴趣、阅读资源良莠不齐等问题。

张新颖在《读书这么好的事》中有一段话发人深思:"如今的孩子是伴随着可视媒介成长的,他们也许从未培养起对于书本的深厚感情,而从网络和屏幕获得了更多的知识、乐趣和亲近之感。……毫无疑问网络给了我们很多知识、乐趣和有意思的东西,可即使这样,它可以代替读书吗?书的'品相''色香''神韵''意味',可以毫不顾惜地任其消失?手指抚摩书脊的感受、书页翻动时发出的声音、眼光和文字碰触的瞬间、对一本新书的惊艳、与一册老书的重逢、书的版本、字体、封面、插图和书页的空白,这一切都是无关紧要的?"[1]

当然,这一切绝不是无关紧要的,而是有着至关重要的意义的,特别是对于肩负立德树人使命和功能的语文教育来说。

语文界关注整本书阅读由来已久。1941年,语文教育家叶圣陶先生在《论中学国文课程标准的改订》中表明"把整本书作主体,把单篇短章作辅佐"[2],并首次提出了"读整本书"的观点。1949年,《中学语文科课程标准》对于"读整本书"进一步作出了论述:"中学语文教材除单篇的文字外,兼采书本的一章一节,高中阶段兼采现代语的整本书。"[3] 2003年,《普通高中语文课程标准(实验)》对必修课程"阅读与鉴赏"提出明确的要求:"学会正确、自主地选择阅读材料,读好书,读整本书;课外自读文学名著(五部以上)及其他读物"。[4]《义务教育语文课程标准(2011年版)》也强调要"培养学生广泛的阅读兴趣,扩大阅读面,增加阅读量,提高阅读品位。提倡少做题,多读书,好读书,读好书,读整本书。"[5] 在之后陆续出版的初、高中语文教材中,设置了"名著导读",目的是引导学生在课堂之余能够多读点书,读整本书。

---

1 张新颖.读书这么好的事[M].上海:上海人民出版社,2017:140-141.
2 叶圣陶.叶圣陶语文教育论集[M].北京:教育科学出版社,1980:83.
3 叶圣陶.叶圣陶语文教育论集[M].北京:教育科学出版社,1980:102.
4 中华人民共和国教育部.普通高中语文课程标准(实验)[S].北京:人民教育出版社,2003:09.
5 中华人民共和国教育部.义务教育语文课程标准(2011年版)[S].北京:北京师范大学出版社,2012:23.

《普通高中语文课程标准(2017年版,2020年修订)》第一次创造性地将整本书阅读纳入高中语文课程体系,并置于18个学习任务群之首,从课程内容、课程设置以及实施建议等方面对整本书阅读提出了全新的要求;2019年开始推行的统编高中语文教材把《乡土中国》《红楼梦》分别纳入必修上、下册中。此举标志着整本书阅读正式步入课程化,成为高中语文教材中正式的教学内容,需要广大教师站在课程视角审视和实施"读整本书"的教学。

　　统编语文教材总主编温儒敏说:"培养读书兴趣,让学生多读书,读好书,好读书,是语文教学的'牛鼻子'"。[1] 读整本书,是我们一直以来倡导的。整本书阅读教学承载着较其他语文学习更多的期待,它关系着基础教育的阅读能否常态化和可持续,关系着能否培养一些读书的种子为其终身学习奠基。

　　整本书阅读,因其厚重的文化蕴含,因其浓浓的书墨清香,因其长期的浸润与滋养,必将成为语文课堂醇厚甘美的基石。

一、"单篇""整本"与"这一类"

　　近百年来,我国语文教科书出现过按时代逆序、按体裁分类、"知识—能力"并进、主题引领、"主题—情境"套嵌等多种编写体系。但无论怎么嬗变,文选型教科书一直是主流。

　　以往的语文教材多以单篇短章组成单元,即使有经典名著的相关内容,也多为节选、片段;过去的语文教学也多以单篇阅读为主,将文本割裂成独立于整体之外的教学材料。教学时,师生着力对单篇文本进行深入研读,发掘"这一篇"文本独特的教学价值,采取细化教学的方式,以便发挥阅读的范例作用,举一反三。

　　随着经济社会与教育事业的发展,语文教学以单篇阅读为主的教学方式已经不能满足当下提高学生学科核心素养的需求,整本书阅读越来越受到语文教育界的重视,并由课外自主阅读升格为教材必学必教的内容。温儒敏指出:"整本书阅读不再是一般理解的放到课外让学生随意去读,而是作为语文教学课程的一部分。"[2]

---

[1] 温儒敏.培养读书兴趣是语文教学的"牛鼻子"——从"吕叔湘之问"说起[J].课程.教材.教法,2020(6):3-11.
[2] 温儒敏.《中学整本书阅读课程实施策略》序言[J].语文教学通讯,2018(5):79-80.

"整本书阅读"这一概念是相对于单一的篇章阅读而言的,它区别于传统语文教材中的以单篇选文为教学内容,主张读"整本书"。关于"整本书阅读"的内涵,徐鹏解读为:"整"是指完整、整体的意思;"本"是指阅读的数量单位,可以是一本也可以是相互关联的多本;"阅读"可以是深读、浅读,也可以是精读、泛读,还可以是课内读和课外读;阅读对象可以是文学作品、文化典籍,也可以是科学论著、学术著作。[1]

　　语文课程意义下的"整本书阅读",强调学生要以一部完整的著作作为阅读对象,还要求阅读材料的长度及难度的进一步增强,也为相应的语文教学提出了新的要求。无论是读整本书,还是整本书阅读,都强调了阅读内容的完整性。无论是学生读整本书还是教师指导学生读整本书,树立"整"的概念尤为重要,都必须要有整体、全局、系统的观念。对于学生而言,"整"一方面为读完整的一本书,另一方面指亲历阅读与研讨、阅读与写作共生的全过程;对教师而言,"整"指关注如何指导学生读完整本书,并与学生一起共享阅读、研讨、交流的过程。从单篇到整本,从局部到整体,对于阅读指导以及阅读策略的要求自然更高。

　　《普通高中语文课程标准(2017年版2020年修订)》指出,"整本书阅读与研讨"任务群"旨在引导学生通过阅读整本书,拓展阅读视野,建构阅读整本书的经验,形成适合自己的读书方法,提升阅读鉴赏能力,养成良好的阅读习惯,促进学生对中华优秀传统文化、革命文化、社会主义先进文化的深入学习和思考,形成正确的世界观、人生观和价值观。"[2]

　　整本书阅读是基于学习经验获得的语文实践活动,其目的不仅仅是为了让学生阅读语文教材中涉及的书籍,着眼于"这一本"的学习,更应该通过阅读整本书形成适合自身的阅读方法,积累经验,养成良好的阅读习惯。"让课内阅读教学向课外阅读延伸,让课堂内外的阅读教学相互渗透、整合,连成一体。"[3]"整本书阅读不能只重视'整',整本书阅读要达到从一本书到关联的多本书的跨越。"[4]通过阅读一本书,学生应当建构出阅读"这一类书"的阅读方法,为将来阅读更多的书籍作准备。

　　在课程实施过程中,"篇""本""类"的阅读各自承载着不同的功能,形成一种由课

1　徐鹏.整本书阅读:内涵、价值与挑战[J].中学语文教学,2017(1):4-7.
2　中华人民共和国教育部.普通高中语文课程标准(2017年版,2020年修订)[S].北京:人民教育出版社,2020:11.
3　温儒敏.忽视课外阅读,语文课就只是半截子的[J].课程.教材.教法,2012(1):49-52.
4　吴欣歆.语文课程视野下的整本书阅读[J].课程.教材.教法,2017(5):22-26.

堂到课后再到课外,由引导到自主再到自由的梯次渐进的阅读姿态,我们主张在"单篇"和"整本"阅读中学习阅读方法,积累阅读经验,养成阅读习惯,在"这一类"阅读中内化和使用阅读方法,形成阅读能力,并引导学生反复尝试这样的阅读路径,最终使学生成为自主阅读者,实现学生的终身阅读。

二、《乡土中国》的阅读

《普通高中语文课程标准(2017年版2020年修订)》在"整本书阅读与研讨"任务群中,规定阅读长篇小说和学术著作两种类型书籍,并对阅读目标、阅读方法等作出了具体的指导。[1] 让学生完整、全面阅读学术性著作,并纳入教材体系,这在当代语文教育史上是一次质的飞跃。

那么,中国的学术著作那么多,为什么选的是费孝通先生的学术著作?费孝通先生学术著作等身,为什么偏偏选的是他的《乡土中国》?

(一)《乡土中国》是一本怎样的书

《乡土中国》是著名社会学家费孝通在实地研究的基础上创作的一部深刻剖析中国基层社会结构的经典著作,取自费孝通20世纪40年代后期在西南联大和云南大学所讲的"乡村社会学"一课的内容,最初是以分期连载的方式发表在《世纪评论》上,后于1948年刊印成册,全书共由14章构成。

1.《乡土中国》是一本通论性的社会学著作

通论,意为通达的议论或贯通诸说的言论。社会学是系统地研究社会行为与人类群体的社会科学,起源于19世纪三四十年代,是从社会哲学演化出来的一门现代学科。社会学的研究范围广泛,包括由微观层级的社会行动(agency)或人际互动,至宏观层级的社会系统或结构,因此社会学通常跟经济学、政治学、人类学、心理学、历史学等学科并列于社会科学领域之下。

《乡土中国》中,费孝通主要通过实地考察、案例研究、文献研讨、比较研究等方法,围绕"中国基层的乡土社会究竟是个什么样的社会"的问题展开,"专从社会结构本身

---

[1] 中华人民共和国教育部.普通高中语文课程标准(2017年版,2020年修订)[S].北京:人民教育出版社,2020:11-13.

来发挥","以全盘社会结构的格式作为研究对象","以中国的事实来说明乡土社会的特性",[1]"并不是具体的中国社会的素描,而是包含在具体的中国基层传统社会里的一种特具的体系,支配着社会生活的各个方面。"[2] 全面展现了中国基层社会的面貌,深入浅出地分析了中国基层社会的人际关系、社会结构、权力分配、道德体系、法律习俗等。

2.《乡土中国》是一本"杂话"[3]

费孝通自称《乡土中国》的14篇文章是"杂话"(《无讼》)。"杂话"这个概念是费老的一个"创造",也概括说明了《乡土中国》的文体特征。

"杂话"之"杂",主要体现在内容方面:一是材料多样。有自身经历,有故事传说,有访谈对话,有经典文献,有文艺作品,可谓五花八门,丰富庞杂。二是概念繁多。"乡土社会""礼俗社会""法治""礼治""横暴权力""教化权力""同意权力""时势权力"等概念,在不同层次上构成了一个较为严谨的体系。三是内容丰富。各篇内容构成"乡土中国"的理论体系、隐藏在各篇之中的社会学基本理论、各篇所描述的乡土中国典型的"现象"与"事实",相互融合,浑然一体。

"杂话"的"话",主要体现在表达技巧上:一是结构自由。并非严格意义的"学术论文",也并未限于"引论——本论——结论"的行文框架,更像是一篇篇随笔。二是表达方式灵活。有叙述,有描写,有论证,有说明,就论述而言,有阐释,有分析,有对比,有比喻,各种方式自然融合。三是语言的谈话风。《乡土中国》是根据讲课的讲稿整理而成的,整体上语言质朴、自然、通俗、亲切,有娓娓道来的谈话风,既有严谨缜密之句,又不乏幽默诙谐之语。

(二) 为什么要读《乡土中国》

张新颖说:"拥有一本书的真正意思是:阅读它,通过阅读使书的内涵进入自己的精神和心灵。"[4] 作为一部研究中国乡村社会特点的学术著作,阅读《乡土中国》,书的内涵一定会滋养我们的精神与心灵。

阅读《乡土中国》,可以全面了解中国乡土社会的特征。《乡土中国》作为社会学著

---

[1] 费孝通.后记//乡土中国[M].北京:人民出版社,2015:110-120.
[2] 费孝通.旧著《乡土中国》重刊序言//乡土中国[M].北京:人民出版社,2015:1-4.
[3] 参阅整本书阅读任务书编委会.《乡土中国》整本书阅读任务书[M].重庆:重庆出版社,2022:5-6.
[4] 张新颖.读书这么好的事[M].上海:上海人民出版社,2017:09.

作具有经典性、权威性。作者从社会结构的角度剖析"乡村社会学",通过田野调查和社区分析,较为全面地展现了中国基层社会——传统农村的面貌和主要特征,以"乡土"来概括广大农民的生存和生活状态,以"礼治秩序"来概括中国乡土社会的传统文化和社会治理结构,提出了一套有关中国乡土社会的文化概念。"乡土中国"这个概念成为中国社会发展研究的重要理论基础,为我们认识中国社会提供了全新的视角和理论支持。

阅读《乡土中国》,可以深入理解中国社会的文化传统和文化精神。在费孝通眼中,"乡土社会"是从"乡土"一点点走向"现代"的。如今,传统的乡土社会已经基本解体,但这些让中国人之所以成为"中国人"的"魂"并没有消散,仍在方方面面影响着现代中国。《乡土中国》所提出的观点与理论,《乡土中国》中对"仁义礼智信""忠义廉耻"等中国文化核心概念的辨析和讨论,仍能为我们观照今日的中国乡村社会及城镇化浪潮中的中国全景提供独特的视角,让我们在新的时代背景下对中国的社会文化有更深的理解,从而对于中国社会的乡村振兴、文化建设、传承发展等,有更清醒的认识和期许。

阅读《乡土中国》,可以承载培育学科核心素养的价值追求。首先,《乡土中国》的语言可谓别具一格,没有故弄玄虚的深奥,在质朴自然中又不失严谨缜密,庄谐并重,雅俗共赏,从中可以获得语言的营养和修炼。其次,作为学术著作,《乡土中国》既有缜密的思维,严密的推理,又有举例论证、比喻论证等多种论证方法支撑,阅读过程本身就是一种思维的训练,思辨能力的提升。再次,《乡土中国》常常以讲故事的方式提出或阐释社会学的概念和原理,在对乡村故事的叙说与分析中,隐含着作者丰富的情感和审美情趣,也会给读者带来审美的陶冶。最后,基于对中国基层社会主要特征的分析与定位的《乡土中国》,是费孝通对世界大变革的时代中,中国文化何去何从的探究,既给我们优秀传统文化的滋养,更带给我们文化自觉的警醒与反思。

此外,《乡土中国》篇幅短小,全书共 14 章、72 000 字,章与章之间看似独立又相互关联,在阅读时便于分板块实施,再加之其"杂话"特点,通俗形象,有娓娓道来的对话感、谈话风,能够吸引人读下去。

综上,《乡土中国》需读,且可读,是学术著作类整本书阅读的较优选择。

(三) 我们这样阅读《乡土中国》

在探寻《乡土中国》阅读方法时,有两点应该作为基本原则:一是尊重学情。在纳入教材之前,学生对《乡土中国》是相对陌生的,且高一学生之前阅读较多的是文学类作品，对学术类著作的阅读经验相对较少，这应是我们设计阅读方法的出发点；二是简捷可行。鉴于学生对学术类著作的阅读习惯及课时限制，不主张阅读方法和阅读过程过于复杂、繁琐、深奥、枝权旁出，而应力求简便、直接、可操作。

温儒敏曾言："像《乡土中国》这样的学术性论著，一般有两种读法。一种是专业阅读，目的性强，往往要带着专业的问题去和书"对话"，吸收或者质疑其中的观点。第二种是普通的非专业的阅读，主要是充实知识，拓展眼界，提升素养。两种阅读并非截然区分，有交叉，但各自的阅读取向与方法有所不同。教材中"整本书阅读"所要求我们的，主要是第二种读法，旨在初步接触社会科学论著，扩展知识面，因此标准不宜定得太高，只要坚持读完，对书的内容及表达方式有大致了解，对社会科学研究有些体验和印象，就可以了。如果还能探索一下阅读这类书的门径，甚至引发对某些问题的思考探究，那就更好。"[1]

因此，至关重要的是引导学生在有限的课时时间内，把《乡土中国》整本书阅读落到实处，真正做到读完、读懂，进而探索阅读学术著作的方法，实现从一本书到一类书的跨越。

1. 粗读细读并行

温儒敏主张，阅读社会科学论著，宜"粗读"与"细读"结合，先"粗"后"细"。[2] 这里所说的"粗读"，就是采取跳读的方法，把全书快速过一遍，从每个章节的开头或者结尾处找阐述观点或者定义概念的句子，其他部分则可以一目数行，"扫描"过去。"粗读"之后，再进入"细读"。普通高中教科书（语文·必修上册）《乡土中国》整本书"阅读指导"也主张"先'粗'后'细'，逐步推进。"[3]《〈乡土中国〉整本书阅读任务书》提出了"四步阅读法"，即"略读——精读——研读——重读"，并对每一步阅读作了详细的阐释。[4]

确实，对于《乡土中国》这样的学术性著作而言，只阅读一遍是远远不够的，但是要求学生读几遍，并进行更高层次的研读也是不太实际的。读几遍和研读都需要投入更多的时间和精力，一方面由于课时限制，《课程标准》规定在必修阶段安排 18 课时，要

---

[1] 温儒敏. 年轻时有意识读些"深"一点的书——费孝通《乡土中国》导读[J]. 语文世界（中学生之窗），2021(Z1)：29-30.

[2] 温儒敏. 年轻时有意识读些"深"一点的书——费孝通《乡土中国》导读[J]. 语文世界（中学生之窗），2021(Z1)：29-30.

[3] 温儒敏. 普通高中教科书（语文.必修上册）[M]. 北京：人民教育出版社，2019：80.

[4] 整本书阅读任务书编委会.《乡土中国》整本书阅读任务书[M]. 重庆：重庆出版社，2022：10-13.

完成一部长篇小说和一部学术著作的阅读,即便实际教学中,可能会稍微补充一些课时,但也极为有限,毕竟完成必修上下册的整体教学任务的课时也是很紧张的;另一方面,高中学生面临繁重的课业负担和巨大的高考压力,课外很少有学生能够挤出足够多的时间和精力花费在《乡土中国》的阅读之中。

此外,《乡土中国》是费孝通基于自己开设的"乡村社会学"的授课讲义整理而成的,但这份讲义并没有采用提纲挈领的论调,而是用一种散文体的叙述方式,探索性地描绘和论证观点的,也就是说,并非每一章节的开头或结尾都能很容易找到观点句的,跳读一遍应该很难搞清楚全书的大致意思。

因此,笔者认为《乡土中国》的阅读目标可以分解达成。在高一必修上册整本书阅读教学时,应从学情实际出发,适当降低对学生的要求,将粗读与细读结合起来,同步进行,而在高三综合复习时再针对重点内容、重要观点进行重读,重读时侧重温故知新、研究探讨。

"粗读",即"观其大略"的浏览。一是粗读"序言""后记"等,了解作者的写作背景和写作目的;二是浏览目录,大体了解全书的基本内容和章节结构。在此基础上,搭建全书内容框架,并分割内容板块,使学生对整本书的内容有一个总体的概括的认识(见图5-1)。

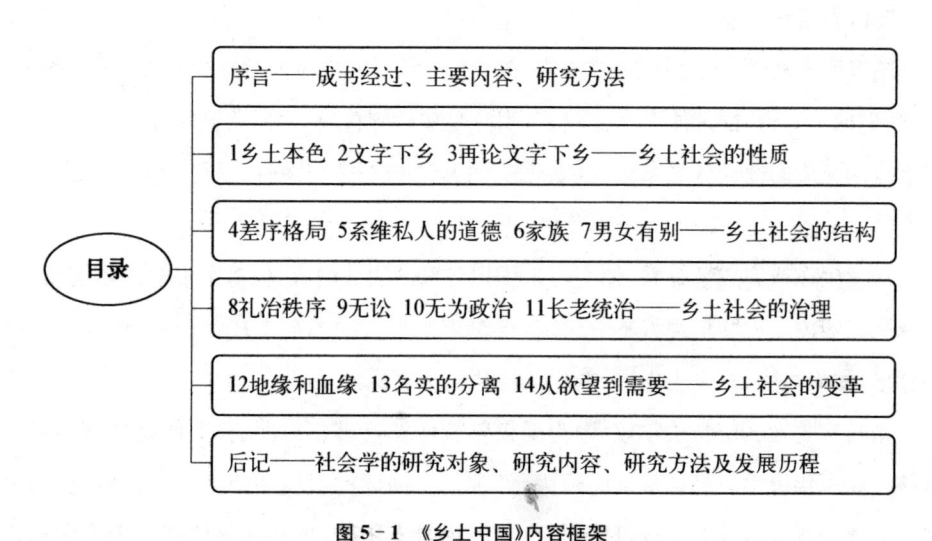

目录
- 序言——成书经过、主要内容、研究方法
- 1乡土本色 2文字下乡 3再论文字下乡——乡土社会的性质
- 4差序格局 5系维私人的道德 6家族 7男女有别——乡土社会的结构
- 8礼治秩序 9无讼 10无为政治 11长老统治——乡土社会的治理
- 12地缘和血缘 13名实的分离 14从欲望到需要——乡土社会的变革
- 后记——社会学的研究对象、研究内容、研究方法及发展历程

图5-1 《乡土中国》内容框架

"细读",就是深入细致的阅读。在了解全书内容框架之后,即开始按照内容板块,逐章分析式阅读,主要完成三项任务:撰写每章内容概要、勾画注释核心概念、用思维

导图梳理论证思路。如《乡土中国》第12章《血缘与地缘》阅读任务(见表5-1)。

表5-1 《乡土中国》阅读任务例举

阅读篇章	阅读任务
第12章：血缘与地缘	1. 概括章节内容。可用文字概述(100字左右)，或借助思维导图形式。 2. 解释以下核心概念。 (1) 血缘—— (2) 地缘—— 3. 回答问题。 (1) 乡土社会中专门作贸易的街集，为什么要时常放在一个特定的空场里？ (2) 在《血缘与地缘》篇末，作者提出"从血缘结合转变到地缘结合是社会性质的转变"，分析得出这一结论的思路(用思维导图表示)。

2. 内容逻辑导引

笔者两次教学《乡土中国》的整本书阅读。第一次是在上海顶尖高中的数学强基班，学生抽象思维、推理能力都比较好，当时是按内容板块，每周布置阅读篇章，在学生课下自读完成阅读任务的基础上(如表5-1)，每周安排1课时，进行学生阅读作业点评交流。

从学生作业完成情况看，他们可以读懂各章的大致内容，但对全书的内容逻辑、章与章之间的内在关联梳理得不够清楚，很难宏观把握中国乡土社会产生、运行及变革的脉络，因而对阅读《乡土中国》的现实性认识不够深刻。

第二次是在云南帮扶学校，因为受援学校生源基础相对薄弱，即便是任教的班级是该校高一年级学习基础最好的班级，学生自主阅读的习惯和能力还是比较弱的，大多数阅读任务难以独立完成，理解每章内容尚且有困难，更遑论整体把握全书的理论框架和论述思路了。

两次教学经历，让我深切认识到，要想学生真正读懂《乡土中国》，还是亟需教师的引导的,这里有阅读方法的指导、阅读任务的制定、阅读计划的督促实施,更需站在宏观、全局的视角对全书内容逻辑进行导引。

这种导引主要表现在三个方面,一是对全书内容作逻辑梳理,梳理14章之间的逻辑关系,进而根据讨论的对象,把14章内容切割成几个板块,使学生很清晰地知道全书探究了乡土中国哪些方面的内容,这些内容之间是怎样的逻辑关系;二是对板块内容进行逻辑梳理,使学生清楚每一板块作者围绕该主题提出了哪些观点,乡土社会在这一主题下表现出怎样的特征;三是对篇章内容进行逻辑梳理,主要是梳理作者围绕讨论的主题(或核心概念)是如何进行阐释和论证的。

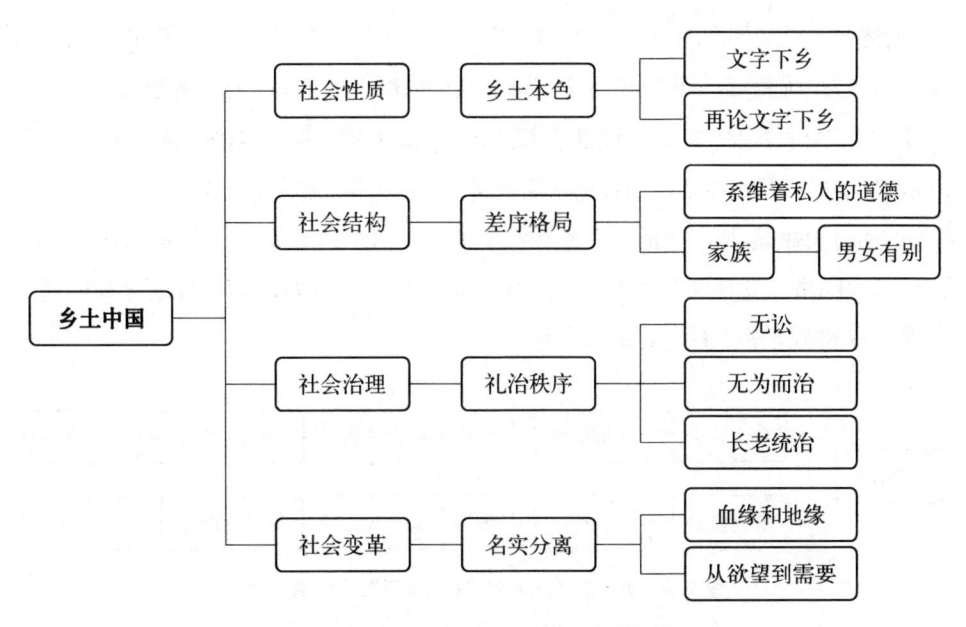

图 5-2 《乡土中国》全书内容板块及逻辑结构

作者首先阐明乡土社会的乡土本色,并以文字下乡为引入,逐步介绍了乡土社会的特点:社会的稳定性和传统性决定了人与人之间的差序格局,形成了推崇传统道德的礼治秩序,衍生出以教化为手段的长老统治,名实分离、从欲望到需要,促使乡土社会发生变迁。

全书共14章,可以分为四个内容板块,分别从社会性质、社会结构、社会治理、社会变革四个方面阐述了中国乡土社会的特点,每一内容板块包含的几个篇章中,又有处于核心地位的篇章。比如,阐述乡土社会结构的有四章,其中第4章《差序格局》是

131

统领,正因为乡土社会的社会结构是差序格局,才会有"系维私人的道德",按父系不断扩大的"家族",人与人的感情偏向同性发展的"男女有别"。

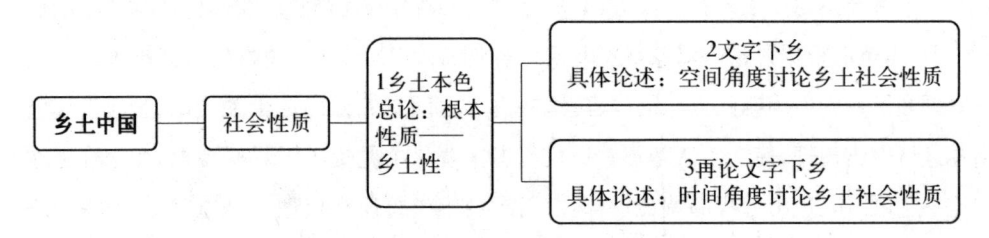

图 5-3 "乡土社会性质"内容板块逻辑结构

阐述乡土社会性质的《乡土本色》《文字下乡》《再论文字下乡》三个章节中,第 1 章《乡土本色》是统领,甚至可以说是全书的总论,指出了乡土社会的根本性质是其乡土性;第 2 章《文字下乡》和第 3 章《再论文字下乡》,是对第 1 章观点的具体论述,分别从空间角度和时间角度阐述乡土社会不需要文字,从而印证其乡土性特征。乡土社会是熟悉的面对面社群,从空间格局上看不需要文字;乡土社会又是一个安定的社会,少有变化,从时间格局上看也不需要文字。第 1 章与第 2、第 3 章之间形成总分和因果关系,第 2 章和第 3 章之间形成并列关系。

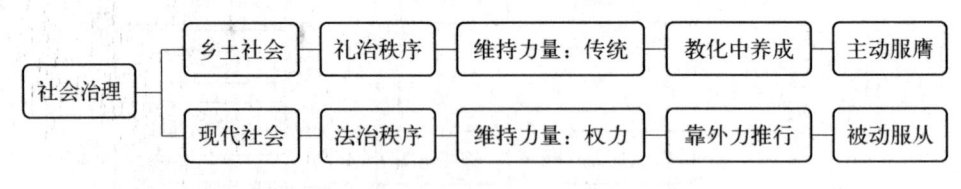

图 5-4 第 8 章《礼治秩序》"社会治理"主题内容梳理

第 8 章《礼治秩序》主要讨论乡土社会以"礼"为核心,运用教化的形式让人们主动服膺于传统习惯的维持社会稳定的办法,在与现代社会进行比较中,中国乡土社会特有的社会治理的方式很清晰地呈现出来。

在学生自读梳理的基础上,教师适时进行内容逻辑的导引,可以起到提纲挈领、明晰升华的作用。

3. 核心概念释析

温儒敏指出,在阅读《乡土中国》时应该重视其中的核心概念,遇到核心概念时要停下来思考:这个概念是什么?属于哪部分?是在什么"语境"下提出来的?围绕这个核心概念作者怎样展开了论述？论述了什么？[1] 由此可见，阅读《乡土中国》时，掌握核心概念尤为重要。从核心概念出发，梳理章节如何论证，如何得出结论，是读懂《乡土中国》的一个很好的路径。

《乡土中国》中出现的概念很多，不可能面面俱到作出解释。要对核心概念进行释析，首先要确定哪些概念是核心的、重要的概念。所谓核心概念，应该是中心的、主要的、反映对象本质属性的概念。

表5-2 《乡土中国》各章核心概念一览

内容板块	相关篇章	核心概念
社会性质	乡土本色	土气、乡土性、乡土社会、现代社会、礼俗社会、法理社会
	文字下乡	愚、面对面社群、间接接触
	再论文字下乡	词、学习、记忆、文化、时间阻隔、空间阻隔
社会结构	差序格局	差序格局、团体格局、个人主义、自我主义、群己、推
	系维着私人的道德	道德观念、代理者、克己复礼
	家族	家族、家族、社群、社会圈子、事业社群
	男女有别	男女有别、男女求同、感情定向、阿波罗式、浮士德式
社会治理	礼治秩序	人治、礼治、法治、无为而治
	无讼	法治秩序、礼治秩序、诉讼
	无为政治	横暴权力、同意权力、社会冲突、社会合作、社会契约、无为政治
	长老统治	长老统治、长老权力、教化权力、社会继替

---

[1] 温儒敏. 年轻时有意识读些"深"一点的书——费孝通《乡土中国》导读[J]. 语文世界(中学生之窗)，2021(Z1)：29-30.

续 表

内容板块	相关篇章	核心概念
社会变革	血缘与地缘	血缘、地缘、血缘社会、地缘社会、契约
	名实的分离	时势权力、名实分离、文化英雄、社会变迁
	从欲望到需要	欲望、需要、意志

释析核心概念,既需要揭示概念的本质特征,同时还需要对概念产生的背景、原因、条件等因素进行剖析。以下两种思路可以帮助学生加深对概念的理解:

一是形成比较。在阅读中我们不难发现,作者在讨论"乡土社会"的本质特征、社会结构、社会治理、社会变革等内容时,经常会与"现代社会(有时亦称西洋社会、都市社会、城市等)"进行对比分析与论述,而这样的对比贯穿于全书14章之中。在对核心概念进行诠释时也可引导学生用比较的视角,在比较中深刻理解概念的内涵。比如,在阅读《长老统治》一章,释析"横暴权力""同意权力""长老权力"这几个核心概念时,可作如下比较:

表5-3 比较视角释析核心概念例举

比较角度	横暴权力	同意权力	长老权力
权力与权力关系	在上者与在下者	社会成员之间	长与幼双方
权力产生的基础	社会冲突	社会分工	社会继替
维持权力的手段	支配驱使	社会契约	教化
权力实施的目的	获取经济利益	维护分工合作	陶炼合于规范者

二是前后贯通。《乡土中国》虽然各篇内容相对独立,但有些内容又是分散在各篇之中的。比如,作者对"权力"的论述就分散在《无为政治》《长老统治》《名实的分离》等篇章中。其中,《无为政治》主要是基于"社会合作"与"社会冲突"来比较讨论"横暴权力"和"同意权力"的内涵;《长老统治》是从"社会继替"的角度来讨论乡村社会"教化权

力"的内涵;《名实的分离》是从"社会变迁"的角度讨论"新旧交替"时产生的"时势权力的内涵"。将相关篇章的内容连贯起来,前后链接,前后照应,互相参照,互相贯通,才能更全面地理解书中核心概念的丰富内涵,并进而深刻理解"乡土中国"的理论体系。

4. 现实视角观照

《乡土中国》的内容和思想并不具有时限性,作者深入挖掘了社会现象背后的思想观念和生活习惯。我们阅读《乡土中国》,一定不只是为了了解作者的观点,记住几个核心概念;也不只是为了认识中国乡土社会的特征,学习作者观察社会、透视社会的方法。更为重要的是站在现实视角,审视中国人之成为中国人的文化传统。对《乡土中国》进行现实视角的观照,可以从以下几方面入手:

(1) 联系生活。《乡土中国》虽然成书已久,但其中许多概念、观点仍与我们的生活息息相关。虽然中国城镇化越来越高,乡土中国正在一步步远离我们,但广大农村仍是众多人的血脉和文化源泉,中国文化的底色仍不失其乡土性,在我们的生活中依旧能够探寻到它的魅力。比如中国人无处不在的热衷和擅长种地、种菜的现象,中国人对户籍、户口的重视,中国人的姓氏文化,很多地方的丧葬仪式,"社区"概念内涵的发展和演变等。所以,在阅读中,借助生活中经常接触到或看到的现象,启发学生将文本中的重要观点、概念与现实生活结合起来,巧妙地拉近学生与文本之间的距离。

(2) 思辨阅读。余党绪认为:思辨性阅读就是借助批判性思维的基本原理、策略与技能开展的阅读,思辨性阅读就是批判性阅读。[1] 所谓的批判性阅读,指在阅读过程中,通过自主思考,对文章内容作出独立的、客观的评价的阅读模式。用批判的眼光阅读《乡土中国》,即是对其价值和不足有全面、理性的认识。既看到其对中国乡土社会独创性的观察与思考,创造性的理论构建和剖析,又对其内容的充实性、观点的辩证性、论证的逻辑性、行文的严谨性等方面所有质疑,并结合现实问题对其观点和理论进行辩证认识。这种思辨阅读,本身即蕴含着扬弃。

(3) 反思自省。读书最重要的是价值建构,阅读《乡土中国》的最终目的是要认识自我,知道我们从何处来,带着乡土文化"影子"的我们,将要走向何处。《乡土中国》论析的是1947年的中国乡村,它问世至今已有七十六年的时间。七十多年来,中国社会发生了天翻地覆的变化,但"变"中又有哪些"不变"?传统与现代的转换和融合,乡村

---

[1] 余党绪. 比教学范式建设更迫切的,是改善我们的思维——关于思辨性阅读教学的思考[J]. 语文建设, 2018(1): 9-13.

与城市的碰撞和交流，给中国社会带来哪些利弊？从中国如今的变化当中，回溯《乡土中国》在二十世纪四十年代总结出来的基层社会的逻辑，从中分析出中国社会发展的动力和潜力，从而以更加昂扬的姿态走在世界舞台上。

三、《红楼梦》的阅读

在中国古代小说中，曹雪芹的《红楼梦》是一座卓然矗立的小说艺术高峰。这部巨著，在日常生活的细腻叙写中寄寓了作者对社会人生的透彻观察和深刻思考，思想内容博大精深，文化蕴含极其丰富，是一部艺术化的中国古代社会文化的百科全书。

《课程标准》强调："通过引导学生阅读整本书，……促进学生对中华优秀传统文化、革命文化、社会主义先进文化的深入学习和思考，形成正确的世界观、人生观和价值观。"[1]在必修阶段完成一部长篇小说的阅读，《红楼梦》作为"我们中华民族文化的代表性最强的作品"，[2]是当然之选。同时，由于它的经典性，由此积累的阅读经验和阅读方法，会为日后整本阅读其他文学名著奠定坚实的基础。

（一）《红楼梦》的阅读困境

贾平凹在《读书示小妹十八岁生日书》中曾言："你若喜欢上一本书了，不妨多读；第一遍可囫囵吞枣读，这叫享受；第二遍就静下心坐下来读，这叫吟味；第三遍便一句一句想着读，这叫深究。三遍读过，放上几天，再去读读，常又会有再新再悟的地方。"这种阅读状态，在《红楼梦》阅读中应该是很难实现的。

不像《乡土中国》那样对学生来说是一个新事物，《红楼梦》在纳入教材整本书阅读之前，学生通过各种渠道对其是有认知的，但要真正作为教学内容来整本阅读，还是面临着较大困难的。

一是很多学生不喜欢。《红楼梦》是清代曹雪芹创作的一部长篇章回体小说，与学生现实日常生活相距久远，由于年代和社会背景等因素，学生对其所表现的内容有较大的隔膜，更愿意阅读通俗易懂、与他们的生活接近的现代小说，而对于《红楼梦》却缺

---

[1] 中华人民共和国教育部. 普通高中语文课程标准（2017年版，2020年修订）[S]. 北京：人民教育出版社，2020：11.
[2] 周汝昌. 红楼十二层[M]. 太原：书海出版社，2005：07.

乏阅读兴趣的驱动。

二是篇幅太长,用时过多。《红楼梦》全书共120回,篇幅太长,阅读起来需要耗费较多时间,而高中学生学习任务重,学习科目多,每天很难拿出较多时间阅读,阅读周期就会拖延较长,阅读间隔时间不固定,势必会发生边读边忘的情况,很难有相对集中、固定的时间沉浸式阅读,阅读效果会大打折扣。

三是内容博大精深,比较难懂。《红楼梦》以贾、史、王、薛四大家族兴衰为背景,以贾宝玉、林黛玉、薛宝钗的爱情婚姻悲剧为主线,通过描写封建贵族的家庭日常生活来展现封建社会图景、社会制度以及各类中华传统文化,涵盖园林建筑、衣着服饰、饮食烹饪、诗词歌赋、宗教等社会生活的方方面面,内容庞杂,包罗万象,而且人物众多,人物关系复杂,对于我们学生来说,比较难读懂、理清、记住。

四是碎片化阅读的冲击。在信息爆炸的时代,获取知识越来越简单,信息多种多样,短篇文章满天飞,碎片化阅读成为很多人的阅读常态。碎片化阅读指的是利用短而不连续的时间片段进行简短而少量的文本阅读,其特点即阅读模式不完整、断断续续。这种阅读状态对学生整本书阅读是一个很大的冲击。同时,由于学生之前接触最多的是单篇短章的阅读,还没有养成足够的耐心和定力阅读篇幅和阅读时间过长的作品,容易一目十行,很难产生深刻的记忆和深度的思考。

(二)《红楼梦》的阅读使命

"一部经典作品是一本永不会耗尽它要向读者说的一切东西的书"。[1]《红楼梦》作为"在指定范围内"选择的唯一一部长篇小说纳入高中语文教材,正是在于它的经典性,阅读它,可以读到你想从书中得到的"一切东西"。

《红楼梦》的思想价值。首先,《红楼梦》展现了封建大家族盛极而衰的巨变,用如椽之笔深刻地反映出封建社会、封建宗法家族的种种矛盾和危机,展示出封建贵族家庭不可避免地走向衰落的历史趋势,并在更广泛的领域展现了封建社会的风貌和人情世态。其次,伴随着贵族家庭的衰落,《红楼梦》还为我们展现了一个"青春王国"里的一群长不大的少男少女们的快乐、烦恼、友情、情爱,以及他们在成长过程中对生命的体验,对生命的追问。这不是简单的青年男女的个人悲欢,更多是作者借此表达对社

---

[1] 伊塔洛·卡尔维诺. 为什么读经典[M]. 黄灿然,李桂蜜,译. 南京:译林出版社,2006:03.

会人生的独特认识和感悟,可以使阅读者获得深厚的生命意识和人文涵养。

《红楼梦》的文学价值。《红楼梦》的"人物刻画"及"叙述手法"是其他古典文学作品难以望其项背的。在人物刻画方面,全书人物众多,有名有姓的有七百多人,上至皇妃亲王、公侯太监、夫人小姐,下至平民百姓、丫鬟村妪、僧侣尼姑,三教九流,无所不包,却都具有鲜明的个性,写出了人物的多样性和复杂性。脂砚斋评价其"摹一人,一人必到纸上活见。"在叙述手法方面,写实与浪漫的完美融合,既有日常生活的真实,又有诗情画意的美感,多线铺展,立体结构,更有让人叹为观止的草蛇灰线、伏脉千里的精巧布局。深入探究《红楼梦》的内在特征及文学价值,从中获得宝贵的文学熏陶与滋养。

《红楼梦》的审美价值。《红楼梦》中蕴含着很多方面的美,有很重要的审美价值。这里有一群青春美好的红楼女儿,"水作的骨肉",诗意生命,至性至情,黛玉葬花、宝钗扑蝶、晴雯撕扇、香菱学诗,无不给人带来极大的美感体验。这里的景色建筑、服饰穿戴、器物饮食、房间布置等独具特色,一幅幅日常生活的细腻描画,猜谜联额、听笛赏月、说书看戏、游园行令,无不展现出浓浓的审美雅趣。此外,这里还有一首首诗词曲赋,"红楼梦曲""葬花吟""咏白海棠""菊花诗",无不让人沉浸其中,韵味悠长。

《红楼梦》的文化价值。人民教育出版社编辑朱于国解释为什么会选择《乡土中国》和《红楼梦》作为整本书阅读,是因为"作为社会学经典著作和古代白话小说的巅峰之作,这两部书承载着知识分子对国家命运前途的关注和思考,承载着中华民族厚重的文化,有利于引导学生思考现实问题,弘扬优秀传统文化,增强文化自信"。[1]

《红楼梦》这样一部被周汝昌称为"中华文化的一个综合体和集大成"的经典古代文学作品,成为"整本书阅读与研讨"的重要课程内容,它对提升学生阅读鉴赏长篇小说的能力,促进学生的生命感悟和精神成长,具有重要意义。

(三)《红楼梦》的阅读策略

艾德勒在《如何阅读一本书》中提出阅读的四个层次,分别是基础阅读、检视阅读、分析阅读和主题阅读。其中基础阅读要求大致了解整本书的作者、主题背景;检视阅读要求快速读完整本书,并了解书籍内容;分析阅读要求能够专注地阅读整本书,并理

---

[1] 转引自吴泓. 统编高中语文必修教材"整本书阅读"单元教学设计思路及建议[J]. 语文教学通讯(.A版),2021(1):10-12.

解书籍内容；而主题阅读则要求阅读更多的整本书并且进行对比，强调触类旁通，从一到 N。[1]

统编高中语文教材必修下册第七单元导读明确："通读《红楼梦》全书，梳理小说主要情节，理清人物关系，理解和欣赏人物形象，探究人物的精神世界，整体把握小说的思想内容和艺术特点，建构阅读长篇小说的方法和经验。"[2]

为此，在教学实践中，笔者主要采取以下策略实施《红楼梦》整本书阅读教学。

1. 全书通读

通读全书，这是《课程标准》对整本书阅读的底线要求。温儒敏也说过："整本书阅读"是可以多少起到一些"磨性子"作用的。要求不宜太高，要重在"目标管理"，不要太多"过程管理"，学生能坚持完整通读几本书，就很不错了。[3] 所以，《红楼梦》整本书阅读，无论如何都要引导学生耐着性子，"连滚带爬"[4]地通读一遍。

在学生阅读《红楼梦》之前先开展导读活动，主要解决三个问题，一是阐述《红楼梦》的价值影响，引发学生的阅读兴趣；二是梳理《红楼梦》的内容概要，引导学生整体把握全书要点；三是提出《红楼梦》整本书的阅读安排及方法，指导学生完成通读任务。

（1）集中时间

《课程标准》对"整本书教学与研讨"任务群的教学提示，其中有一条即为"课时可安排在两个学期，宜集中使用，便于学生静下心来，集中时间和精力，认真阅读一本书。"[5] 集中时间阅读一本书，尽可能避免零零散散，断断续续，而使整本变成了碎片。

第一次指导《红楼梦》整本书阅读时，由于学生自主阅读的能力相对强些，主要集中安排在高一结束的暑假期间。这一次因是指导云南支教学校的学生阅读，学生独立自主阅读的习惯和能力相对弱些，所以，集中安排在高一下学期每周一次的语文晚自

---

1 莫提默·J·艾德勒，查尔斯·范多伦. 如何阅读一本书[M]. 郝明义，朱衣，译. 北京：商务印书馆，2019：21.

2 温儒敏，王本华. 普通高中教科书教师教学用书（语文.选择性必修下册）[M]. 北京：人民教育出版社，2019：137.

3 温儒敏. 统编高中语文教材的特色与使用建议——在统编高中语文教材国家级培训班的讲话[J]. 课程.教材.教法，2019(10)：4-9.

4 温儒敏. 培养读书兴趣是语文教学的"牛鼻子"——从"吕叔湘之问"说起[J]. 课程.教材.教法，2016(6)：3-11.

5 中华人民共和国教育部. 普通高中语文课程标准（2017年版，2020年修订）[S]. 北京：人民教育出版社，2020：12.

习时间(共3课时)。每周固定时间阅读《红楼梦》,现已成为学生很期待的一件事。集中时间阅读一本书,会产生较长时间浸润其中的效果。

(2) 有序推进

"阅读整本书,应以学生利用课内外时间自主阅读、撰写笔记、交流讨论为主",[1]对于《红楼梦》这部长篇巨著来说,阅读它需要花费较长的时间。如何在一段相对较长的时间内,保证学生能够一直完整地阅读下去,就需要教师与学生一起有序推进阅读。

首先,制定"阅读进程时间表",规定好每月、每周、每日的阅读计划;然后,督促学生在规定好的有限时间内完成阅读任务,并做好过程管理,及时反馈阅读结果。第一次指导阅读《红楼梦》时,因为集中安排在暑假,学生自主时间相对多些,每周阅读15回,每周五晚上先进行20分钟的阅读测试,然后线上分享交流,答疑解惑,一个暑假完成了120回的通读。这一次因受援学校的学生假期要承担家里的很多劳动,用于完成作业的时间不是很多,所以按照突出重点、区别主次的原则,重点的主要的前80回安排在每周一次的语文晚自习时间集中阅读,每次阅读5回,最后用20分钟时间进行自测和解惑;相对次要的后四十回续写部分安排在高一下的暑假自主阅读,每周线上答疑一次。这样有秩序、按一定节奏推进,能够很好地保证阅读的有效性。

(3) 任务驱动

"原生态阅读"是语文阅读教学中不断引发思考和实践的话题。把阅读的主动权完全交给学生,让学生独立自由地去阅读文本,感知和领悟文本,使阅读教学回归到人们阅读作品时的自然状态,这当然是我们渴望的阅读教学的境界。但在实际教学过程中,在教材课文的学习时,这种阅读状态还是很难实现的。

整本书阅读给了学生更多原生态阅读的可能,但对应课标要求,仅仅停留在原生态状态还是不够的。因为原生态阅读往往是由着学生的兴趣,听凭个人的感觉,不提公共的要求。像《红楼梦》这样的篇幅长、阅读周期长、内容庞杂、意蕴深刻的作品,如果只是由着学生的兴趣,受个人能力的限制,势必收效甚微。所以,在进行《红楼梦》整本书通读时,随意性不能太强,不能是毫无目的的自由阅读,而是要有明确的阅读任务,用任务、问题驱动学生由自然的阅读变为理性自觉的阅读。

那么,要设计什么样的任务,提出怎样的问题驱动学生阅读呢? 这取决于通读想

---

1 中华人民共和国教育部. 普通高中语文课程标准(2017年版,2020年修订)[S]. 北京:人民教育出版社,2020:13.

要达成的目标。《红楼梦》全书通读是其整本书阅读的第一阶段,是基础性的阅读,根据小说文体特征,主要目标是梳理小说的主要情节,认识主要人物并理清人物之间的关系,整体把握全书的叙事脉络及内容概要。基于这样的阅读目标,设计阅读任务时要学会取舍,抓住文本核心,聚焦情节主线和主要人物,抓大放小,去杂取精,除冗就简。

表5-4 《红楼梦》通读阅读任务单(示例)

阅读章回	阅 读 任 务
第十一至十五回	阅读十一到十五回,填出下列题目空格处的内容。
第十一回 庆寿辰宁府排家宴 见熙凤贾瑞起淫心	1. 第十一回中,宁国府为庆贺贾敬的寿辰,摆下家宴。宴上,王夫人问起□□□的病情,大家都深表惋惜和同情。于是,饭后凤姐带领宝玉前去探望她。 2. 第十一回中,贾宝玉在秦氏房中看到《海棠春睡图》和秦太虚写的"嫩寒锁梦因春冷,芳气袭人是酒香"的对联,不觉想起之前(第五回)梦到的□□□□的事来。
第十二回 王熙凤毒设相思局 贾天祥正照风月鉴	3. 第十二回中,贾瑞被凤姐戏弄后,一病不起。需要吃"独参汤",到荣国府来寻,王熙凤只将些渣末泡须凑了几钱命人送去,可见熙凤为人□□,不给贾瑞一点活路的。 4. 第十二回中,贾瑞生病后,有一跛道人送来一面錾着"□□□□"四字的镜子,嘱咐贾瑞只可照反面,不可照正面,三五日即可痊愈。贾瑞不听跛道人之言,正面照镜子,一命呜呼。 5. 第十二回中,这年冬底,由于林如海身染重病,贾母便急派贾琏送□□□回扬州探父,宝玉大不自在。
第十三回 秦可卿死封龙禁尉 王熙凤协理宁国府	6. 第十三回中,秦可卿临死之前托梦给□□□,临别赠了两句话:"三春去后诸芳尽,各自须寻各自门",预示着贾府之后会家败人亡,女孩子们会流离失所。秦可卿之死,开启了贾府败亡的序幕。

续 表

阅读章回	阅 读 任 务
第十四回 林如海灵返苏州郡 贾宝玉路谒北静王	7. 第十四回中,王熙凤到宁国府帮忙料理秦可卿的丧事,把大大小小的事情一一分派到人,足见其精明能干,曹雪芹用"金紫万千谁治国,裙钗一二可齐家"来称赞她的治家能力。而且惩罚的事自己做,奖赏的事留给贾珍来做,可见其□□□□。
第十五回 王熙凤弄权铁槛寺 秦鲸卿夭逝黄泉路	8. 第十五回中,王熙凤弄权□□寺,为了三千两银子破坏张金哥的婚事,最终害死了两条人命。自称"从来不信阴司地府报应,凭是什么事,我说行就行",她假借贾琏名义,做成这一笔肮脏交易,贾琏并不知情。贾府被抄之时,这件事也东窗事发,成了王熙凤的一大罪状。

上表是笔者此次指导支教学校学生通读《红楼梦》时设计的阅读任务,本次阅读以五回为一个单元,在每周的语文晚自习时完成。本任务清单根据第十一至十五回的内容,聚焦王熙凤、秦可卿这两个主要人物,围绕宝、黛爱情和贾府由盛而衰的内容主线来设计。这个阅读任务可以在阅读前作为任务清单呈现,也可以在阅读后作为自我检测材料使用。任务以考查识记和读取能力为主,检测学生对情节和人物等内容的关注,并鼓励学生整理自己的阅读感受和疑惑。阅读任务采取填空的形式,是为了更为明晰、简洁地呈现小说的内容脉络、主要人物及其特点。

2. 精彩赏读

经典作品的整本书阅读,不是让学生随意阅读,走马观花地看过一遍就可以了,其主要目的是让学生真正沉浸在作品里,从作品中走个来回。《课程标准》对整本书提出了"读懂文本"[1]的要求,但《红楼梦》思想内容博大精深,文化内涵丰厚深邃,创作过程复杂,都给高中学生"读懂"作品带来了困难。要让学生读懂,首先要引导学生在通观全书的基础上细读文本,抓住最使人感动的故事、人物、场景等反复阅读品味,从文本的细腻描写中体会作者的深意,完成由"面"的通读到"点"的赏鉴,在作品中走个来回。

---

1 中华人民共和国教育部. 普通高中语文课程标准(2017年版,2020年修订)[S]. 北京:人民教育出版社,2020:11.

（1）共议赏读内容

当然，《红楼梦》中使人感动的故事、人物、场景不胜枚举，但限于时间，还是要有所取舍，这种取舍一方面来自于教师对全书的宏观理解，更重要的是来自于学生在第一阶段通读时的阅读感受。选取那些最让人感动的、对故事主线有重要作用、对主要人物的性格有充分展现的故事、情节、片段进行赏读，在赏读中体会小说深厚的社会内涵，欣赏人物形象，把握小说的艺术价值。下面是我们师生共同选取的赏读内容。

表5-5 《红楼梦》精彩赏读列表

赏读内容	回目	赏读理由
林黛玉进贾府	第三回	借林黛玉视角第一次展现小说中众多人物活动的典型环境——贾府，解读封建家族文化
元妃省亲	第十七、十八回	元春显贵带来贾府极盛的社会地位与奢华，预示她的暴毙会使贾府大厦坍塌
黛玉葬花	第二十三、二十七回	两次葬花，既有黛玉性情展现，又有宝黛之间精神的共鸣，更将林黛玉的凄美写到极致，超越时空，化为永恒
宝玉挨打	第三十三回	各种矛盾冲突的大暴发，波澜起伏，张弛有致，且展现人性百态
刘姥姥进大观园	第四十回	透过刘姥姥的眼睛映射出贾府钟鸣鼎食、奢侈腐败的景象
香菱学诗	第四十八回	以点带面，红楼女儿精华灵秀却命运多舛，这样美好的生命的凋零，更为可悲
抄检大观园	第七十四回	大观园的诗情世界被毁灭，预示着最终将白茫茫大地真干净

共议赏读内容，是教师"以自己的阅读经验，平等地参与交流讨论"，[1] 更是学生在

---

[1] 中华人民共和国教育部.普通高中语文课程标准（2017年版，2020年修订）[S].北京：人民教育出版社，2020：13.

通读基础上梳理全书脉络,采撷阅读经历,展现阅读感受,从而在赏读过程中更容易入文共情。

（2）借用影视资源

《红楼梦》为我们展开了一幅宏大的日常生活画卷,其中有吟诗作赋,猜谜联额,听笛赏月,说书看戏,游园行令,品茶论画……可谓文化艺术的大观园。但这些生活场景毕竟离学生的日常生活很久远,有些生活细节只赏读语言文字的描绘,学生很难读懂。这时,可以借用影视资源,帮助学生产生具体形象的印象,从而获得更真切的体验和感受。比如,在赏读"黛玉葬花"时,当学生吟读着"葬花吟"的诗句时,播放87版《红楼梦》电视剧"葬花吟"插曲,视觉与听觉交融,在悲泣残红的哀婉氛围里感受这首大观园女儿们的命运挽歌,那种悲凉之感会更加痛彻心扉；赏读"刘姥姥进大观园"时,引入87版《红楼梦》电视剧的片段,通过视觉所见的刘姥姥见四楞象牙镶金筷子、"食量大似牛"等场景,更能感受到刘姥姥为了生活,扯下自己的尊严,戴上一副丑角的面谱,卖力表演以哄贾母开心的样子。

"感受和体验文学作品的语言、形象和情感之美,能欣赏、鉴别和评价不同时代、不同风格的作品,具有正确的价值观、高尚的审美情趣和审美品位。"[1]这是《课程标准》对"审美鉴赏与创造"核心素养的具体目标。对文学作品的鉴赏是学生获得高尚的审美情趣和审美品位的重要途径。《红楼梦》本身就是集"美"于一身的优秀作品,对书中的精彩情节和章回进行品鉴赏读,挖掘作品之美,有利于提高学生自身的文学素养和审美能力。

3. 专题研读

"专题"是指对某一方面进行深入地研究。围绕整本书开展的专题教学,是把整本书阅读和专题学习结合在一起的实践创新,可以更好地培养学生的语文核心素养,两者结合能够表现出整体性、引领性、高效化等特点。"整本书阅读"要立足于整本书的宏观把握,这是由课程的性质和目标决定的。"研读"必须建立在学生完成了对"整本书"的阅读,并对全书内容有了整体把握的基础上。在全书通读、精彩赏读之后,进行《红楼梦》专题研读,通过"量变"促进"质变",拓展阅读的深广度,提升阅读品质。

---

[1] 中华人民共和国教育部. 普通高中语文课程标准(2017年版,2020年修订)[S].北京：人民教育出版社,2020：06.

作为一种教学组织形态，专题研读要求师生围绕整本书明确的选题，完成阅读研究任务，并通过展示交流或论文写作等方式形成研读成果。专题研读的过程，是师生共同探究、交流对话的过程，在这一过程中，"教师的主要任务是提出专题学习目标，组织学习活动，引导学生深入思考、讨论与交流"。[1]

《红楼梦》研读专题的确定应遵循如下原则：一是遵循课标要求。《课程标准》对长篇小说阅读的目标定位为："欣赏语言表达的精彩之处，梳理小说的感人场景乃至整体的艺术架构，理清人物关系，感受、欣赏人物形象，探究人物的精神世界，体会小说的主旨，研究小说的艺术价值。"[2] 二是基于文体特征。立足小说文体，从人物、情节、环境、主题、语言等几个角度确定研读专题。三是注重整合梳理。要将阅读过程中产生的"纷繁杂乱"做条理化、系统化处理，提出牵一发而动全身的主干问题，以少带多、深化内容的关键问题进行研读探讨。四是凸显宏观观照。如果说全书通读侧重"面"的认知，精彩赏读侧重"点"的品味，那么，专题研读更侧重"面"的理性升华。

表5-6 《红楼梦》"专题研读"选题列表

研读专题	研读意图
红楼大厦的网状结构	探究《红楼梦》的倒叙手法、双线扭结、网状编织的结构形态，对之前章回体小说线性单一结构的突破
红楼之梦的前世今生	探究《红楼梦》前五回揭示主题、交代人物、暗示结局的纲领作用
千红一窟，万艳同悲	探究贾宝玉、林黛玉、薛宝钗、王熙凤等主要人物的性格命运与精神世界
红楼生活的文化内涵	探究饮食起居、结社吟诗、婚嫁丧葬、服饰穿着等生活图景中丰富的文化内涵

---

1 中华人民共和国教育部. 普通高中语文课程标准(2017年版，2020年修订)[S]. 北京：人民教育出版社，2020：13.
2 中华人民共和国教育部. 普通高中语文课程标准(2017年版，2020年修订)[S]. 北京：人民教育出版社，2020：11-12.

续 表

研读专题	研读意图
诗词曲赋寓人生	探究《红楼梦》诗词曲赋呈现的语言艺术,并从中体会人物性格的多样性和复杂性
草蛇灰线,伏脉千里	探究《红楼梦》巧设伏笔勾连全书的写作手法
"女儿国"的兴与衰	以大观园和太虚幻境为切入点,探究小说的环境描写
红楼一梦的悲剧意蕴	探究小说的复合主题,领会盛衰故事背后的生命觉悟

王国维评价《红楼梦》是"彻头彻尾之悲剧也"[1]。从小说文本的社会圈层来看,从核心的大观园到外圈的贾府、社会乃至宇宙,都充满了悲剧的意义。《红楼梦》不仅仅写大观园的毁灭、贾府的衰颓,它还通过各色人物,联结了各个阶层、各种形态的人生,观照到整个社会。

将学习任务分解成情节结构、故事场景、人物形象、语言艺术、主题意蕴等几个专题进行研读,采取小组合作的方式开展,借全班展示交流进行教师点评和学生互评,引导学生把握《红楼梦》整本书深刻的思想蕴含和丰厚的文化内蕴。

4. 关联释读

"阅读教学就是激发和催生智慧的活动"[2]。在《红楼梦》整本书阅读中,在通读、赏读、研读的过程中,可以进行关联阅读,有助于学生解疑释惑。

(1) 前后关联

高中语文整本书阅读的意义在于打破传统单篇阅读的局限,引导学生联系前后内容,实现连续性阅读,有助于培养学生的有序思维,也能将阅读这件事情从某一个点推向整体。[3] 从阅读心理学的角度讲,阅读既是一个向前看的过程,也是一个不断回看的过程,阅读正是在边向前读、边返回看的过程中逐步推进的。

比如,一部《红楼梦》刘姥姥共三次进贾府。一进:第六回,是刘姥姥的女婿狗儿

---

[1] 王国维.《红楼梦》评论[M].杭州:浙江古籍出版社,2012:13.
[2] 孟宪军.语文阅读教学本体构建[M].济南:山东教育出版社,2020:424.
[3] 魏小丽.新课标下高中语文整本书阅读教学指导策略研究[J].新课程,2022(25):196-197.

不争气弄得家业萧条,就搬出了城住到了乡下。到了年冬岁末,狗儿家生活艰难,岳母刘姥姥只好借着狗儿祖上与王夫人家连过亲,到贾府攀亲,寻求救济。二进:第三十九至四十一回,刘姥姥为感谢上次贾家的救助,特地去谢恩。见识到大户人家的吃穿行等事宜,课文所选即是二进大观园内容。三进:第一一三回,刘姥姥得知贾府被抄,去狱神庙探望凤姐,凤姐拜托她一定要把巧姐找回来,她费了好大劲才把学唱戏的巧姐赎回来,带着巧姐到乡下。三进贾府,见证了贾府的荣辱兴衰。阅读后面情节时,关联前面的情节,这样可以借刘姥姥的视角,串起贾府的盛衰。《红楼梦》中需要前后关联阅读的内容是非常多的,这里不再一一列举。

(2)"本本"关联

这里的"本本",指的是纳入统编高中语文必修教材中的《乡土中国》和《红楼梦》两部作品的整本书阅读。

"整本书阅读"以学习任务群的形式被纳入课程体系,走进高中语文教材的。必修上册设计了学术著作《乡土中国》的整本书阅读,必修下册的《红楼梦》整本书阅读,与之形成了文学作品与学术著作的互补,共同完成课程标准规定的"在指定范围内"阅读一部长篇小说,一部学术著作的任务。[1] 同时,这两部书一以现代方法审视乡土社会,一以宏大规模展现中国传统文化,都能促成学生对中国文化的理解。正如张冠生所言,"知人善任的费先生,请来《红楼梦》中人,演出了'差序格局'的典型场景。"[2] 这就提示我们,这两本书之间存在"互释"的可能。

比如《红楼梦》中,贾史王薛四大家族"一损皆损,一荣皆荣",可以用《乡土中国》"家族"中"中国的家是一个事业组织,家的大小是依着事业的大小而决定的"的观点来解释。四大家族其实就是一个整体。贾府富贵繁华之时,许多人来攀附,刘姥姥之所以能进荣国府,是因为她的女婿祖上"原是和金陵王家连过宗的"。贾府衰败之后,又是一派"树倒猢狲散"之相。这样的"本本"关联,能够拓展学生阅读的广度和深度。

(3)拓展关联

所谓拓展,指在《红楼梦》原著之外提供一些阅读资源供学生课外延伸阅读,这些阅读

---

[1] 中华人民共和国教育部.普通高中语文课程标准(2017年版,2020年修订)[S].北京:人民教育出版社,2020:11-12.

[2] 转引自人民教育出版社,课程教材研究所,中学语文课程教材研究开发中心.普通高中教科书教师教学用书(语文·必修下册)[M].北京:人民教育出版社,2019:250.

资源可以是文本的,也可以是数字化的。拓展关联可以发生在《红楼梦》整本书阅读的不同阶段,并且要注意适合学情,简明精要,多元形态。参阅浙江省教育厅教研室编写的《高中语文读本》(必修下册)的"品读红楼"单元,[1] 选取下列内容作为拓展关联阅读的资源。

表 5-6 "拓展关联"推荐阅读资源

阅读阶段	推荐资源	资源特色
全书通读	詹丹《〈红楼梦〉整本书领读计划》	哔哩哔哩网站视频,通俗易懂,鞭辟入里
精彩赏读	王蒙《大事件——宝玉挨打》	详细分析关键事件宝玉挨打的原因、手法及人物形象
	邓云乡《香菱学诗》	总结香菱学诗的经验,阐释香菱所写习作的优劣
专题研读	郑铁生《贾府的前世今生——谈冷子兴演说贾府》	梳理百年贾府的前世今生,阐述贾府由盛而衰的原因
	吕启祥《不可企及的曹雪芹——从美学素质看后四十回(节选)》	从创作者的美学素质来阐述后四十回的优点与缺陷
	吴泓《盛衰的故事,生命的觉悟——〈红楼梦〉思辨性阅读》	从故事、细节、文化这三个层面切入,运用思辨性阅读方法,把握小说的思想主题

在整本书阅读的不同阶段,推荐相应的拓展资源进行关联释读,可以开拓学生的视野,丰富学生的阅读体验,加深并升华对作品思想意蕴和艺术价值的认识和理解。

四、读整本书,我们一直在路上

"整本书阅读的教学效果好不好,就看学生是否爱上读书,自己能找更多的书来

---

1 浙江省教育厅教研室. 高中语文读本(必修下册)[M]. 杭州:浙江文艺出版社. 2020:178-220.

读,而且多是整本书阅读。""整本书阅读,我看首先就是'养性',涵养性情,让学生静下心来读书,感受读书之美好,养成好读书的习惯。"[1]这份静心,这种好读,将受用终身。

解决学生"不爱读"的问题,是整本书阅读的目的和初衷,使学生对整本书阅读从自然状态上升到观念上的自觉,任重道远。

(一) 师生共读,筑牢阅读根基

整本书阅读教学中,教师应充当什么样的角色,履行怎样的职责呢?吴泓认为,要做好从"教"到"学"的"两次转换"工作。第一次转换是把教师的"学"转换成学生的"学";第二次转换是教师再次组织教学,引导、促进学生开展学习活动,督促、保障学生完成学习任务。[2] 把教师的"学"转换成学生的"学",可以理解为,教师设身处地、感同身受地体会学生"学"的过程,并把自己的阅读感受和经验与学生分享。教师与学生在设定的时间和空间里,共同读着同一本书,同喜同悲,同感同悟,这样的情景,是最好的示范和熏陶。

《课程标准》对整本书阅读中教师的职责提出了明确要求:"教师应以自己的阅读经验,平等地参与交流研讨,解答学生的疑惑。"[3]在指导整本书阅读过程中,教师应突破自己的阅读"舒适区",沉下心来与学生共同研读,激发温故知新、联想推理的能力,帮助学生设置更为合理有效的情境任务,更好地为学生释疑解惑。师生共读,读懂一本书的过程,是师生心灵对话、共同成长的过程,在这一过程中,自有对读书方法的切实体认。

师生共读,播下美妙的种子,筑牢阅读的根基。

(二) 课外延读,点燃阅读兴趣

温儒敏强调,整本书阅读要列入教学计划,但这是很特别的课型,特别是在课内讲得少,主要是课外阅读,是学生自主性阅读。高中明确安排整本书阅读,以课外阅读为主,课内有些讲授,也主要是关于名著的基本情况,激发学生阅读兴味,并提示"读这一类书的方法"。若要学生喜欢上整本书阅读,就不能太多干预,应当导向自由阅读、个

---

1 温儒敏.功夫在课外——致"整本书阅读上海论坛"的一封信[J].语文学习,2018(1):26-27.
2 吴泓.统编高中语文必修教材"整本书阅读"单元教学设计思路及建议[J].语文教学通讯. A 刊,2021(1):10-12.
3 中华人民共和国教育部.普通高中语文课程标准(2017年版,2020年修订)[S].北京:人民教育出版社,2020:13.

性化阅读。[1] 但在实际操作过程中,为了让学生能够读下去,读得懂,特别是还有应对考试的忧虑,课内还是有很多教师监督、管理、指导、干预的痕迹的。

　　课内课外相结合,应该是目前大多数教师采取的整本书阅读方式。问题的关键在于,课内阅读要做些什么事,解决一些什么问题。应该逐步从内容解读转向方法指导,从教师管理转向学生自主,从繁复的应试笔记转向兴味的自由,以此来实现以课外阅读为主,以激发阅读兴趣为要。

　　由课内阅读向课外延续,而且这个"课外"不仅仅指课堂之外,更应该指求学阶段之外。养成良好的阅读习惯和阅读兴趣,并把这种对整本书阅读的兴趣和习惯延伸到以后的工作、生活之中,去阅读《乡土中国》《红楼梦》之外的其他整本书,这应该是我们进行整本书阅读的目的,也是我们最乐于见到的景象。

(三) 终身阅读,回归阅读本真

　　对于语文教育来说,整本书阅读是推动语文教学改革的重要动力,是对单篇短章阅读教学弊端的匡正与弥补,是对传统语文教育的挑战,将会成为语文教育的新趋势。对于人生而言,学校学习期间的整本书阅读只是一个起点,真正的整本书阅读应该是一生的。

　　书籍,能把辽阔的空间和漫长的时间毫无保留地浇灌给你,让你驰骋古今,经天纬地。黑塞曾描述过自己理想中的阅读,就是通过沉浸于伟大的著作,领略历史上和现实中人类所思、所求的广阔和丰盈,从而在自己和整个人类之间,建立起息息相通的生动联系,使自己的心脏随着人类心脏的跳动而跳动。这样,个人就不再是孤单的个人,心灵就不再是孤单的心灵,人生也会在丰富的联系中变得越来越充实,越来越有意义。[2]

　　读书,不应只是兴趣爱好,更应是充满个性的自觉行为。回归阅读的本真,做一个终身的阅读者,好读书,读好书,读整本书。

　　整本书阅读,醇美着我们的语文课堂,丰盈着我们的人生。

1　温儒敏. 功夫在课外——致"整本书阅读上海论坛"的一封信[J]. 语文学习,2018(1):26-27.
2　转引自张新颖. 读书这么好的事[M]. 上海:上海人民出版社,2017:13.

第六章　醇美语文的个性
——醇美语文与专题研发

综合复习课追求的是有效,很多时候它"无味""无趣"。专题研发,让我们在现实与理想之间找到一个平衡点,让高三语文也可以有一片浪漫、诗意的天空。

一、从"单点"到"专题"

二、我们怎样研发教学专题

三、教学专题实施案例及其他

四、专题,让高三语文也醇美

根据新课程标准的要求,语文学科教学的有效性是指,"高中语文课程应进一步提高学生的语文素养,形成良好的思想道德素养和科学人文素养,为终身学习奠定基础。"[1]

高三语文教学因其所处的特殊时期,承载着较以往语文学习更多的期待,对其有效性的叩问就显得尤为迫切。

由于语文学科本身的特点,语文课堂应该是最具人文性的课堂。好的语文课堂应该是充满着情感与美的课堂,是能够构建学生完满的精神世界、培养和发展学生的主体品质、促进学生听说读写能力和人文素养同步协调发展的课堂,复习应试的语文课堂当然也不能例外。

新一轮课程改革应势而生,语文课程积极响应立德树人的使命,推进语文学科核心素养的培育。那么,在高三阶段,如何既能使学生在语言建构与运用、思维发展与提升、审美鉴赏与创造、文化传承与理解等方面都获得进一步的发展,又能将鲜活的"人文性"注入语文课堂之中,提高高三语文课堂教学的品质,使高三语文课堂特别是综合复习课的课堂洋溢着一种醇美的韵味呢?

教育部中小学语文课程标准组组长、华东师范大学巢宗祺教授曾经说过:"语文课程要能始终跟上时代的发展,就必须保持开放的态势,不断地吸收新思路新观念,更新课程内容,积极采用新的技术和方法,始终以新的内涵和形态给人以创新的启迪。"[2]《普通高中语文课程标准(2017年版2020年修订)》也强调:"普通高中语文课程应适应社会对人才的多样化需求和学生对语文教育的不同期待,精选学习内容,变革学习方式""引导教师开发语文课程资源,有选择地、创造性地实施课程"。[3]

根据自己多年高三语文教学的经验,笔者认为注重教学专题的研发和实施,可以承载对高三语文课的以上期许。因为研发教学专题,可以从教学内容、教学方式等方面对高三语文教学状态进行变革,构建科学、合理、有效的教学专题体系,力图改变高三语文教学存在的低水平重复、耗能大收效微的现象,减少高三语文教学"教条""功利""机械"的色彩,提升语文教学的品质。

---

1 中华人民共和国教育部. 普通高中语文课程标准(2017年版2020年修订)[S]. 北京:人民教育出版社,2020:01.

2 中华人民共和国教育部基础教育司. 全日制义务教育语文课程标准解读(实验稿)[M]. 武汉:湖北教育出版社,2002:43.

3 中华人民共和国教育部. 普通高中语文课程标准(2017年版2020年修订)[S]. 北京:人民教育出版社,2020:03.

专题研发,可以让综合复习的高三语文课堂既高效,也醇美,它使高三的语文课堂充满了个性。

一、从"单点"到"专题"

随着语文教学改革的逐步深入,涌现出一些新名词。为了避免一些新名词与本章所探讨的问题发生混淆,有必要先明确教学专题相关概念的内涵。

所谓专题,是指针对某个特定对象而特别收集制作而成的一种集中作品,这个对象可以是具体的某个人物或者某个事物,也可以是某个抽象的范围或者领域。它有两个基本内涵,一是某个东西的内容集中收集,就形成专题,网络上通常指游戏专题或者新闻专题;二是专门研究或讨论的题目(《现代汉语词典》,商务印书馆,2012年版)。

"教学专题"与近年来兴起的"专题教学"是有联系更有差异的两个概念。两者都具有"专题"的特点。"专题"的词语解释为"专门研究或讨论的问题",无论"专题教学"还是"教学专题"都需要借助设置和开发一些专题来完成教学活动。

"专题教学"是新课改理念下中学语文教学的一种新的策略和类型。语文专题教学即根据学生知识掌握和能力发展的实际情况并结合教材的要求确定一个切实可行的课题,然后围绕这个课题指导学生进行一系列的搜集阅读、筛选整理、区别比较、分析研究、写作表达、演说论辩、解决问题的系统方法。

可以说,"专题教学"是针对传统语文教学的一种教学与学习方式的改变,属教学模式的范畴。而这里所说的"教学专题"的概念更多着眼于教学内容、课程资源的确定和整合,属课程内容的范畴。不再局限于单篇文章的解读、单一知识点的复习、单个考点的应对、单张模拟试卷的训练,而是把高三语文综合复习的教学内容分为若干有机联系而又相对独立的专题,这些专题集群式地组合,从而形成系统完整的内容体系。

二、我们怎样研发教学专题

在高三阶段,我们上得最多的语文课类型,应该就是综合复习课了。复习课能锤炼基础知识,提升解题能力,这也是学生、家长、学校对高三语文课的期许。但另一方面,大量机械的重复、训练,消解了语文的审美意蕴,使高三的语文课逐渐失去了语文的味道,这也是不争的事实。

为此,我惶恐过,怀疑过。但更多的时候,在思索着,探求着。能不能有一种办法,让我们在应试与审美之间找到一个平衡点,既能有效提高学生的语文能力和水平,又能还高三语文课堂一片审美、浪漫、诗意的天空,使高三语文课堂,特别是综合复习课的课堂洋溢着一种醇美的韵味呢?

(一) 从一个调查说起

为了了解学生眼中的高三语文课堂教学现状和他们的期望,笔者选取任教学校高三部分学生,进行问卷调查,共发出问卷 100 份,实收 95 份。

比如,"对语文学科的看法:A. 是擅长的学科,最喜欢了;B. 认真学习的话成绩会好,因此会主动花时间;C. 因为必须学只能接受;D. 很不喜欢,不学最好"这个问题,有 54% 的高三学生关注学习结果,希望高三的语文课能够帮助他们提高学科成绩(见图 6-1)。

"对语文课的意义:A. 课堂有趣,喜欢;B. 获得很多知识;C. 培养语文能力;D. 应对语文考试;E. 语文老师的魅力;F. 未曾思考过"这个问题,BCD 三项之和为 70%(见图 6-2)。可见,处于高三阶段的语文课,更多承载着非常切实的价值。

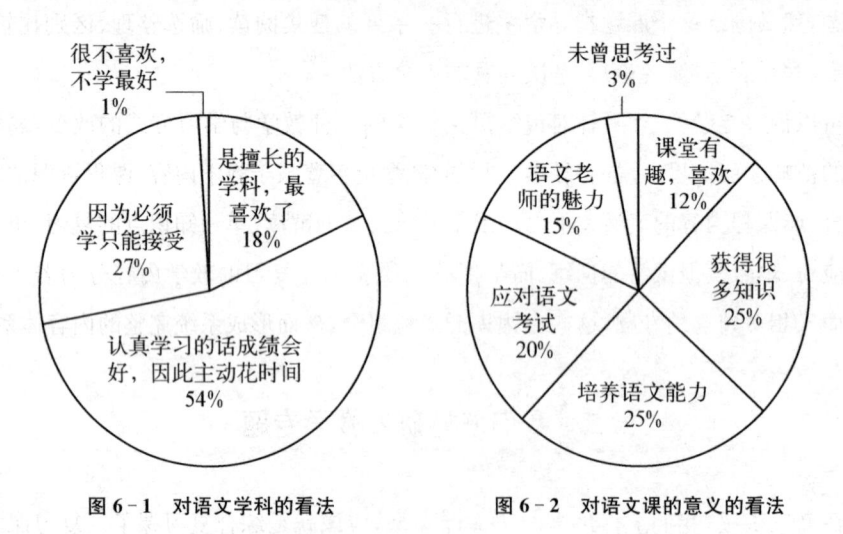

图 6-1 对语文学科的看法

图 6-2 对语文课的意义的看法

"对专题教学的语文课相比传统课程的看法:A. 更能激发学习和思考的兴趣;B. 学会有效解决某类问题的策略;C. 有一定收获;D. 没什么区别"这个问题,选择

A、B两个选项的占绝大部分(见图6-3),两项之和为75%。

"对教学专题设计的方式的看法:A. 根据学科基础知识设计;B. 根据考纲规定的考点设计;C. 根据学生的实际,设计一些成序列的专题;D. 无所谓,随便设计"这个问题的问卷情况(见图6-4):

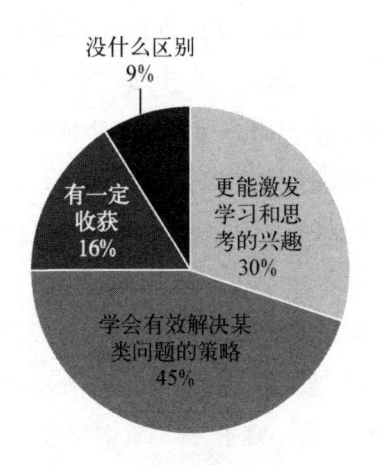

图6-3 对专题教学相对传统语文课程优势的看法

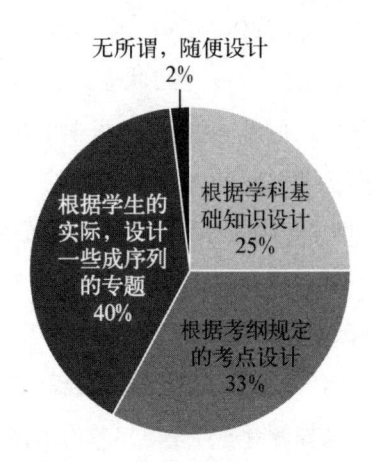

图6-4 对教学专题设计方式的看法

从上图我们可以非常明显地看出,高三学生对教学专题的设计不仅渴望,更有技术层面的需求,选择ABC三项的占98%。

综上,从问卷调查中学生对高三语文教学专题设置的诉求及笔者的教学实践,再加上数不清的高三语文课堂教学的案例可以知道,研发教学专题更能提高教学有效性,而教学专题的开发又有优劣之分,且教学专题研发的优劣,在一定程度上决定着课堂教学的质量和学生思维的发展。也就是说,高三语文课堂教学,特别是综合复习的专题教学是有很多技术、艺术含量的。那么,在高三语文教学中,如何开发和优化教学专题呢?

(二) 专题研发的五个基点

高三语文教学特别是综合复习课的教学中研发教学专题,实质上就是开发一些相对独立又具内在逻辑联系的教学内容,实施于高三语文教学之中。那么,为什么要研发专题,专题研发的基点在哪里呢?

1. 基于学情视角

关于"学情"的含义,陈隆升在《语文课堂"学情视角"重构》一书中把它界定为"学生在课堂里的学习情况",并且对应语文课堂教学分为课堂教学设计、课堂教学实施、课堂教学评估三个基本层面,认为"学情"主要包括学生在从事课堂学习时的学习起点、学习状态及学习结果等三大要素。[1]

这里所谓的"学情",指的是任教学校高三学生语文学习起点、学习状态及学习结果三大要素,具体为：(1)学习起点：主要指该校高三学生进行语文学习时的基础、需要与准备。(2)学习状态：主要指在高三语文教学过程中通过师生互动所体现出来的"学"的基本状态,既指学生在高三语文学习中表现出来的外显行为,也指与外显行为相关联的内隐学习状态。(3)学习结果：主要指学生在高三语文学习中的结果,即学生通过学习活动实际形成的作为结果的学习经验、学习能力,包括学习成绩。

教师"教"的最理想境界莫过于"因材施教"了。从理论上讲,"施教"要成功,就非"因材"不可。一位教师只有对自己施教的对象有透彻的了解,教学才可能取得成效。美国著名认知教育心理学家奥苏伯尔在其名著《教育心理学》的扉页中写到："如果我不得不将教育心理学还原为一条原理的话,我将会说,影响学习的最重要的因素是学生已经知道了什么,我们应当根据学生原有的知识状况去进行教学。"

任教高三多年,对所教高三学生的语文学习现状的总体感受是：不管出于什么原因,或仅从应试的角度来看,多数学生对语文学习是有需要和诉求的。但由于语文固有的学科特点(长期的积累性和进步的缓慢性),所以大部分学生认为,语文学科投入多而收效微,不如理科学习立竿见影,因此都不愿意把太多的时间和精力投入到语文学科中,而更注重操作性强、见效快的其他科目。再加上因美其名曰"理科见长"及急功近利思想的影响,高一高二时学生自觉主动学习语文的习惯没能养成,大多数学生不愿意多读课文,不愿意写作文,更不愿意大量地阅读课外书籍,就连文言文基础知识的练习也是偷工减料勉强完成,实际收效微乎其微,更遑论感受语文学科充溢着的情感与美,培养高远的见识、深刻的思想、独立的思考了。

确立以"学"为出发点的教学视角,实际上就是语文课堂形态的转型,这是语文新课程改革的最终期待。

笔者多年带教高三年级,每当已毕业的学生回到学校看望老师,我都会和他们聊

---

1 陈隆升.语文课堂"学情视角"重构[M].上海：上海教育出版社,2012：24-25.

一聊高三语文课,看看哪些是学生念念不忘的。他们记得最多的、最深刻的是老师开发的教学专题。所以,作为高三语文教师,唯有从"学"的视角重构高三语文课堂教学的内容与方法,才有可能形成丰盈而润泽的高三语文课堂。

2. 基于学科特点

语文作为基础和工具学科,"致力于全体学生核心素养的形成与发展,为学生学好其他课程打下基础;为学生形成正确的世界观、人生观、价值观,形成良好个性和健全人格打下基础;为培养学生求真创新的精神、实践能力和合作交流的能力,促进德智体美劳全面发展及学生的终身发展打下基础。"[1]

高三语文教学可以说是学生十二年语文学习的收官时期,让学生带着对语文学科怎样的认识离开校园,真的是高三语文教师应该敬畏的问题。《普通高中语文课程标准(2017年版2020年修订)》指出:高中语文教学,要促使学生在语言建构与运用、思维发展与提升、审美鉴赏与创造、文化传承与理解几个方面获得进一步的发展,[2]进而切实提高每个学生的语文素养,为每个学生的全面发展和终身发展奠定所必需的语文基础,使语文学科的工具性和人文性完美统一起来。这样的要求不是只完成高三几本教材的学习和大量或综合或单项的模拟试卷能够达成的。

3. 基于课改要求

《普通高中语文课程标准(2017年版2020年修订)》中强调:语文教师要"提高课程开发与设计的能力",[3]"积极利用与开发各种课程资源,创造性地开展各类活动"。[4]要"加强课程实施的整合,通过主题阅读、比较阅读、专题学习、项目学习等方式,实现知识与能力,过程与方法,情感、态度与价值观的整合",[5]这就要求我们语文教师应努力改进课堂教学,整体考虑知识与能力、过程与方法、情感态度价值观的综合,注重学

1　中华人民共和国教育部. 义务教育语文课程标准[S].北京:北京师范大学出版社,2022:01.
2　中华人民共和国教育部. 普通高中语文课程标准(2017年版2020年修订)[S].北京:人民教育出版社,2020:05.
3　中华人民共和国教育部. 普通高中语文课程标准(2017年版2020年修订)[S].北京:人民教育出版社,2020:44.
4　中华人民共和国教育部. 普通高中语文课程标准(2017年版2020年修订)[S].北京:人民教育出版社,2020:52.
5　中华人民共和国教育部. 普通高中语文课程标准(2017年版2020年修订)[S].北京:人民教育出版社,2022:42.

生听说读写能力之间的有机联系,加强教学内容的整合,改进教学方式,统筹安排教学活动,促进学生语文素养的整体提高。

教学专题教学容量大,教学内容更集中、系统,针对性更强。在比较、归纳相关学习内容的基础上,学生更容易形成系统的、上位的、理性的认识和能力,且教师根据教学目标、学科特点和学生实际更能最大限度地发挥整合教学内容的主观能动性。这些优势,可使教学专题开发与优化成为达成语文学科课改要求和培养目标的有效途径。

4. 基于高考导向

一谈到高考,人们就会条件反射式地想到多被诟病的"应试教育",似乎就与语文学科培养学生语文素养的目标背离。其实这是认识上的一个误区。从中国现有的国情来看,高考竞争乃客观存在,是不可能也不必要取消的,只是这个竞争不能停留在拼时间、拼汗水的低层次上,而应把复习备考与提高学生的综合素养、培养学生综合能力有机结合起来,实现高层次的良性循环。因为,应试能力也是学生综合素质的一个重要方面和体现。多年来,上海语文高考遵循素养立意的主线,更侧重考查学生的语文能力和素养。可以说,高考是检测学生语文素养和语文能力的重要手段和指标。

《普通高等学校招生全国统一考试(上海卷)语文科目考试说明》规定高考语文从语言建构与运用、思维发展与提升、审美鉴赏与创造、文化传承与理解等方面测量学生的语言知识和语言能力。[1] 而这些知识与能力学生需在长期的语文学习中积累,在高三阶段得到整体提升,这是单靠大量题海的操作训练无法达成的。因为,学生在做题实践中获得的知识和能力毕竟是点状的、零散的,需要教师通过开发教学专题予以归纳和升华、拓展和延伸,并由此产生理性的、规律性的认识,以便独立解决新的语文问题。

5. 基于实践选择

笔者在多年的高三语文教学实践中,根据学科特点和学生实际,尝试着开发了一些教学专题,比如:现代文分文体阅读系列专题,古代诗歌鉴赏系列专题,文言文从基础阅读和综合阅读两个维度的系列专题,作文审题、立意、多角度材料作文的类型、时

---

1 上海市教育考试院.2022年普通高等学校招生全国统一考试(上海卷)·考试手册(语文、数学、外语)[M].上海:上海教育出版社,2021:1-4.

评类素材的积累与写作系列专题等等,都收到了较好的效果,特别是近年来连续几届学生在高考中的表现,更让人坚信,对于像笔者所任教学校的学生,开发教学专题是非常必要且非常有效的。

开发并优化教学专题,提升高三语文教学的品质,这是多年教学实践的积淀与选择。

(三) 专题研发的几种策略

维果斯基的"最近发展区理论"认为,学生的学习状态有两种水平,一种是目前已达到的水平,一种是潜在可能达到的水平。这两种水平之间的距离,就是最近发展区。[1] 学习支架,就是在学生试图解决超过他们当前知识水平和能力的问题时,教师所给予的支持和指导。教学专题研发的目的,就是使学生最终能独立完成学习任务,帮助他们顺利通过"最近发展区"。为此,笔者在高三语文教学,特别是综合复习教学中采取如下策略进行教学专题的开发与优化:

1. 因应学习需要

"学习需要"作为学情视角的核心内涵,体现在学生学习的全过程。语文课堂教学的实效性受多种因素影响,宏观的如社会环境、学校氛围、教学条件,微观的如教学目标的确立、教学手段的选择。但根本的问题是学生,因为学生是学习的主体,教学的实效是由学生来体现的,教师只是促进者。教师的促进关键是把握学情,了解学生需要教师做什么,教师能够为学生做什么。正如杜威所言:"了解儿童的想法与需要,这是教师而非学生的任务。""识别和培养儿童为社会所认可的需要,指导儿童按社会要求来生活,这些都是教师应承担的责任。"[2]《课程标准》也强调,高中语文课程要"帮助学生认识自己语文学习的已有基础、发展需求和方向,激发学习兴趣和潜能,在跨文化、跨媒介的语文实践中开阔视野,在更宽广的选择空间发展各自的语文特长和个性。"[3] 根据、顺应学习需要,有针对性地进行教学内容设计与教学过程调控,才能保证教学的实效性。

---

1 陈隆升. 语文课堂"学情视角"重构[M]. 上海: 上海教育出版社,2012:83-84.
2 丹尼尔·坦纳,劳雷尔·坦纳. 学校课程史[M]. 崔允漷,等,译. 北京: 教育科学出版社,2006:198.
3 中华人民共和国教育部. 普通高中语文课程标准(2017年版2020年修订)[S]. 北京: 人民教育出版社,2020:03.

表 6-1 教学专题——善用你的写作资源

诊断方式		问卷调查
诊断目的		目前学生对作文指导的需求
学生学习起点	学习起点测查	你害怕写作文吗?你觉得在写作过程中碰到的最大困难是什么?
	结果统计	52%的学生觉得害怕 学生描述:害怕,最大困难是难以找到素材;不太害怕,就是素材不够多;有点害怕,材料太普通,不够新颖;不怕,只是材料不会用,材料分析不深刻,作文缺深度……
提供学习支架	教学目标设定	(1) 寻找激活作文材料的方法 (2) 寻找使议论文走向深刻的途径
	教学目标分解	(1) 能根据自己的兴趣爱好寻找事例,能给事例写两三句分析。 (2) 能从自己学过的课本、阅读书籍、观赏过的电影电视中寻找例子,能对材料进行较为深刻的分析。 (3) 能归纳出激活自己写作素材的方法,能紧扣中心分析例子,力求深入透彻。 (4) 能对自己的素材库进行有序的整理,选用例子新颖,分析透彻,有自己独到见解。
	教学专题开发	(1) 激活作文资源的方法指导 (2) 作文走向深刻的方法指导 (3) 学生优秀范文选读 (4) 学生问题作文片段剖析 (5) 高考优秀样卷品鉴

上表中笔者开发的作文教学专题,是在问卷调查的基础上,了解学生作文的现状和指导需求之后,因应学习需要而研发的,实效性就更强。

2. 瞄准评价指标

高三语文综合复习的内容纷繁复杂，往往千头万绪，在有限的时间内要想做到面面俱到，几乎是不可能的。教学专题的开发与实施更利于把学生点状的、零散的语文知识和语文能力进行归纳、升华、拓展、延伸，形成理性的、规律性的认识。设计教学专题的维度也不是单一的，但瞄准考试目标，基于评价指标的教学专题应该是更为适切的选择。《普通高等学校招生全国统一考试（上海卷）语文科目考试说明》阅读部分注重从阅读与鉴赏、表达与交流、梳理与探究三个方面，使学生在复杂情境、多种角度和开放空间中充分展示自身富有创造性的个性化的学习成果，评价学生的阅读能力，并从思想内容、结构布局、语言表达三个维度考量学生的写作能力，[1]从而实现对学生语文能力和学科素养的多元、立体评估。

表6-2　教学专题——鉴赏作品中的艺术形象

诊断方式		测试
诊断目的		目前学生对考试目标的达成情况
学生学习状态	学习状态测查	赏析作品中的梅花形象 赏析作品中塑造的主人公形象
	结果统计	大部分学生能够出于本能进行回答，但大多不在点上
提供学习支架	教学目标设定	（1）了解古代诗歌中常见意象的蕴含 （2）学习艺术形象赏析的方法
	教学专题开发	（1）艺术形象的分类 （2）古代诗歌常见意象品味 （3）景物形象赏析 （4）事物形象赏析 （5）人物形象赏析 （6）高考真题链接

---

[1] 上海市教育考试院.2022年普通高等学校招生全国统一考试（上海卷）·考试手册（语文、数学、外语）[M].上海：上海教育出版社，2021：1-4.

鉴赏能力是学生语文素养中语言运用、表达、审美素养的综合体现。根据课程标准和考纲的要求，研发语言、形象、手法等各类鉴赏性的专题，能够引领学生通过对优秀作品的艺术欣赏、品味，获得良好的审美体验，感受文学的思想魅力，形成自觉的审美意识，养成高尚的审美品位。

3. 体现序列特征

在高三语文教学中，引导学生进行专题复习已越来越被广大一线教师所认同，但大多停留在实践操作的层面，也就是分专题的题目训练，专题自身由点到面、由浅入深、由实践操作到理性升华的序列特征不够凸显。注重学生语文素养的发展，要求课堂教学更加关注课程建设的综合化。笔者在教学专题研发过程中非常注重形成体系，形成序列，这样，更便于学生将点状的、零散的语文知识和能力整合成综合的、立体的语文素养，使学生在语文教学专题的实践活动中获得充分和谐的整体发展。

近年研发的教学专题列举见表：

表 6-3　阅读部分教学专题

文体分类系列	现代文阅读	社科类现代文阅读	
		文学类现代文阅读	写人叙事类散文阅读
			写景状物类散文阅读
			抒情类散文阅读
			哲理类散文阅读
			小说阅读
文体分类系列	文言文阅读	传记类散文阅读	
		游记类散文阅读	
		政论史论类散文阅读	
		杂记类散文阅读	
		书序赠序类阅读	
		诗话词话类阅读	

续　表

文体分类系列	古代诗歌阅读	诗歌题材与体裁
		诗歌中的思想情感
		诗歌的语言品味
		诗歌的手法鉴赏
		诗歌形象品读
考点分类系列	词语、句子的含义	
	句、段在文中的作用	
	文章结构、思路分析	
	文章内容、主旨概括	
	作者情感、写作意图分析	
	选材、视角、人称、叙述方式等分析	
	文章标题的含义及作用	
	基于文本内容的想象、推断与探究	
	富于表现力的词语、句子鉴赏	
	作品/作家风格(含语言风格)赏析	
	对作品内容和艺术特点进行评价	

表 6-4　写作部分教学专题

	单元人文主题	写作主题
内容层面系列 （以必修上下册为例）	青春激扬 劳动光荣 生命的诗意	青春的价值 劳动者的光荣与伟大 生命的执着与旷达

续 表

内容层面系列 （以必修上下册为例）	学习之道 自然情怀 中华文明之光 良知与悲悯 探索与创新 使命与抱负 观察与批判 责任与担当	"劝学"新说 读书的意义 人与自然 诸子的精彩 东方智慧与儒释道 生命价值的叩问 人与科技、教育 建筑的文化意蕴 自我观照与对话世界 批判与建设 "士"人的担当
技巧层面系列	高考作文评分标准透视 如何审题立意 如何选材剪裁 如何结构布局 如何拟题 如何开头结尾 如何锤炼语言	
思维层面系列	形象思维与抽象思维 发散思维与集中思维 思维的逻辑性与深刻性 辩证思维	
题型层面系列	命题作文 材料作文 话题作文 比喻型作文	

续　表

题型层面系列	思辨型作文 现象类作文 启示类作文
文体层面系列	议论文的论点确定 议论文的拟题 论据的提炼与分析 论证的结构样态 议论语言的锤炼 议论的逻辑力量 议论的思想厚度 记叙文体的写作 散文写作

表 6-3、表 6-4 中所列的教学专题,只是笔者近年来研发的教学专题序列的例举。

4. 彰显整合功能

学生语文素养的发展要求课堂的转型,不再是"知识的传递",更应是"知识的建构",而"建构"就要在渗透和整合中发展其学科能力。

研发丰富的具有凝聚性、综合性、开放性、探究性等特征的教学专题,目的是改变现有的高三语文复习课在低水平重复、耗能大、收效微的现状。为此,就要注重帮助学生树立整体观念,对以往语文学习的知识、经验、能力进行归纳、整合、优化、拓展,不仅关注高三学生语文应试能力的提升,更注重培养学生语文运用、审美、探究能力,把以往"作坊式""经验式"的教学升华为系统的、科学的、理性的认识。也就是说,在教学专题研发中,彰显专题的整合功能非常重要。

比如,在诗歌鉴赏教学专题的开发和实践中,笔者注意在各分专题形成序列的基础上,进行归纳、整合、优化、拓展:

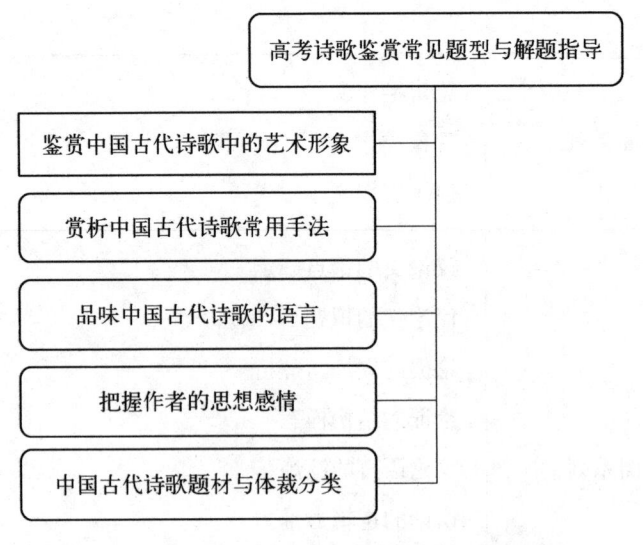

```
                    ┌─────────────────────────────┐
                    │ 高考诗歌鉴赏常见题型与解题指导 │
                    └──────────────┬──────────────┘
    ┌─────────────────────────┐    │
    │ 鉴赏中国古代诗歌中的艺术形象 ├────┤
    └─────────────────────────┘    │
    ┌─────────────────────────┐    │
    │ 赏析中国古代诗歌常用手法    ├────┤
    └─────────────────────────┘    │
    ┌─────────────────────────┐    │
    │ 品味中国古代诗歌的语言     ├────┤
    └─────────────────────────┘    │
    ┌─────────────────────────┐    │
    │ 把握作者的思想感情         ├────┤
    └─────────────────────────┘    │
    ┌─────────────────────────┐    │
    │ 中国古代诗歌题材与体裁分类  ├────┘
    └─────────────────────────┘
```

图 6-5 诗歌鉴赏教学专题的序列性特征与整合性功能

再如，笔者在完成前面局部的专题序列的开发与实施的基础的，研发了如下具有最终整合功能的教学专题：

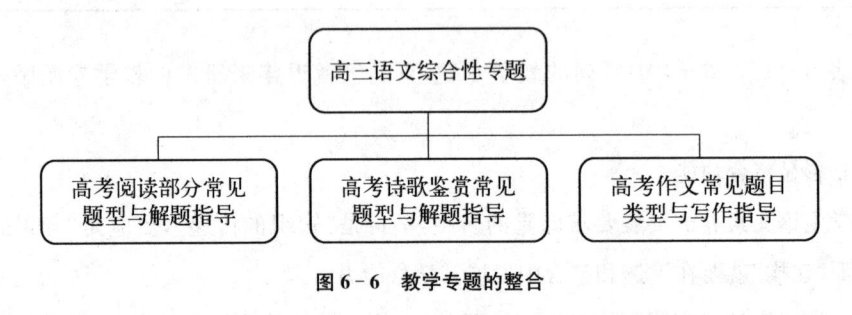

```
                    ┌──────────────┐
                    │ 高三语文综合性专题 │
                    └───────┬──────┘
          ┌────────────────┼────────────────┐
  ┌───────┴───────┐ ┌──────┴───────┐ ┌──────┴───────┐
  │ 高考阅读部分常见 │ │ 高考诗歌鉴赏常见 │ │ 高考作文常见题目 │
  │ 题型与解题指导   │ │ 题型与解题指导   │ │ 类型与写作指导   │
  └───────────────┘ └──────────────┘ └──────────────┘
```

图 6-6 教学专题的整合

三、教学专题实施案例及其他

下面分别以"诗歌意境赏析"的教学设计和"诗歌人物形象鉴赏"的课堂教学实践，来解读研发的教学专题如何实施的问题。

（一）"诗歌意境赏析"教学设计
☆教学内容分析

古代诗歌鉴赏不但能提高学生的文学审美情趣，而且能培养他们的良好文化涵养。在实际教学中,以意象解读和意境赏析为突破口,不失为引导学生把握诗旨、体味诗艺、感受诗美的有效途径。《普通高等学校招生全国统一考试(上海卷)语文科目考试说明》在古诗文考试内容中,也明确把"赏析古诗文中的意象和意境"列入其中,可以看出,意象和意境的赏析是古代诗歌专题复习的重要内容。

☆学情分析

1. 本教学内容面对的是高三理科实验班,这个班级是由一群数、理、化等理科见长的学生组合而成。学生都很聪明,但偏于理科思维,又因之前多年对语文学科缺少热爱和积淀,语文学科素养还在努力成长之中。

2. 本课之前,尚未开始任何诗歌鉴赏的专题教学,学生只是零星接触了一些高中古诗词阅读鉴赏的练习,粗浅地涉及到意境(情与景的关系)等相关内容;还有在课前任务单中,布置学生课外阅读了顾祖钊先生的《文学意境的特征》一文。

☆教学目标

1. 了解古代诗歌中意象、意境等相关概念的蕴含;

2. 掌握诗歌意境鉴赏的一般方法和答题思路;

3. 感受古代诗歌韵味无穷的意境之美。

☆教学重点

诗歌意境的赏析方法及答题思路。

☆教学难点

意境特征的体味与把握。

☆教学过程

1. 导入新课

由刚刚结束的月考试卷诗歌鉴赏题目的答题情况导入。

2. 新课教学

(1) 明确意象、意境等相关概念的内涵。

说到意境,课前我们阅读了顾祖钊先生的《文学意境的特征》一文,对于意境及其相关概念蕴含有了一些粗浅的了解。我们知道:

意境:诗人的主观情思(意)与客观物象(境)相互交融而形成的艺术境界。即,意境 = 意 + 境(景、物、人)

体味意境,离不开物象和意象。

物象：客观事物的形象。

意象：融入了诗人主观情思的事物。诗人在客观事物形象身上融入主观情思时，可赋其形，可拟其声，可着其色，从而使客观事物的形象富于情味。

从物象到意象是艺术的创造，一个物象可以构成意趣、情味各不相同的许多意象。

意象是构成诗歌意境的载体，也可以说，意象＋意象＋意象＋……＝意境。

(2) 调动以往学习积累，列举古代诗歌常见意境类型。

表6-5 古代诗歌常见意境类型

意境类型	作家作品
明丽鲜艳之美	白居易《忆江南》
雄奇壮阔之美	曹操《观沧海》 苏轼《念奴娇·赤壁怀古》
悲凉凄清之美	柳永《雨霖铃》 秦观《踏莎行·郴州旅舍》
和平静穆之美	王维《山居秋暝》、陶渊明《饮酒》

当然，这样的列举不能穷尽所有的意境特征，但从中我们可以知道，诗歌的意境呈现出丰富的审美韵味，我们应该学会体味和感受这种美。

(3) 以阶段测试题目为例，探讨诗歌意境赏析的方法及一般答题思路。

【甲诗】　　　　　雁门太守行　(唐)李贺
黑云压城城欲摧，甲光向日金鳞开。
<u>角声满天秋色里，塞上燕脂凝夜紫。</u>
半卷红旗临易水，霜重鼓寒声不起。
报君黄金台上意，提携玉龙为君死。

【乙诗】　　　　　晓至湖上　(清)厉鹗
出郭晓色微，临水人意静。
水上寒雾生，弥漫与天永。

> 折苇动有声,遥山淡无影。
>
> 稍见初日开,三两列舴艋。
>
> 安得学野凫,泛泛逐清影。

◆方法1 整体感知,把握诗意。诗句内容、标题、注释、小序等解读诗意(甲诗由学生完成,乙诗由师生共同完成)。

◆方法2 抓住意象,揣摩意味。传统蕴含+语境意味(声、形、色、味)找出画线句中的意象:甲诗——秋色、角声、塞上;乙诗——折苇、遥山。

◆方法3 借助想象,感受画面。把所有意象综合起来,进行想象,身临其境地感受由这些意象所形成的画面。

◆方法4 关注题材,品味情思。边塞诗,描写的是边塞的山川景物和战斗生活,一般都比较阔大苍茫、凝重悲凉;山水田园诗,诗人将细腻的笔触投向清澈的泉水、静谧的田园,一般都比较清新优美、宁静恬淡;咏史怀古诗总会有一种昔盛今衰的沧桑之感。

一般答题思路(师生共同梳理):

① 描绘诗歌图景——抓住诗歌中的主要意象,展开联想和想象,用自己的语言描绘出诗歌所展现的图景画面。

② 概括意境特征——在描摹出画面图景后,一般用两个双音节词语点明意象所营造的意境特点。

③ 点明情景关系——寓情于景、借景抒情、情景交融等。

④ 分析作者情感——根据诗歌情境氛围的特点谈诗人的思想感情、理想、追求、品性等。

(4) 依据答案示例,评析学生所作答案,进行订错补漏,在探究感悟中体会意境赏析的方法。

出示学生问题答案,师生进行评析,从中归纳常见错误。

① 要点不全,步骤残缺;

② 只引入意象,缺少借助想象和联想对画面内容的描绘;或描述不够,不能用自己的语言优美地展现画面内容;

③ 对意象蕴含把握不准,导致意境品味失误;

④ 审题不认真,不能紧扣题干要求作答。

3. 拓展练习

请从下面两首元曲中选一首,对其所营造的意境进行赏析。

甲　　　　　　　　天净沙·秋思　　马致远

枯藤老树昏鸦,小桥流水人家,古道西风瘦马。夕阳西下,断肠人在天涯。

乙　　　　　　　　天净沙·秋　　白朴

孤村落日残霞,轻烟老树寒鸦,一点飞鸿影下。青山绿水,白草红叶黄花。

4. 高考链接

(1)(2004年上海高考卷)就诗歌中划线的句子,结合全诗,从一个角度(如景和情的关系)写一段鉴赏的文字(80字左右)。(5分)

赤壁　杜庠

水军东下本雄图,千里长江隘舳舻。诸葛心中空有汉,曹瞒眼里已无吴。
兵销炬影东风猛,梦断箫声夜月孤。过此不堪回首处,<u>荒矶鸥鸟满烟芜</u>。

(2)(2007年上海高考卷)就作品中划线句,联系下片内容,从情景关系角度,写一段鉴赏文字。(4分)

阮郎归　初夏　苏轼

绿槐高柳咽新蝉,薰风初入弦。碧纱窗下水沉烟,棋声惊昼眠。　　微雨过,小荷翻,榴花开欲燃。玉盆纤手弄清泉,<u>琼珠碎却圆</u>。

(3)(2012年上海春考卷)就诗歌中划线的句子,从情景关系的角度写一段鉴赏文字。(4分)

阙题　刘昚虚

道由白云尽,春与青溪长。时有落花至,远随流水香。
<u>闲门向山路,深柳读书堂</u>。幽影每白日,清辉照衣裳。

(4)（2012年上海高考卷）从情景关系的角度,赏析本诗前两联是如何表达作者情感的。(4分)

春江晚景　张九龄

江林皆秀发,云日复相鲜。征路那逢此,春心益渺然。
兴来只自得,佳处莫能传。薄暮津亭下,余花满客船。

5. 课堂小结

这节课我们阶段测试试卷讲评,探讨了诗歌意境赏析的方法及答题思路。王国维在《人间词话》中说过这样的话:"词以境界为最上。有境界则自成高格,自有名句",作为把情与景有机统一起来的意境,会给人带来韵味无穷的审美体验。让我们在品味诗的意境之美中,也能自成高格。

6. 布置作业

"链接高考"的四道题作为课后作业。

附：板书设计

诗歌意境赏析

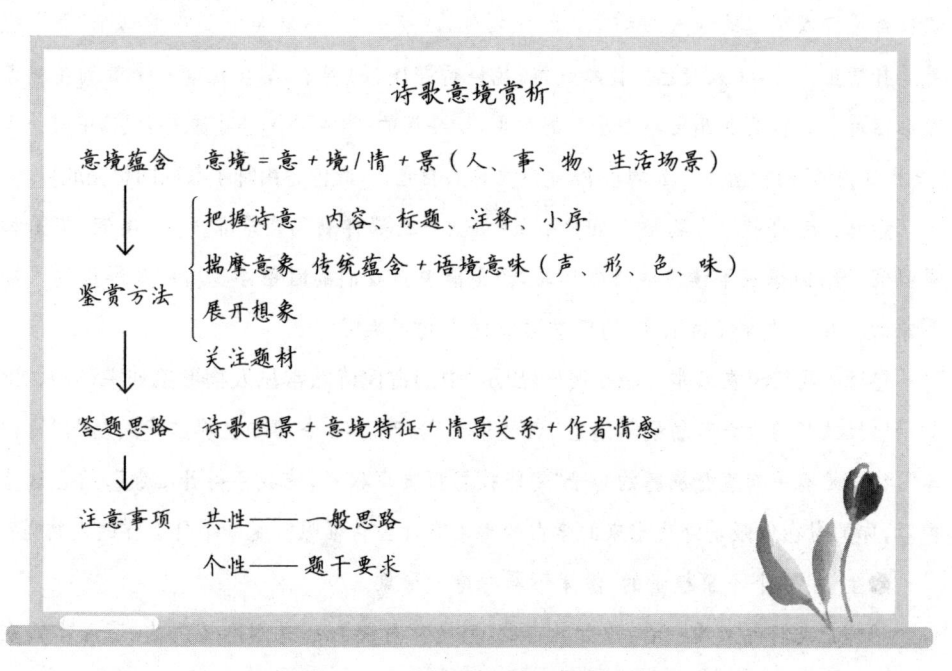

意境蕴含　意境＝意＋境/情＋景（人、事、物、生活场景）

鉴赏方法
- 把握诗意　内容、标题、注释、小序
- 揣摩意象　传统蕴含＋语境意味（声、形、色、味）
- 展开想象
- 关注题材

答题思路　诗歌图景＋意境特征＋情景关系＋作者情感

注意事项　共性——一般思路
　　　　　个性——题干要求

图6-7　"诗歌意境赏析"专题板书

（二）"诗歌人物形象鉴赏"课堂教学实录

品诗中人生，养精神成长

——"诗歌人物形象鉴赏"专题课堂教学实录

1. 导入新课

◎师：我们正在进行"诗歌艺术形象鉴赏"专题教学。通过之前的学习，我们已经知道：诗歌中的艺术形象，就是诗歌所展示出来的生活图景，一般可分为自然景物形象、客观事物形象和人物形象（出示诗歌艺术形象的分类）。前面我们已经对诗歌中的景物形象和事物形象进行了专题学习，今天这节课，我们就来探讨诗歌人物形象的鉴赏（板书课题：诗歌人物形象鉴赏）。

2. 新课教学

◎师：说到诗歌中的人物形象，主要有两种。一种是诗歌中塑造出来的人物形象，比如我们学习过《琵琶行并序》，那里有一个琵琶女的形象，就是诗人塑造的形象；还有我们初中学习的《石壕吏》，大家还记得"逾墙走"的老翁、"出门看"的老妇，都是诗人塑造出来的形象；我们高中学习的卢纶《塞下曲》中那位"独立扬新令"的将军的形象……这些都是诗人塑造的他人的形象。除此之外，还有一类人，就是作品中的那个"我"，也就是抒情主人公，诗人自己。比如还举《琵琶行并序》的例子，那里边有一个听到琵琶曲之后泪湿了青衫的江州司马白居易的形象；辛弃疾的《水龙吟·登建康赏心亭》中有一个"把栏杆拍遍"的抒情主人公的形象，也就是词人自己。（此内容由师生共同回想完成）

◎师：诗歌中的人物形象虽然不像小说、戏剧那样刻画得非常充分、丰满，但是如果我们仔细回想一下读过的诗歌作品，还是能够在我们的眼前浮现出一些鲜活的人物形象的。在中国古代诗歌中，有哪些常见的人物形象呢？

◎师：我们现在来举一个小例子（出示"中国古代诗歌常见人物形象列举"表）。比如，我们读《梦游天姥吟留别》，随着"訇然中开"出现了一个神仙世界，"虎鼓瑟"，"鸾回车"，特别是有一句直抒胸臆的句子"安能摧眉折腰事权贵，使我不得开心颜"，结合这些内容，你觉得在你眼前浮现出来的李白的形象有什么特征呢？是一个什么样的人物呢？

●生1：一个不慕权贵的、傲岸不羁的诗人形象。

◎师：我们再来看一看，比如杜甫的《登楼》《月夜》，还有刚刚提到的《石壕吏》，在《登楼》中杜甫是因为"万方多难"来登楼的，《月夜》中杜甫发出一种强烈的渴望，希望

第六章 醇美语文的个性

"何时倚虚幌,双照泪痕干",结合这些信息,我们可以说杜甫非常关心天下的,那么怎么概括杜甫的形象特征呢?

●生2:忧国忧民、心忧天下的形象。

◎师:说到陆游和辛弃疾,有很多相似点。我们读过他们的很多作品,比如刚刚还提到的《水龙吟》,初中读过辛弃疾的《破阵子》,希望"了却君王天下事",却只能"白发生";还有像《书愤》中的陆游,特别是《示儿》中诗人临死之前的愿望。这些信息我们组合在一起,这两个人物具有什么样的形象特征呢?

●生3:这两个人都是立志收复失地、抗金报国的,但由于种种原因而壮志难酬,所以慷慨悲愤的形象。

◎师:假如说找一找寄情山水、归隐田园的形象,大家会举出哪些诗人和作品呢?

●生(合):陶渊明。

◎师:大家第一时间想到了陶渊明,比如他的《饮酒》诗。还有很多山水诗人陶醉于山水之中,比如初中学过王维的《山居秋暝》,高中也学过他的一首诗吧?

●生(合):《终南山》。

◎师:对,这些作品都能让我们读出向往山水、渴望隐逸的人物形象。

◎师:说到苏轼的《定风波》,大家肯定还记得结尾处苏轼"回首向来萧瑟处",他的结论是"也无风雨也无晴"。你觉得这是一个什么样的苏轼形象呢?

●生4:很乐观、很旷达、很能够向往人生。

◎师:好。这首词中的苏轼是一位豁达乐观、笑傲人生的形象。我们也读过马致远的《天净沙·秋思》,那样一位"夕阳西下"时还在天涯断肠的人物。那么我们可以怎样概括他们的形象特征呢?

●生5:这是一些羁旅天涯、辗转漂泊的人。

◎师:刚刚我们对中国古代诗歌中常见人物形象进行了不完全例举。那么,这些鲜活的人物形象,我们是通过哪些办法来感知和把握的呢?下面,我们就选取几个实例来探讨这个问题。

例1:出示陆游的《诉衷情》。

◎师:这首词大家都很熟悉,给我们的问题是:赏析这首宋词的抒情主人公形象。

◎师:现在请一位同学朗读一下这首词,大家感受一下这里的陆游是否具有我们刚刚概括的形象特征?如果具有这些形象特征,我们用什么办法能够感受得到?

●生6：朗读。

◎师：大家说说看,这里边的陆游与我们刚刚说的形象特征是不是一致的？对,应该说是一致的。那么我们根据什么判定他也是一位矢志报国却壮志难酬的英雄形象呢？

●生7：陆游当年曾经匹马戍守过梁州,有过军旅生活的体验,现在却"尘暗旧貂裘",在胡未灭时,他却已经鬓先秋了,只能泪空流。

◎师：提醒一下,"尘暗旧貂裘"是用了一个典故的,是谁的典故呢？

●生(合)：苏秦说秦的典故。

◎师：刚刚这位同学为我们解读了这首词,提醒我们要立足文本,理解词的内容。那么除此之外,还有别的途径来帮助我们感受这首词所塑造的人物形象吗？

●生8：从"关河梦断""泪空流"可以看出陆游此时非常愁苦。

◎师：好,请大家看一下注释,陆游这时在做什么呢？

●生(合)：隐居。

◎师：隐居不是很好吗？他为什么要愁苦呢？要弄清楚这一点,我们要了解一下陆游这个人。陆游,我们大家都很熟悉,我们读过他很多作品,知道陆游生活在南宋时期,北宋到南宋发生的非常著名的历史事件是什么呢？

●生(合)：靖康之难。

◎师：靖康之难,北宋灭亡,这种亡国之痛。所以他一生致力于抗金报国,这是陆游的表现。那么当时的时代特征是什么样呢？如果朝廷的想法与陆游的想法是一致的,陆游就不会壮志未酬了,说明朝廷的想法与陆游是不一样的,他的主战派的想法要受到主和派的制约。

◎师：现在我们有点感觉了,要想读出诗歌中的人物形象,我们要知人论世,要了解这个人。刚刚我提醒了大家,什么给了我们突破口了？

●生(合)：注释。

◎师：注释能告诉我们什么信息呢？

●生9：作者写这首词的背景。

◎师：了解这个时代、了解这个人、了解作者写作的背景。(板书鉴赏方法一：关注人世背景)

◎师：知人,都知些什么呢？知这个作家的生平经历,知这个作家的总体特征；论世,了解这个世什么内容呢？这个时代的特点,在这个时代当中发生的重大事件。

第六章　醇美语文的个性

◎师：还有，我们也关注了背景，那么背景材料从哪里来呢？

●生（合）：注释。

◎师：除了注释之外，我们还可以从作品内容中去揣摩，从题目中去体会，从小序中去寻找，当然注释不失为一个非常好的途径。

◎师：从这些暗示中我们能够了解作者写作这个作品的情境，了解写作的情境对把握作者的情感、把握形象是有帮助的。除此之外，离不开人物塑造的手法。（板书鉴赏方法二：把握写人手法）

◎师：那么这首词用了哪些手法来写人的？

●生10：心理描写

●生11：作者有"鬓先秋"的外貌描写、"泪空流"的神态描写，还有他的内心活动。

◎师：也就是说，写人，我们要注意对人物进行正面描写，抓住人物的肖像（神态）、动作、语言、心理，特别注意体会细节上的刻画来感受这个人物。

◎师：除了对人物进行正面描写外，一些侧面烘托的手法也会对人物形象的刻画起到重要作用。

例2：出示李清照的《声声慢·寻寻觅觅》。

◎师：这首词大家都会背诵，请大家默诵一下，感受主人公处在一个什么样的情绪和情境之中？

●生：默诵。

◎师：让我们分析的就是这位女词人的形象。我们完全也可以用前面总结出来的办法，先来看一看哪些语句在写这个人？写她什么？

●生12："寻寻觅觅"在写人物的动作，"凄凄惨惨戚戚""正伤心""愁"在写心情。

◎师：这是写人的。那么，为什么词人如此之愁呢？还可以用什么办法帮助我们分析她？

●生（合）：知人论世。

◎师：李清照亲身经历了靖康之难，这场靖康之难导致北宋的灭亡，也给词人带来了重大的创伤，李清照和北宋人民一样经历了背井离乡、国破家亡。除此之外，她还有什么个人的经历吗？

●生13：丈夫去世。

◎师：把握了这些之后，大家看看在这首词中还有非常重要的信息能帮助我们感受词人的形象。哪些信息？

●生14：典型的景物。

◎师：都有哪些典型的景物？

●生14补充：急风、飞雁、黄花、梧桐、细雨等冷清凄凉的景物。

◎师：从而塑造了一位身陷亡国之痛、孀居之悲、沦落之苦的孤寂落寞、愁肠百结的女词人的形象。

◎师：分析人物所处的环境，包括时间、地点、周围景物，有时候还要注意周围人对这个人物的描述、评价。这些要素在塑造人物形象时主要起的作用是侧面烘托。

◎师：这是写人常用的正面描写和侧面描写的手法，除此之外，我们刚刚学习了"表现手法"的专题，其他的表现手法如果用来写人，完全可以作为把握人物形象的一个依据，在此不再举例。

◎师：古代诗歌的题材分类能够帮助我们理解诗歌内容，确定常用手法。其实，诗歌的题材特征也是我们把握诗歌人物形象的重要依据。（板书鉴赏方法三：注意题材特征）

例3：出示苏轼的《念奴娇·赤壁怀古》。

●生：齐读。

◎师：非常好。这首词从题材角度看，是一首咏史怀古词。上片主要写什么？

●生15：写赤壁的景象。

◎师：这个景象给我们的感觉是非常壮观的。这首词是苏轼作为豪放派词人的代表作品，写景的内容正体现出豪放派的特点。下片主要写什么呢？

●生（合）：怀古。

◎师：怀与他来到的古迹有关的古人，那么他怀的是谁呢？

●生（合）：周瑜。

◎师：周瑜有什么特点？

●生（合）：雄姿英发，少年得志。

◎师：除了周瑜的形象，这首词中还有谁的形象你觉得也很鲜活呢？

●生（合）："我"。

◎师：那么"我"是一个什么样的形象？苏轼经历了"乌台诗案"被贬黄州，这时43岁。43岁的自己双鬓染霜，功业无成，对照一下古人周瑜却是少年得志，这样，一个积极入世但怀才不遇，年已半百仍功业无成的词人形象便跃然纸上了。也就是说，咏史怀古词可以借古人来写"我"。

◎师：我们再来看这样一首诗。

例4：出示张谓的《早梅》。

◎师：从题材看,这是一首什么诗?

●生(合)：咏物诗。

◎师：让我们分析的不是"早梅"的形象,而是人的形象。我要问一下,我们要想把握住咏物诗中"人"的形象,要怎么办?

●生16：借物喻人的,要概括出"人"的特征就要先把"梅"的特征找到。

◎师：那么,"梅"有什么特征呢?

●生17：生活环境非常恶劣、寒冷,颜色是白的,非常高洁,"迥"说明开花地人迹稀少,很孤独。

◎师：好,这样的生活环境中的"梅"有什么行为呢?

●生(合)：花先发。

◎师：在寒气当中"花先发"能看出什么?

●生18：傲霜凌雪,很坚强勇敢。

◎师：这是"梅"的特征。咏物诗一般都是借物喻人的,那么从"梅"的特征中我们来找"人"的形象。人的形象与梅的形象应该是契合的。那么,人有什么特点呢?

师生共同：在艰难的环境下很坚强,品质很高洁,一个孤寂傲世、坚韧刚强、超凡脱俗的自我形象。

◎师：以上,我们对诗歌人物形象鉴赏的方法进行了分析,下面就以《早梅》这首诗为例,归纳一下诗歌人物形象鉴赏的答题思路。

出示答案样例。

◎师：看看这个答案样例由哪些要素构成?

●生19：先概括形象的总的特征(什么样的形象);接下来结合具体内容进行分析,包括所用的手法,看看这个形象的具体特征;然后说明作者借助这个形象要表达什么思想情感(形象的意义)。(板书答题思路：什么形象＋具体特征＋形象意义)

3. 课堂练习

出示课堂练习：皎然《寻陆鸿渐不遇》。

◎师：这首诗大家不太熟了。皎然是唐代的一位诗僧,是谢灵运十世孙。陆鸿渐，名羽，被后人奉为"茶圣"。"寻……不遇"，我们小学学过贾岛的《寻隐者不遇》，"松下问童子，言师采药去，只在此山中，云深不知处"那样一个隐者的形象，那么我们看看陆鸿渐是一个什么样的形象呢？

◎师：我们来分析一下作者是通过哪些内容来写这个人物的。

师生共同：这首诗写陆鸿渐搬家了，作者去看他。陆鸿渐平时种桑麻、种菊，前四句在写陆鸿渐家周围的环境，用环境来衬托人物；最后两句通过西邻对陆鸿渐行踪的叙述，侧面烘托陆鸿渐的形象。

◎师：那么，陆鸿渐的形象我们怎么表述出来呢？请大家构思一下，可以在练习本上试着写出来。

●生（合）：构思、书写。

◎师：请一位同学把他刚才分析和思考的过程表述一下。

●生20：这是一个追求闲适清静的隐士形象。作者通过对陆鸿渐幽僻、高雅的隐居环境的描写，表现他的高洁不俗，通过邻居的叙述，侧面烘托陆鸿渐流连山水、不以尘世为念的形象。

◎师：作者塑造这个形象要做什么呢？

●生21：表达作者的一种向往和追求。

出示答案样例。

◎师：请一位同学说说这个答案有哪些部分构成。

●生22：先概括这是一个什么样的人，再说明用什么内容和手法塑造了这个人物的什么具体特征，最后说明作者塑造这个人物的意义何在。

4. 链接高考

◎师：刚刚我们对中国古代诗歌中人物形象进行了鉴赏，对答题思路进行了梳理，在高考中这类题时有出现。

出示2012江苏卷、2012安徽卷、2012湖北卷、2014上海卷、2018上海春考的诗歌鉴赏试题。

◎师：这些都是直接考查人物形象的题目。其实在上海卷中隐性考查人物形象的题目更是常见，在此不再举例。

5. 课堂总结

◎师：这节课我们学习了诗歌人物形象鉴赏的方法及答题思路。但所有方法和技巧都要建立在读懂诗歌、整体把握诗意、体悟诗情的前提下,所以希望同学们能够抓紧不多的高三学习时间,提升自己的语文素养。

◎师:到今天为止,诗歌艺术形象的专题教学就结束了。从这些专题中,我们感受到了古代诗歌丰富的艺术形象,让我们一起赏诗歌形象,品多样人生,养精神成长。

6. 布置作业

"链接高考"板块出示的五道高考题作为课后作业。

(三) 教学专题实施的有效保障

"教师,这是学生智力生活中第一盏、继而也是主要的一盏指路灯;是他在激发学生的求知欲,教会他们尊重科学、文化和教育。"[1]这句话道出了教师在学生成长过程中的重要性。要确保开发、优化的高三语文教学专题得以有效实施,需要以下保障:

1. 有赖于教师真正树立"以学生为本"的理念

《普通高中语文课程标准(2017年版2020年修订)》要求,普通高中语文课程的设计,要"着力发展学生的核心素养,促进学生全面而有个性地发展",[2]《普通高中课程方案(2017年版2020年修订)》要求普通高中课程内容的确定应有选择性:"在保证每个学生达到共同基本要求的前提下,充分考虑学生不同的发展需求""满足学生不同学习需要,促进学生发展。"[3]

新课程确立了"以人为本"的教育思想,体现了语文学科的人文精神。教师在教学过程中真正做到心中有人,眼睛向下,切实从学情视角出发,去研究、开发、实施教学专题,从而以开发学生智力、培养学生能力为出发点,真正打好学生终身学习和精神成长的底子。

2. 有赖于教师真正落实新课程的要求

海德格尔曾经指出,教,意味着让学生去学。学习就是去呼应所学对象的亲切召唤的过程,学习就是学习者与所学对象之间的情感增进与思想交流活动。新课程提

---

1 苏霍姆林斯基. 帕夫雷什中学[M]. 赵玮,等,译. 北京:教育科学出版社,1983:25.
2 中华人民共和国教育部. 普通高中语文课程标准(2017年版2020年修订)[S]. 北京:人民教育出版社, 2020:08.
3 中华人民共和国教育部. 普通高中课程方案(2017年版2020年修订)[S]. 北京:人民教育出版社,2020:08.

出,"要用课程的视角来看课堂。教师需要有意识地通过整合去联系文章、关联知识,去促进学生形成对上位问题的认识",要"高度关注学生的学习行为变化,让学习成为一种参与",倡导从具体语言实例出发"经由学生梳理和整合,将积累的语言材料和学习的语文知识结构化"。[1]

为此,教师要跟上社会和时代的脚步,认真学习研究新课程标准和课程方案,努力适应新课程改革的需要,把有些教师与学生形成的"我—它"的关系转变为"我—你"关系,改变过于强调接受学习、死记硬背、机械训练的状况,改变学生依赖性学习的习惯,注重体验性学习和探究性学习的指导,创造性地设计和实施高三语文的专题教学活动。

3. 有赖于教师加强自身"教学学术"的培育

作为高三语文教师,要深切地意识到教学具有浓郁的"学术"品性,而不仅仅是传递那么简单。要了解学生及其已有的知识和经验,知道学生在学习中希望得到什么样的知识和经验,从而确定和选择恰当的教学内容和教学方法;同时,要学会使用整合知识的教学方法,运用恰当的教学内容和方法引导学生更深入地学习,从事知识的内部收集和外部积累。让教学变成研究,让自己变成教学的研究者。

做一个好的语文教师不容易,做一个好的高三语文教师更加不容易。为了让高三语文课堂既实现实效性的期许,又成为学生感受语言文字之美、感受精神之美的场域,成为学生生命滋养的美丽旅程,语文教师应从修炼自我开始。

四、专题,让高三语文也醇美

一般来说,学生需要通过教师的教学获得知识和能力,教学应具有实用价值是毋庸置疑的。正如于漪老师所言:"学有所得,是保证课堂质量的生命。无效、低效,就是浪费学生的青春,浪费他们的生命。因而,学生学有所得,课堂有效,是教师教课的底线。"[2] 所以对高三语文教学专题课实施效果的评估,更多关注的不是教师教学行为、教学理念的展示,而是学生在课堂上是否有强烈的学习欲望、浓厚的学习兴趣,是学生

---

[1] 王宁,巢宗祺.普通高中语文课程标准(2017年版2020年修订)解读[M].北京:高等教育出版社,2020:196-198.

[2] 于漪.语文的尊严[M].太原:山西教育出版社,2014:246.

是否积极参与了由不知到知、由不会到会、由不能到能的语文实践过程,关注学生在过程中的领悟和体验,在语文知识和语文能力上的提高和发展。

研发与实施教学专题的高三语文课堂教学效果比对如图6-8:

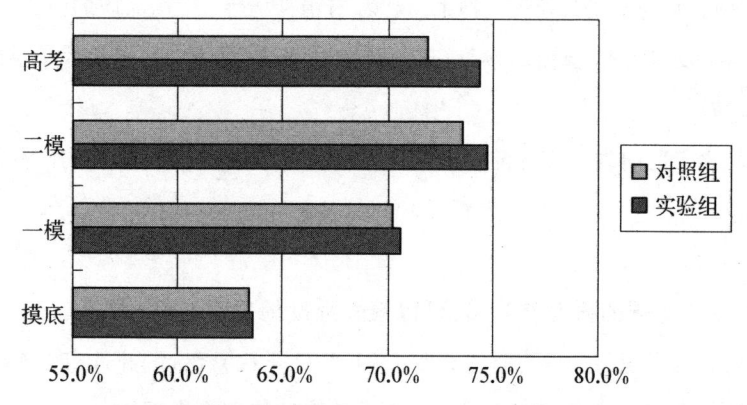

图6-8 研发与实施教学专题的高三语文课堂教学效果比对

图6-8为2018届实验班与对照班历次大型测试学生语文综合能力比对图。数据表明:高三摸底时,两个班级学生语文能力基本相当,随着专题教学的不断深入,实验班学生的语文综合能力在二模和高考中明显优于对照班。

图6-9为2021届实验班学生语文各能力板块在高三摸底与一模中的比对图。数据表明:随着教学专题的开发与实施,各评估板块语文能力均有较大提升。

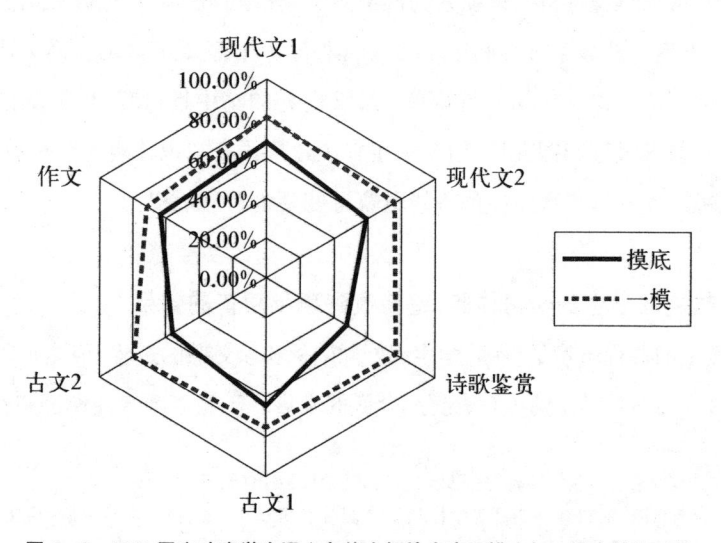

图6-9 2021届实验班学生语文各能力板块在高三摸底与一模中的比对图

当然，教学应该是一种有品质的行为，有品质的教学追求教学内在价值的实现。语文特级教师肖家芸认为教学品质包含三个方面：一是学科味，即学科特色；二是效率值，诸如传输的知识密度，落实的训练强度，达成的目标广度，应试的分数高度等；三是品位感，即教师与学生共处的一种生命状态与精神境界。[1] 高品质的语文课堂，应该是以人的生存发展为本，自由而融洽、互动而轻松、有效而优雅地使学生幸福地成长和可持续地发展。

注重教学专题研发与实施的高三语文综合复习课，是有效且醇美的。具体表现在以下几点。

(一) 教学专题的研发与实施，可以最大限度地提高教学效益

高三语文综合复习的内容是纷繁复杂的，往往千头万绪，因此选定一个特定的复习方向能使综合复习变得有序、清晰。《普通高等学校招生全国统一考试（上海卷）语文科目考试说明》规定高考语文考量学生阅读与鉴赏、表达与交流、梳理与探究等方面的语文能力。[2] 而这些能力学生需在长期的语文学习中积累，在高三阶段得到整体提升，这是单靠大量题海的操作训练无法达成的。

所以，近些年来，笔者在高三语文复习中，开发、整合、优化一些教学专题，形成一套系统、科学的教学专题序列和内容体系，通过教学专题的实施，最大限度地提高教学效益。比如"诗歌意境赏析""诗歌人物形象鉴赏"等课的教学，只是高三语文复习课专题化实践的案例。从教学过程和学生的反馈来看，应该说是有效的。因为研发教学专题，可以使高三语文课堂呈现如下特色：教学内容的集中性，使学生散乱的语文学习有了凝聚力；教学过程的探究性，给了学生自主建构语言知识技能的空间和可能；教学目标的层进性，使不同层次学生的各级语言智能渐进有序地提升。

(二) 越关注学生的学习体验，越能收到事半功倍的效果

语文教学的过程虽然是教师、学生、教学内容多方交融的过程，但一切教学活动的出发点和最终归宿是学生的主动、充分、全面的发展。于漪老师曾经说过："教师要从习

---

1 张华，顾之川，肖家芸."教学品质"三人谈[J].语文学习，2010(6)：9－12.
2 上海市教育考试院. 2022 年普通高等学校招生全国统一考试（上海卷）·考试手册（语文、数学、外语）[M].上海：上海教育出版社，2021：1－4.

惯的从'教'出发的立足点转换到从学生的'学'出发,要充分考虑学生的实际,考虑他们想学什么,怎么学,学的过程中会碰上哪些障碍,怎样帮助解决,怎样才能使他们发挥积极性,让他们有主动学习的时间与空间,怎样才能挖掘学习的潜能,有所发现,有所创造。"[1]

新教程背景下的课堂教学,不论什么内容,什么课型,都应体现以学生为本的理念,以自主、合作、探究性学习为主要学习方式。高三语文综合复习课不能因为时间紧、内容多,就采取以讲为主、以灌为主的方式,以为这样就节省了时间,加大了容量,要知道,量的积累很多时候并不能达成质的飞跃。其实,在高三语文复习课的教学中,越关注学生,越关注学生的学习过程,就越能收到事半功倍的效果。比如在"诗歌人物形象鉴赏"专题的教学中,注重通过朗读、默诵、问题引发、回想分析等教学手段,通过一些有新鲜感、有探究性、有适宜难度的内容和问题,引领学生亲历探究、感悟诗中人物形象的过程,在此基础上,形成理性的认识和可操作的方法。也就是说,学生亲历感受诗意之美的过程,更有助于其对教学内容的理解和认知,更有助于其在感性认识的基础上,形成规律性的可用于今后学习的语文能力。

(三)综合复习的语文课堂,同样可以很醇美

于漪老师曾语重心长地说,教语文,必须站在文化的平台上。忽略了这一点,语文教学就会在有意无意间降格为技能技巧的训练。汉语有形象,有色彩,有气味,极富感性魅力,人文味道极浓。汉语言文字不是无生命的僵硬的符号,而是蕴涵着中华民族独特性格的精灵,既是表情达意、相互交际的工具,又是文化的本身。站在文化的平台上教语文,语言文字才是生动的,它的生命力才会闪耀光彩,也才能使学生得到祖国优秀文化的哺育。[2]

虽然,当前一些人的普遍做法是复习课以讲应试技巧为主,大量的高三语文课涂上了"教条""功利""机械"的色彩。其实,教学专题的研发课,因其高三综合复习的特殊性,也不可避免地要对学生的应试技巧、答题思路进行有效指导,比如前文所举的"诗歌意境赏析""诗歌人物形象鉴赏"等课例也不例外。但更希望借助对中国古代诗歌的鉴赏,引领学生感受到古代诗歌丰富的艺术形象,通过体悟诗歌中的各类形象,去品味多样的人生,从而促进学生的精神成长。也就是说,综合复习的语文教学中也可

---

1 于漪. 我和语文教学[M]. 北京:人民教育出版社,2003:155-156.
2 于漪. 语文的尊严[M]. 太原:山西教育出版社,2014:147.

有人文精神的渗透,审美情趣的滋养,文化的传承和价值的认同,而且,因学生一段时间浸润在同一专题的学习之中,对作品的理解、认识、感知的深入,这种渗透、滋养也就更为深刻、久远,也就更容易产生文化传承、理解与认同的自觉。

当然,复习课不仅仅为高三所独有,高一高二也存在此现象,只不过高三将语文复习课发挥到了"登峰造极"的地步。复习课自然有其存在的价值,但也确实存在着使语文课失去了语文味,不断挤压着学生心灵中的"语文空间"的现象。教学专题的研发,就是试图使高三语文复习课也能有语言的品味、情感的碰撞和思想的交汇,也能有学生、文本、教师之间的对话,让综合复习的语文课也能有一片审美、浪漫、诗意的天空。

总之,高三语文综合复习的课堂不应被大量的模拟试卷所充斥,不应让做、讲高考模拟试卷成为高三语文课堂的主旋律。高三语文综合复习也可以很有序、很高效,甚至很有语文学科的那份"醇美"韵味。

参考文献

著作类

1. 巴班斯基.论教学过程最优化[M].吴文侃,等,译.北京:教育科学出版社,2001.
2. 保罗·弗莱雷.被压迫者的教育学[M].顾建新,等,译.上海:华东师范大学出版社,2001.
3. 蔡伟,纪勇.语文案例教学论:课堂导入与收束[M].杭州:浙江大学出版社,2012.
4. 曹明海,钱加清.语文课程与教学论(修订本)[M].济南:山东人民出版社,2015.
5. 陈隆升.语文课堂"学情视角"重构[M].上海:上海教育出版社,2012:24-25.
6. 崔允漷.有效教学[M].上海:华东师范大学出版社,2009.
7. 丹尼尔·坦纳,劳雷尔·坦纳.学校课程史[M].崔允漷,等,译.北京:教育科学出版社,2006:198.
8. 单中惠.教育小语[M].上海:华东师范大学出版社,2006.
9. 多尔.后现代课程观[M].王红宇,译.北京:教育科学出版社,2000.
10. 费孝通.乡土中国[M].北京:人民出版社,2015.
11. 冯卫东.情境教学操作全手册[M].南京:江苏教育出版社,2010.
12. 傅道春.教师行为技术[M].哈尔滨:黑龙江教育出版社,1997.
13. 胡克英,吕敬先.小学教学简论[M].长沙:湖南教育出版社,1983.
14. 加涅 R M,等.教学设计原理[M].皮连生,等,译.上海:华东师范大学出版社,1999.
15. 加涅 R M.学习的条件和教学论[M].皮连生,等,译.上海:华东师范大学出版社,1999.
16. 教师专业标准研究课题组.中学教师专业标准:要点·行动·示例[M].北京:北京师范大学出版社,2013.
17. 教育部.普通高中教科书(语文·必修上册)[M].北京:人民教育出版社,2019.
18. 卡尔·波普尔.猜想与反驳——科学知识的增长[M].傅季重,等,译.上海:上海译文出版社,1986.
19. 李海林.李海林讲语文[M].北京:语文出版社,2008.
20. 李吉林.李吉林与情境教育[M].北京:北京师范大学出版社,2006.
21. 李吉林.情境教学实验与研究[M].北京:人民教育出版社,2007.
22. 李吉林.小学语文情境教学——李吉林与青年教师的谈话[M].北京:人民教育出版社,

2003.

23. 李维鼎.语文言意论[M].上海：上海教育出版社,2000.

24. 联合国教科文组织国际教育发展委员会.学会生存——教育世界的今天和明天[M].华东师范大学比较教育研究所,译.上海：上海译文出版社,1979.

25. （清）刘开.孟涂文集：问说[M].归叶山房精印,1915.

26. 孟宪军.语文阅读教学本体建构[M].济南：山东教育出版社,2020.

27. 莫提默·J·艾德勒,查尔斯·范多伦.如何阅读一本书[M].郝明义,朱衣,译.北京：商务印书馆,2016.

28. 皮连生.学与教的心理学[M].上海：华东师范大学出版社,2006.

29. 启功.启功全集(第4卷)[M].北京：北京师范大学出版社,2009.

30. 人民教育出版社,课程教材研究所,中学语文课程教材研究开发中心.普通高中教科书教师教学用书(语文·必修下册)[M].北京：人民教育出版社,2019.

31. 人民教育出版社,课程教材研究所,中学语文课程教材研究开发中心.普通高中教科书教师教学用书(语文·选择性必修下册)[M].北京：人民教育出版社,2021.

32. 上海市教育考试院.2022年普通高等学校招生全国统一考试(上海卷)·考试手册(语文、数学、外语)[M].上海：上海教育出版社,2021.

33. 施良方,崔允漷.教学理论：课堂教学的原理、策略与研究[M].上海：华东师范大学出版社,1998.

34. 苏霍姆林斯基.给教师的建议(修订版)[M].杜殿坤,编译.北京：教育科学出版社,1984.

35. 苏霍姆林斯基.给教师的一百条建议[M].周蕖,王义高,等,译.天津：天津人民出版社,1981.

36. 苏霍姆林斯基.教育的艺术[M].肖勇,译.长沙：湖南教育出版社,1983.

37. 苏霍姆林斯基.帕夫雷什中学[M].赵玮,等,译.北京：教育科学出版社,1983.

38. 陶行知.陶行知文集[M].南京：江苏人民出版社,1981.

39. 滕咸惠.《人间词话》译评[M].长春：吉林文史出版社,2004.

40. 汪明帅.和优秀教师一起读苏霍姆林斯基[M].北京：中国青年出版社,2011.

41. 王国维.《红楼梦》评论[M].杭州：浙江古籍出版社,2012.

42. 王宁,巢宗祺.普通高中语文课程标准(2017年版2020年修订)解读[M].北京：高等教育出版社,2020.

43. 王荣生.听王荣生教授评课[M].上海：华东师范大学出版社,2007.

44. 王尚文.语感论(修订本)[M].上海：上海教育出版社,2000.

45. 王天一.外国教育史(下册)[M].北京：北京师范大学出版社,1993.

46. 韦志成.语文教学情境论[M].南宁：广西教育出版社,1996.

47. 魏本亚,尹逊才.十位名师教《老王》[M].上海：上海教育出版社,2014.

48. 严华银.严华银讲语文[M].北京：语文出版社,2008.

49. 叶澜,等.教师角色与教师发展新探[M].北京：教育科学出版社,2001.

50. 叶圣陶.叶圣陶语文教育论集[M].北京：教育科学出版社,1980.

51. 叶圣陶.叶圣陶语文教育言论摘编[M].天津：天津古籍出版社,1994.

52. 伊塔洛·卡尔维诺.为什么读经典[M].黄灿然,李桂蜜,译.南京：译林出版社,2006.

53. 于漪.教育魅力：青年教师成长钥匙[M].上海：华东师范大学出版社,2013.

54. 于漪.我和语文教学[M].北京：人民教育出版社,2003：155-156.

55. 于漪.于漪文集(第一卷·教育教学论)[M].济南：山东教育出版社,2001.

56. 于漪.于漪语文教育论集(第一版)[M].北京：人民教育出版社,1996.

57. 于漪.语文的尊严[M].太原：山西教育出版社,2014.

58. 袁行霈.中国诗歌艺术研究(第3版)[M].北京：北京大学出版社,2009.

59. 赞可夫.教学与发展[M].杜殿坤,等,译.北京：人民教育出版社,1985.

60. 张大钧.教育心理学[M].北京：人民教育出版社,2004.

61. 张德琇.教育心理研究[M].北京：教育科学出版社,1981.

62. 张华.课程与教学论[M].上海：上海教育出版社,2000.

63. 张新颖.读书这么好的事[M].上海：上海人民出版社,2017.

64. 浙江省教育厅教研室.高中语文读本(必修下册)[M].杭州：浙江文艺出版社,2020.

65. 整本书阅读任务书编委会.《乡土中国》整本书阅读任务书[M].重庆：重庆出版社,2022.

66. 钟启泉,等.为了中华民族的复兴,为了每位学生的发展——基础教育课程改革纲要(试行)解读[M].上海：华东师范大学出版社,2001.

67. 周庆元.语文教育研究概论[M].长沙：湖南人民出版社,2005.

68. 周汝昌.红楼十二层[M].太原：书海出版社,2005.

69. 朱智贤.心理学大辞典[M].北京：北京师范大学出版社,1989.

论文类

1. 查有梁.论教育模式建构[J].教育研究,1997(6)：49-55.

2. 陈国强.语文教学中情感教育的作用[J].福建基础教育研究,2010(4)：55.

3. 董雪洁.语文阅读教案设计中的教育心理学应用——以于漪经典教案《春》为例[J].学园,2013(9)：81-82.

4. 韩军.四十回首[J].中学语文教学,2003(3)：61-62.

5. 姜妍.从预设到生成——郑桂华老师《安塞腰鼓》研习[J].课程教材教学研究(教育研究),2012(5)：83-84.

6. 冷晏明. 王世祯诗歌理论述评[J]. 青海师范大学学报(社会科学版),1986(1):76-81.

7. 李光烈. 课堂教学的入境艺术[J]. 语文教学之友,2007(12):11-13.

8. 李震. 一场重要的讨论——关于语文学科性质的争鸣综述[J]. 语文学习,1996(10):3-7.

9. 潘涌. 基础教育课程改革与教师角色创新[J]. 人民教育,2002(9):15-18.

10. 乔闽苏. "师生互动"教学方式初探[J]. 新作文(教育教学研究),2009(22):66.

11. 佘蜀强. 浅谈语文课堂有效性追问的效益与实施策略[J]. 教育研究与实践,2011(5):36-38.

12. 孙小娟. 丰富学生情感,语文教师有责[J]. 考试周刊,2013(29):25.

13. Withall, G. John. Development of the Climate Index[J]. Journal of Educational Reasearch,1951,45:19-28.

14. 王池祥. 构建和谐课堂,培养乐学兴趣[J]. 科学咨询,2010(3):85.

15. 王芳. 点燃主动探究的火花[J]. 中华活页文选·教师版,2012(6):12-14.

16. 王厥轩. 上海市中小学第二期课程改革综述[J]. 上海教育科研,2002(12):12-14.

17. 王尚文,王诗客. 语文课是语言实践活动课[J]. 课程. 教材. 教法,2009(4):26-30.

18. 魏小丽. 新课标下高中语文整本书阅读教学指导策略研究[J]. 新课程,2022(25):196-197.

19. 温儒敏. 功夫在课外——致"整本书阅读上海论坛"的一封信[J]. 语文学习,2018(1):26-27.

20. 温儒敏. 忽视课外阅读,语文课就只是半截子的[J]. 课程. 教材. 教法,2012(1):49-52.

21. 温儒敏. 年轻时有意识读些"深"一点的书——费孝通《乡土中国》导读[J]. 语文世界(中学生之窗),2021(1):29-30.

22. 温儒敏. 培养读书兴趣是语文教学的"牛鼻子——从"吕叔湘之问"说起[J]. 课程. 教材. 教法,2020(6):3-11.

23. 温儒敏. 统编高中语文教材的特色与使用建议——在统编高中语文教材国家级培训班的讲话[J]. 课程. 教材. 教法,2019(10):4-9.

24. 温儒敏.《中学整本书阅读课程实施策略》序言[J]. 语文教学通讯. B刊,2018(5):79-80.

25. 吴泓. 统编高中语文必修教材"整本书阅读"单元教学设计思路及建议[J]. 语文教学通讯. A刊,2021(1):10-12.

26. 吴欣歆. 语文课程视野下的整本书阅读[J]. 课程. 教材. 教法,2017,37(5):22-26.

27. 奚秀梅. 探讨教学的有效性,打造高效课堂[J]. 考试周刊,2013(73):65-66.

28. 夏仕武. 语文要教给学生有用的东西——访北京四中特级教师顾德希[J]. 人民教育,2011(22):46-49.

29. 肖锋. 课堂语言行为的互动分析:一种新型的课堂教学研究工具[J]. 辽宁师范大学学报(社会科学版),2000(6):40-44.

30. 徐鹏.整本书阅读：内涵、价值与挑战[J].中学语文教学,2017(1)：4-7.

31. 许书明.钱梦龙充满智慧的"问答"艺术[J].中学语文,2013(28)：11-13.

32. 余党绪.比教学范式建设更迫切的,是改善我们的思维——关于思辨性阅读教学的思考[J].语文建设,2018(1)：9-13.

33. 余映潮.论初中语文教学提问设计的创新[J].语文教学通讯,2003(14)：4-7.

34. 张华,顾之川,肖家芸."教学品质"三人谈[J].语文学习,2010(6)：9-12.

35. 赵志伟,黄玉峰,商友敬.申江夜话三人谈：教师的对话态度[J].上海教师,卷5：36-37.

36. 赵志伟.浅谈语文教学中的测试评价问题（续）[J].中学语文教学,2002(1)：49-50.

37. 周芳芸.胡适《文学改良刍议》之我见[J].四川师范大学学报,1981(2)：49-52,58.

其他

1. 上海市教育委员会.上海市中长期教育改革和发展规划纲要（2010-2020年）[N].文汇报,2010-9-09.

2. 中华人民共和国教育部.普通高中课程方案（2017年版2020年修订）[S].北京：人民教育出版社,2020.

3. 中华人民共和国教育部.普通高中语文课程标准（2017版2020修订）[S].北京：人民教育出版社,2020.

4. 中华人民共和国教育部.普通高中语文课程标准（实验）[S].北京：人民教育出版社,2003.

5. 中华人民共和国教育部.义务教育语文课程标准（2022年版）[S].北京：北京师范大学出版社,2022.

6. 中小学教师专业发展标准及指导课题组.中小学教师专业发展标准及指导·语文[S].北京：北京师范大学出版社,2012.

再版说明

自2016年11月,《课堂,与美相遇的地方——从"醇美语文"说起》一书出版至今,已有七年的时间了。七年来,随着初、高中语文新课程标准的颁布实施,随着统编版高中语文教材的全面使用,中学语文教学从理念到方式都在发生着深刻的改变。

这种改变冲击着我们的固有认识和习惯做法,带给我们更多的思考与探索。

这次应出版社之约,对七年前的这本书稿进行全面改写,修改了书名,再版以《课堂,与美相遇的地方:高中语文教学追求》为书名。我觉得自己非常幸运。有机会在课程改革的新背景下,用新的视角重新审视自己曾经的思想和行为,是一个自我总结、自我完善的过程,更是一个自我反思、自我扬弃的过程。

七年前写这本书稿时的情景依然清晰。差不多有一年的时间,凡是上课、工作之余,每逢周末、假日,我都是坐在电脑前,一字一句地梳理着自己过去二十多年语文教学的想法和做法,一字一句地勾画着对语文教学的理想,表达着我的语文教学追求、"我的"课堂与美的相遇。

第一版书稿共有五章,从入境艺术、情境教学、问题设置、师生关系、专题研发五个角度探索对语文课堂之美的认识和理解。这次修改再版,这五章内容仍然保留,但是注入了从"双新"视角出发的新认识、新实践,此外,增加了一章整本书阅读的内容,探讨整本书阅读对语文课堂醇美的影响。

现在这本书稿已经完成,但其中的有些实践案例与一年前自己的做法有些偏移。2022年8月,我加入到中组部乡村振兴"组团式"教育帮扶的行列,来到了云南省昆明市东川区第一中学支教。一年来,我见识到了跟以往观念中不太一样的学生,不太一样的语文课堂,我感觉自己像是从象牙塔中走出来,走向了更为广阔的天地。

我大概是从2022年的11月开始书稿修改工作的,历时大半年的时间,原计划只是修订,实际上几乎重新梳理了一遍我的教学理念。因为自己这一年的支教经历,此次修改的有些内容会自觉或不自觉地打上了这个痕迹,好像少了一些"高大上",希望能够更接地气些吧。

  非常感谢华东师范大学出版社编辑刘佳,是她的坚持,才有了这本书稿的改写及再版,也让我有机会把我对新课程、新教材实施的思考与实践呈现给大家,当有许多的拙知和陋见,以此求教于大方之家。

李德芹

2023 年 7 月 8 日